Deep Learning
from Scratch ❶

밑바닥부터 시작하는 딥러닝 1

| 표지 설명 |

표지 물고기는 쏨뱅이다(학명: Sebastiscus marmoratus). 쏨뱅이는 페르카목 쏨뱅이과에 속한다. 몸길이는 20㎝ 정도이며 몸은 쏘가리와 비슷하나 등지느러미 가시가 열두 개인 점으로 구별한다. 몸 빛깔은 서식하는 장소에 따라 다양하여 일반적으로 연안의 것은 흑갈색이고, 깊은 곳의 것은 붉은빛을 띤다. 몸 옆구리에는 다섯 줄의 불규칙한 흑갈색 가로띠가 있다. 양턱은 거의 같은 길이이나 아래턱이 약간 짧다. 머리의 가시는 길고 날카로우며 두 눈 사이는 깊이 패어져 있고 융기 연(緣)의 뒤끝은 머리가시에서 끝난다. 비늘은 작은 빗비늘이며 연안성어로 연안의 암초부에 서식한다. 태생이며 12~4월에 새끼를 낳는다.

표지 그림은 라이데커의 『Royal Natural History』에서 가져왔고, 설명은 위키백과에서 발췌했다.

밑바닥부터 시작하는 딥러닝 1

파이썬으로 익히는 딥러닝 이론과 구현

초판 1쇄 발행 2017년 1월 3일
번역개정판 1쇄 발행 2025년 1월 24일
번역개정판 2쇄 발행 2025년 5월 30일

지은이 사이토 고키 / **옮긴이** 개앞맵시(이복연) / **펴낸이** 전태호
펴낸곳 한빛미디어(주) / **주소** 서울시 서대문구 연희로2길 62 한빛미디어(주) IT출판2부
전화 02-325-5544 / **팩스** 02-336-7124
등록 1999년 6월 24일 제25100-2017-000058호 / **ISBN** 979-11-6921-338-7 93000

책임편집 홍성신 / **기획·편집** 이윤지
디자인 표지 이아란 내지 최연희 / **전산편집** 다인
영업마케팅 송경석, 김형진, 장경환, 조유미, 한종진, 이행은, 김선아, 고광일, 성화정, 김한솔 / **제작** 박성우, 김정우

이 책에 대한 의견이나 오탈자 및 잘못된 내용은 출판사 홈페이지나 아래 이메일로 알려주십시오.
파본은 구매처에서 교환하실 수 있습니다. 책값은 뒤표지에 표시되어 있습니다.

홈페이지 www.hanbit.co.kr / **이메일** ask@hanbit.co.kr

Copyright © Hanbit Media, Inc. 2025
Authorized translation of the Japanese edition of 'Deep Learning from Scratch' © 2016 Koki Saitoh. All Rights Reserved. This translation is published and sold by permission of O'Reilly Japan, Inc., the owner of all rights to publish and sell the same.

이 책의 저작권은 오라일리재팬과 한빛미디어(주)에 있습니다.
저작권법에 의해 보호를 받는 저작물이므로 무단 복제 및 무단 전재를 금합니다.

지금 하지 않으면 할 수 없는 일이 있습니다.
책으로 펴내고 싶은 아이디어나 원고를 메일(writer@hanbit.co.kr)로 보내주세요.
한빛미디어(주)는 여러분의 소중한 경험과 지식을 기다리고 있습니다.

지은이·옮긴이 소개

지은이 사이토 고키(斎藤 康毅)

1984년 나가사키 현 쓰시마 출생. 도쿄공업대학교 공학부를 졸업하고 도쿄대학대학원 학제정보학부 석사 과정을 수료했다. 현재는 기업에서 인공지능 관련 연구·개발에 매진하고 있다. 『밑바닥부터 시작하는 딥러닝』 시리즈 집필 외에 『파이썬 인 프랙티스』, 『밑바닥부터 만드는 컴퓨팅 시스템』, 『Building Machine Learning Systems with Python』 등을 일본어로 옮겼다.

옮긴이 개앞맵시(이복연) wegra.lee@gmail.com

고려대학교 컴퓨터학과를 졸업하고 삼성전자에서 자바 가상 머신, 스마트폰 플랫폼, 메신저 서비스 등을 개발했다. 주 업무 외에 분산 빌드, 지속적 통합, 앱 수명주기 관리 도구, 애자일 등 동료 개발자들에게 실질적인 도움을 주는 일에 관심이 많았다. 그 후 창업전선에 발을 들여 좌충우돌하다가 개발자 커뮤니티에 기여하는 더 나은 방법을 찾아 출판 시장에 뛰어들었다.

『밑바닥부터 시작하는 딥러닝』 시리즈, 『구글 엔지니어는 이렇게 일한다』, 『리팩터링 2판』, 『JVM 밑바닥까지 파헤치기』, 『이펙티브 자바 3판』 등을 번역했다.

- 페이스북: facebook.com/dev.loadmap
- 브런치: brunch.co.kr/@wegra

추천사

신경망과 딥러닝의 기본을 밑바닥부터 만들어보면서 그 개념을 어렵지 않게 이해할 수 있었습니다. 이는 텐서플로 등의 딥러닝 프레임워크를 사용할 때도 진가를 발휘하리라 생각합니다. 딥러닝 공부를 시작하시는 모든 분께 추천합니다.

서민구, 『R을 이용한 데이터 처리&분석 실무』 저자
구글코리아 소프트웨어 엔지니어

탄탄한 구성으로 신경망과 딥러닝 전반을 쉽게 설명해주고, 특히 역전파는 제가 본 교재 중 가장 쉽게 서술했습니다. 복잡한 수식이나 난해한 설명이 아닌, 이야기를 하듯 독자를 이해시키려 한 부분이 가장 감명 깊었습니다. 신경망(딥러닝)을 공부하며 역전파에서 어려움을 겪은 분들께 강력하게 권해드립니다.

안홍철, 에셋플러스자산운용 자산운용사

베타리딩을 위해 처음 받은 원고부터 거의 완성된 책이나 다름없어서 읽기 편했습니다. 독자들이 쉽고 빠르게 맛보고 입문할 수 있을 것입니다.

박상은, 『9가지 사례로 익히는 고급 스파크 분석』 역자
에스코어

이 책의 원서는 일본 대형 서점의 매대 중앙을 차지하고 TV에도 소개될 정도로 인기입니다. 공학서적이 이렇게 주목받는 것은 인공지능에 관한 일반인의 관심이 그만큼 높아졌다는 방증이겠지요. 한국에서도 이 책이 인공지능 보급에 중요한 기폭제가 되길 기대합니다.

최성훈, Tomomi Research Inc.

2016년 11월 29일 미국의사협회지 JAMA에 실린 〈딥러닝을 이용한 당뇨성 망막병증 진단〉 논문은 인공지능이 바꾸는 안과 미래의 시작으로 평가받습니다. 수학과 프로그래밍 언어에 익숙하지 못한 의료 관련 분들에게도 이 책은 제목처럼 '밑바닥부터' 딥러닝을 이해시켜줄 것입니다.

임형택, 안과전문의

일본인 특유의 꼼꼼함이 느껴지는 너무 좋은 내용이었습니다. 개인적으로 이 책처럼 처음부터 하나하나 개발하는 것을 좋아합니다. 빨리 정식 출간되어 내년 사내교육 때 이 내용을 활용하고 싶을 정도로 맘에 듭니다.

이상훈, '케라스 코리아'와 '한국 스파크 사용자 모임' 운영자
삼성생명 DA Lab

저와 같은 어린 학생들이 직업을 찾을 즈음엔 인공지능이 사회의 모든 부분을 변화시키는 혁명이 되어 있을 거라고 합니다. 그래서 이제 겨우 중 2인 저도 인공지능에 관심이 많은데, 마침 리뷰어로 접한 이 책은 아직 파이썬에 낯선 저도 쉽게 따라 배울 수 있었습니다.

김경수, 파주한빛중학교 2학년 학생

시리즈 소개

2017년에 단행본으로 시작된 『밑바닥부터 시작하는 딥러닝』이 어엿한 시리즈로 성장하고, 10만 부가 훌쩍 넘게 판매되었습니다. 2024년 기준 5편까지 출간되었고 모두 각자의 주제에서 베스트셀러에 올라 있습니다. 또한 6편도 예정되어 있습니다.

| CNN과 이미지 처리 | RNN과 자연어 처리 | 딥러닝 프레임워크 | 심층 강화학습 | 이미지 생성 모델 | 대규모 언어 모델 |

보다시피 딥러닝의 기초 개념부터 최신 이론까지, 그 핵심들을 빠짐없이 다룹니다. 이 시리즈는 '밑바닥부터'라는 콘셉트에 충실하게 외부 라이브러리는 최소한만 활용하고, 대신 개념과 이론을 쉽게 설명하고 직접 구현해보는 데 집중합니다. 덕분에 엄청난 기세로 발전 중인 인공지능 기술 중에서도 세월이 흘러도 변치 않는 근본 원리를 내 것으로 만들 수 있습니다. 여러분도 이 시리즈와 함께 '변하지 않는 것'의 아름다움을 맛보기 바랍니다.

[1편] 합성곱 신경망과 이미지 처리

라이브러리나 프레임워크에 의존하지 않고, 딥러닝의 핵심을 '밑바닥부터' 직접 만들어보며 즐겁게 배울 수 있는 본격 딥러닝 입문서입니다. 술술 읽히도록 쉽게 설명하였고, 역전파처럼 어려운 내용은 '계산 그래프' 기법으로 시각적으로 풀이했습니다. 무엇보다 작동하는 코드가 있어서 직접 돌려보고 요리조리 수정해보면 어려운 이론도 명확하게 이해할 수 있습니다.

핵심 키워드: 퍼셉트론, 신경망 학습, 역전파, 합성곱 신경망(CNN), 계산 그래프, 이미지 인식, 딥러닝

[2편] 순환 신경망과 자연어 처리

자연어 처리와 시계열 데이터 처리용 딥러닝 기술에 초점을 맞춰 순환 신경망(RNN)을 자세히 살펴봅니다. 총 8개 장으로 구성되며, 전체를 하나의 이야기처럼 순서대로 읽도록 꾸몄습니다. 1편에서 배운 내용을 요약한 '신경망 복습'을 첫 장에 배치하여 신경망과 파이썬 지식을 어느 정도 갖춘 분이라면 1편을 읽지 않았더라도 무리 없이 따라올 수 있도록 배려했습니다.

핵심 키워드: 순환 신경망(RNN), 자연어 처리, 시계열 데이터, word2vec, LSTM, seq2seq, 어텐션

[3편] 동적 계산 그래프와 딥러닝 프레임워크

파이토치와 텐서플로 같은 현대적인 딥러닝 프레임워크가 제공하는 공통 기능을 갖춘 미니멀 프레임워크를 밑바닥부터 구현합니다. 딥러닝 프레임워크 안은 놀라운 기술과 재미있는 장치로 가득합니다. 3편의 목표는 그것들을 밖으로 꺼내어 제대로 이해하는 것입니다. 다른 누군가가 만들어놓은 도구를 사용하기만 해서는 도달하기 어려운, 딥러닝에 대한 깊은 깨달음을 얻어갈 것입니다.

핵심 키워드: 자동 미분, 변수와 함수, 동적 그래프(Define-by-Run), 고차 미분, 옵티마이저, 데이터 로더, 전처리, 계층

[4편] 심층 강화학습

심층 강화학습은 노벨 화학상의 주인공인 알파폴드는 물론이고 로봇 공학, 자율 주행, 게임 AI 등의 다양한 분야에서 혁신적인 응용 사례가 등장하고 있습니다. 이 책은 외부 라이브러리에 의존하지 않고 알고리즘을 처음부터 직접 구현하며 강화학습의 핵심 아이디어를 선명하게 드러냅니다. 단계적으로 난이도를 높여가며 강화학습의 어려움과 재미를 모두 체험할 수 있도록 구성했습니다.

핵심 키워드: 밴디트 문제, 마르코프 결정 과정(MDP), 벨만 방정식, 동적 프로그래밍, 몬테카를로법, TD법, Q 러닝, DQN, 정책 경사법, REINFORCE, 행위자-비평자

[5편] 이미지 생성 모델

2022년을 기점으로 AI는 우리의 상상을 뛰어넘는 이미지를 만들어내며 예술, 패션, 영화, 게임 산업 등에 빠르게 퍼지고 있습니다. 이 책은 이러한 생성 모델을 다룹니다. 간단한 정규 분포로부터 시작하여 확산 모델에 이르는 과정을 10개 단계로 나눠 깊이 있게 탐구합니다. 수식과 메커니즘을 세심하게 다루어 '재미는 디테일에 있다'라는 모토로 기술의 본질을 이해할 수 있게 안내합니다.

핵심 키워드: 정규 분포, 최대 가능도 추정, 다변량 정규 분포, 가우스 혼합 모델 (GMM), 기댓값 최대화(EM) 알고리즘, 변이형 오토인코더(VAE), 계층형 VAE, 확산 모델

이상이 현재까지 출간된 시리즈입니다. 대규모 언어 모델을 다룰 여섯 번째 이야기도 기대해주세요.

들어가며

SF영화 같은 세계가 현실로 바뀌었습니다. 2016년에는 인공지능이 바둑에서 이세돌 9단에게 승리해 전 세계적으로 큰 화제가 되었고, 2024년에는 노벨 물리학상과 화학상이 인공지능 선구자들에게 돌아갔습니다. 스마트폰은 사람의 말을 이해하고 통화 중 실시간 '기계 통역'도 가능합니다. 카메라와 센서를 탑재한 '무인 자동차'에서 보듯 사람의 생명을 지키는 자율 주행 자동차도 빠르게 발전하고 있습니다. 이렇게 주위를 둘러보면 사람만 못하다고 생각한 분야의 작업을 인공지능은 실수 없이 처리하고, 어떤 경우엔 사람보다 낫다고 합니다. 우리의 세계는 인공지능의 발전으로 새로운 세계로 거듭나고 있습니다.

이런 발전과 눈부신 세계의 이면에서는 '딥러닝'이라는 기술이 중요한 역할을 담당하고 있습니다. 세계의 연구자들은 딥러닝을 혁신적 기술로 꼽고, 어떤 이는 수십 년 만에 한 번 나오는 혁신이라며 칭찬을 아끼지 않습니다.

이 책은 이처럼 핫한 화젯거리인 '딥러닝'을 다룹니다. 딥러닝 기술을 최대한 깊이(deep) 이해하기를 목적으로 '밑바닥부터 만든다'는 콘셉트를 내걸고 있습니다.

이 책의 특징은 '만드는 과정'을 통해서 딥러닝의 본질에 접근한다는 데 있습니다. 딥러닝 프로그램을 구현하는 과정에서 필요한 기술을 가능한 한 생략하지 않고 설명합니다. 또한 실제로 작동하는 프로그램도 제공하여 독자가 직접 다양한 실험을 해볼 수 있도록 배려했습니다.

딥러닝을 만들기까지는 많은 시련이 있어 짧지 않은 시간이 필요하겠지만, 그만큼 배우는 것도 많을 겁니다. 그리고 내 손으로 직접 만들어본다는 건 즐겁고 가슴 설레는 일이죠. 이 책과 함께 딥러닝에서 사용하는 기술과 친해지고, 그 즐거움을 느낄 수 있기를 바랍니다.

자, 딥러닝은 이미 전 세계의 모든 장소에서 살아 움직이고 있습니다. 누구 손에나 들려 있는 스마트폰에서도 딥러닝이 작동하고 있습니다. 자율 주행 자동차에서도, 웹 서비스를 떠받드는 서버에서도 딥러닝이 활발히 돌아가고 있습니다. 많은 사람이 알지 못하는 곳에서 오늘도 딥러닝은 조용히 춤을 춥니다. 그리고 앞으로도 딥러닝의 춤은 열기를 더할 것입니다. 이 책으로 딥러닝에 얽힌 기술을 이해하고, 딥러닝의 춤에 매료되길 바랍니다.

이 책의 특징

이 책은 딥러닝을 이해하는 데 필요한 지식을 기초부터 하나하나 차례로 설명합니다. 딥러닝이 무엇인지, 어떤 특징이 있는지, 어떤 원리로 동작하는지 등을 최대한 쉬운 말로 설명합니다. 간단한 기술 개요에서 한 걸음 더 내디뎌 깊이 이해할 수 있도록 했습니다. 이 점이 이 책의 특징이자 강점입니다.

딥러닝을 '더 깊이' 이해하려면 어떻게 하면 좋을까요? 가장 좋은 방법은 당연히 실제로 만들어보는 것입니다. 실제로 움직이는 프로그램을 밑바닥부터 만들며 그 소스 코드를 읽고 고민해보는 과정은 어떠한 기술을 제대로 이해하는 데 아주 중요합니다. 여기서 '밑바닥부터'라 함은 되도록이면 이미 만들어진 외부 라이브러리나 도구 등에 기대지 않는다는 뜻입니다. 즉, 속 모를 블랙박스는 되도록 사용하지 않고 우리가 이해할 수 있는 최소한의 지식에서 출발하여 최첨단의 딥러닝을 이끄는 것이 이 책의 목적입니다. 그리고 그 과정을 통해서 딥러닝을 더 깊이 이해하는 것이죠.

자동차 관련 책에 비유한다면, 이 책은 운전교습 책이 아닙니다. 운전하는 방법이 아니라, 자동차의 동작 원리 이해를 목표로 합니다. 자동차의 구조를 이해하기 위해 보닛을 열고 조목조목 부품을 만져보고 확인하고 움직여보겠습니다. 그리고 핵심을 최대한 간결한 형태로 추출하여 그 차의 프라모델을 조립해볼 겁니다. 이 책은 자동차를 만드는 과정을 통해서, 그리고 직접 자동차를 만들어본다는 생각으로 자동차 관련 기술과 친해지게 해드립니다.

또한, 이 책에서는 딥러닝을 만드는 데 파이썬이라는 프로그래밍 언어를 사용합니다. 파이썬은 인기도 많고 처음 접하는 사람도 쉽게 익힐 수 있답니다. 특히 프로토타입을 만드는 데 적합하여, 머릿속에 떠오른 아이디어를 즉시 시험하고 결과를 보면서 여러 실험을 해볼 수 있습니다. 이 책에서는 딥러닝에 대한 이론적인 설명과 함께 파이썬으로 프로그램을 구현하고 다양한 실험을 해볼 것입니다.

> **NOTE_** 수식과 이론 설명만으로 어려울 때는 소스 코드를 읽고 움직여보면 명확하게 이해되는 경우가 많습니다. 어려운 수식이라도 이를 구현한 소스 코드를 읽어보면 그 동작 흐름이 그려지는 것을 많은 사람이 경험했을 것입니다. 이 책은 실제 동작하는 코드 수준에서 딥러닝을 이해하려는 '엔지니어링'에 중점을 두었습니다. 수식이 많이 나오지만 그만큼 프로그래머를 위한 소스 코드도 많이 등장합니다.

누구를 위한 책인가?

이 책은 동작하는 딥러닝을 직접 구현하며 깊이 이해할 수 있도록 구성했습니다. 다음을 보면 누구를 위한 책인지 더 명확해질 것입니다.

- 외부 라이브러리는 최소한만 이용하고 파이썬을 사용해 딥러닝 프로그램을 처음부터 구현합니다.
- 파이썬이 처음인 사람도 이해할 수 있도록 파이썬 사용법도 간략히 설명합니다.
- 실제 동작하는 파이썬 코드와 독자가 직접 실험할 수 있는 학습 환경을 제공합니다.
- 간단한 머신러닝 문제부터 시작하여 궁극에는 이미지를 정확하게 인식하는 시스템을 구현합니다.
- 딥러닝과 신경망 이론을 알기 쉽게 설명합니다.
- 오차역전파법과 합성곱 연산 등 복잡해 보이는 기술을 구현 수준에서 이해할 수 있도록 설명합니다.
- 하이퍼파라미터 결정 방식, 가중치 초깃값 등 딥러닝을 활용하는 데 도움이 되는 실천적인 기술을 소개합니다.
- 배치 정규화, 드롭아웃, Adam 같은 핵심 기법들을 설명하고 구현해봅니다.
- 딥러닝이 왜 뛰어난지, 층이 깊어지면 왜 정확도가 높아지는지, 은닉층이 왜 중요한지와 같은 '왜'에 관한 문제도 다룹니다.
- 자율 주행, 이미지 생성, 강화학습 등 딥러닝을 응용한 예를 소개합니다.

누구를 위한 책이 아닌가?

'누구를 위한 책이 아닌가'도 중요합니다. 다음은 이 책에서 주목하지 않는 주제입니다.

- 딥러닝 분야의 최신 연구에 대해서는 자세히 다루지 않습니다.
- 텐서플로TensorFlow, 파이토치PyTorch 등의 딥러닝 프레임워크 사용법은 설명하지 않습니다.

- 딥러닝, 특히 신경망에 관한 아주 상세한 이론까지는 담지 않았습니다.
- 딥러닝의 정확도를 높이기 위한 튜닝은 자세히 설명하지 않습니다.
- 딥러닝 성능을 높여주는 GPU 기술은 구체적으로 다루지 않습니다.
- 주로 이미지 인식을 다룹니다. 자연어 처리, 음성 인식 등의 사례는 다루지 않습니다.

이처럼 최근 연구나 이론적인 세부 설명은 다루지 않습니다. 그러나 이 책을 읽고 나면, 그다음 단계로 최신 논문과 신경망 관련 기술서를 읽기가 한결 편해질 것입니다.

이렇게 읽으세요

새로운 지식을 배울 때 설명만 들어서는 석연치 않거나 금방 잊어버리게 됩니다. 백문이 불여일견이듯, 새로운 지식을 배울 때는 무엇보다 '실습'이 중요합니다. 이 책의 각 장은 주제 하나를 설명한 후 배운 내용을 실습할 수 있도록 꾸몄습니다. 즉, 실행되는 소스 코드를 준비했습니다.

이 책은 파이썬 소스 코드를 제공합니다. 여러분이 실제로 동작시켜볼 수 있는 코드입니다. 소스 코드를 읽으면서 스스로 생각하고 자신이 생각한 것을 반영하고 실험하다 보면 확실히 자기 것으로 만들 수 있습니다. 여러 실험을 해보면서 겪는 시행착오 역시 큰 도움이 될 것입니다.

이 책은 '이론 설명'과 '파이썬 구현 코드'라는 투 트랙으로 진행합니다. 그래서 프로그래밍할 수 있는 환경을 준비하라고 권합니다. 윈도우, 맥, 리눅스 등 어떤 환경도 문제없습니다. 파이썬 설치와 사용법은 '1장 헬로 파이썬'에서 설명하겠습니다. 또한 파이썬을 설치하지 않고도 실행할 수 있도록 구글 콜랩Google Colab 버전 코드도 제공합니다. 모든 예제 코드는 다음의 깃허브 저장소에서 확인하실 수 있습니다.

- 깃허브 저장소: https://github.com/WegraLee/deep-learning-from-scratch

> **일러두기**
> - 본문에서 [1]과 같은 위첨자는 참고문헌 번호를 뜻합니다.

그럼, 시작해보죠!

서론은 이것으로 끝입니다. 여기까지의 설명을 읽고 '그래, 그렇다면 마저 읽어볼까'라고 생각해주신다면 다행입니다.

그런데 요즘은 딥러닝 관련 라이브러리가 많이 공개되어, 누구나 손쉽게 이용할 수 있게 되었습니다. 사실 그런 라이브러리를 이용하면 딥러닝 프로그램을 만드는 게 어려운 일이 아닙니다. 그렇다면 왜 일부러 시간을 들여 처음부터 만들어보는 걸까요? 주된 이유는 무언가를 만드는 과정에서 배우는 게 많기 때문입니다.

무언가를 만드는 과정에서는 여러 가지 실험을 합니다. 어떤 때는 머리를 쥐어뜯으며 '왜 이렇게 되지?'라며 고민하게 됩니다. 이처럼 오랜 시간 고민하는 행위는 그 기술을 깊이 이해하는 데 소중한 지식이 됩니다. 그렇게 차분히 시간을 들여 얻은 지식은 기존 라이브러리를 활용하는 데도, 첨단의 논문을 읽는 데도, 순수한 나만의 시스템을 만드는 데도 반드시 도움이 될 것입니다. 그리고 무엇보다 직접 만든다는 것 자체가 즐거운 일 아닌가요? (신난다는 데 다른 이유가 더 필요한가요?)

자, 준비는 갖춰졌습니다. 이제 딥러닝을 만드는 여행을 떠나봅시다!

CONTENTS

지은이·옮긴이 소개 ··· 4
추천사 ·· 5
시리즈 소개 ··· 7
들어가며 ·· 10

CHAPTER 1 헬로 파이썬

1.1 파이썬이란? ·· 25
1.2 파이썬 설치하기 ··· 26
    1.2.1 파이썬 버전 ··· 26
    1.2.2 사용하는 외부 라이브러리 ·· 26
    1.2.3 아나콘다 배포판 ··· 27
1.3 파이썬 인터프리터 ··· 27
    1.3.1 산술 연산 ··· 28
    1.3.2 자료형 ·· 29
    1.3.3 변수 ·· 29
    1.3.4 리스트 ·· 30
    1.3.5 딕셔너리 ·· 31
    1.3.6 bool ··· 31
    1.3.7 if 문 ·· 32
    1.3.8 for 문 ·· 33
    1.3.9 함수 ·· 33
1.4 파이썬 스크립트 파일 ··· 34
    1.4.1 파일로 저장하기 ··· 34
    1.4.2 클래스 ·· 34

CONTENTS

1.5 넘파이 ·· 36
    1.5.1 넘파이 가져오기 ·· 36
    1.5.2 넘파이 배열 생성하기 ·· 37
    1.5.3 넘파이의 산술 연산 ··· 37
    1.5.4 넘파이의 N차원 배열 ·· 38
    1.5.5 브로드캐스트 ·· 39
    1.5.6 원소 접근 ··· 40
1.6 맷플롯립 ·· 41
    1.6.1 단순한 그래프 그리기 ·· 42
    1.6.2 pyplot의 기능 ·· 43
    1.6.3 이미지 표시하기 ··· 44
1.7 정리 ·· 45

CHAPTER 2 퍼셉트론

2.1 퍼셉트론이란? ·· 47
2.2 단순한 논리 회로 ··· 49
    2.2.1 AND 게이트 ·· 49
    2.2.2 NAND 게이트와 OR 게이트 ··· 49
2.3 퍼셉트론 구현하기 ··· 51
    2.3.1 간단한 구현부터 ··· 51
    2.3.2 가중치와 편향 도입 ··· 52
    2.3.3 가중치와 편향 구현하기 ·· 52
2.4 퍼셉트론의 한계 ·· 54
    2.4.1 도전! XOR 게이트 ·· 54
    2.4.2 선형과 비선형 ·· 56

2.5 다층 퍼셉트론이 출동한다면 · 57
    2.5.1 기존 게이트 조합하기 · 57
    2.5.2 XOR 게이트 구현하기 · 59
2.6 NAND에서 컴퓨터까지 · 61
2.7 정리 · 62

CHAPTER 3 신경망

3.1 퍼셉트론에서 신경망으로 · 63
    3.1.1 신경망의 예 · 64
    3.1.2 퍼셉트론 복습 · 65
    3.1.3 활성화 함수의 등장 · 66
3.2 활성화 함수 · 68
    3.2.1 시그모이드 함수 · 68
    3.2.2 계단 함수 구현하기 · 69
    3.2.3 계단 함수의 그래프 · 70
    3.2.4 시그모이드 함수 구현하기 · 72
    3.2.5 시그모이드 함수와 계단 함수 비교 · 74
    3.2.6 비선형 함수 · 75
    3.2.7 ReLU 함수 · 76
3.3 다차원 배열의 계산 · 77
    3.3.1 다차원 배열 · 77
    3.3.2 행렬의 곱 · 79
    3.3.3 신경망에서의 행렬 곱 · 82
3.4 3층 신경망 구현하기 · 83
    3.4.1 표기법 설명 · 83
    3.4.2 각 층의 신호 전달 구현하기 · 84
    3.4.3 구현 정리 · 89

CONTENTS

3.5 출력층 설계하기 · **90**
    3.5.1 항등 함수와 소프트맥스 함수 구현하기 · **91**
    3.5.2 소프트맥스 함수 구현 시 주의점 · **93**
    3.5.3 소프트맥스 함수의 특징 · **94**
    3.5.4 출력층의 뉴런 수 정하기 · **95**
3.6 손글씨 숫자 인식 · **96**
    3.6.1 MNIST 데이터셋 · **96**
    3.6.2 신경망의 추론 처리 · **100**
    3.6.3 배치 처리 · **102**
3.7 정리 · **105**

CHAPTER 4 신경망 학습

4.1 데이터에서 학습한다! · **107**
    4.1.1 데이터 주도 학습 · **108**
    4.1.2 훈련 데이터와 시험 데이터 · **110**
4.2 손실 함수 · **111**
    4.2.1 오차제곱합 · **112**
    4.2.2 교차 엔트로피 오차 · **113**
    4.2.3 미니배치 학습 · **115**
    4.2.4 (배치용) 교차 엔트로피 오차 구현하기 · **118**
    4.2.5 왜 손실 함수를 설정하는가? · **119**
4.3 수치 미분 · **121**
    4.3.1 미분 · **121**
    4.3.2 수치 미분의 예 · **124**
    4.3.3 편미분 · **125**

4.4 기울기 · **127**

    4.4.1 경사법(경사 하강법) · **129**

    4.4.2 신경망에서의 기울기 · **133**

4.5 학습 알고리즘 구현하기 · **136**

    4.5.1 2층 신경망 클래스 구현하기 · **137**

    4.5.2 미니배치 학습 구현하기 · **141**

    4.5.3 시험 데이터로 평가하기 · **143**

4.6 정리 · **146**

CHAPTER 5 오차역전파법

5.1 계산 그래프 · **148**

    5.1.1 계산 그래프로 풀다 · **148**

    5.1.2 국소적 계산 · **150**

    5.1.3 왜 계산 그래프로 푸는가? · **151**

5.2 연쇄법칙 · **152**

    5.2.1 계산 그래프의 역전파 · **153**

    5.2.2 연쇄법칙이란? · **153**

    5.2.3 연쇄법칙과 계산 그래프 · **154**

5.3 역전파 · **155**

    5.3.1 덧셈 노드의 역전파 · **156**

    5.3.2 곱셈 노드의 역전파 · **157**

    5.3.3 사과 쇼핑의 예 · **159**

5.4 단순한 계층 구현하기 · **160**

    5.4.1 곱셈 계층 · **160**

    5.4.2 덧셈 계층 · **162**

CONTENTS

5.5 활성화 함수 계층 구현하기 ·· **165**
    5.5.1 ReLU 계층 ··· **165**
    5.5.2 Sigmoid 계층 ··· **167**
5.6 Affine/Softmax 계층 구현하기 ··· **170**
    5.6.1 Affine 계층 ··· **170**
    5.6.2 배치용 Affine 계층 ·· **174**
    5.6.3 Softmax-with-Loss 계층 ··· **176**
5.7 오차역전파법 구현하기 ·· **179**
    5.7.1 신경망 학습의 전체 그림 ·· **180**
    5.7.2 오차역전파법을 적용한 신경망 구현하기 ·· **180**
    5.7.3 오차역전파법으로 구한 기울기 검증하기 ·· **184**
    5.7.4 오차역전파법을 사용한 학습 구현하기 ··· **186**
5.8 정리 ·· **187**

CHAPTER 6 학습 관련 기술들

6.1 매개변수 갱신 ··· **189**
    6.1.1 모험가 이야기 ·· **190**
    6.1.2 확률적 경사 하강법(SGD) ·· **190**
    6.1.3 SGD의 단점 ·· **192**
    6.1.4 모멘텀 ·· **194**
    6.1.5 AdaGrad ·· **196**
    6.1.6 Adam ··· **199**
    6.1.7 어느 갱신 방법을 이용할 것인가? ·· **200**
    6.1.8 MNIST 데이터셋으로 본 갱신 방법 비교 ··· **201**
6.2 가중치의 초깃값 ·· **202**
    6.2.1 초깃값을 0으로 하면? ··· **202**

6.2.2 은닉층의 활성화값 분포 · **203**

6.2.3 ReLU를 사용할 때의 가중치 초깃값 · **207**

6.2.4 MNIST 데이터셋으로 본 가중치 초깃값 비교 · **209**

6.3 배치 정규화 · **210**

6.3.1 배치 정규화 알고리즘 · **210**

6.3.2 배치 정규화의 효과 · **212**

6.4 바른 학습을 위해 · **215**

6.4.1 과대적합 · **215**

6.4.2 가중치 감소 · **217**

6.4.3 드롭아웃 · **219**

6.5 적절한 하이퍼파라미터 값 찾기 · **221**

6.5.1 검증 데이터 · **221**

6.5.2 하이퍼파라미터 최적화 · **223**

6.5.3 하이퍼파라미터 최적화 구현하기 · **224**

6.6 정리 · **226**

CHAPTER 7 합성곱 신경망(CNN)

7.1 전체 구조 · **227**

7.2 합성곱 계층 · **229**

7.2.1 완전연결 계층의 문제점 · **229**

7.2.2 합성곱 연산 · **230**

7.2.3 패딩 · **232**

7.2.4 스트라이드 · **233**

7.2.5 3차원 데이터의 합성곱 연산 · **235**

7.2.6 블록으로 생각하기 · **237**

7.2.7 배치 처리 · **239**

CONTENTS

7.3 풀링 계층 ·· 240
　　7.3.1 풀링 계층의 특징 ··· 240
7.4 합성곱/풀링 계층 구현하기 ·· 242
　　7.4.1 4차원 배열 ·· 242
　　7.4.2 im2col로 데이터 전개하기 ·· 243
　　7.4.3 합성곱 계층 구현하기 ··· 245
　　7.4.4 풀링 계층 구현하기 ·· 247
7.5 CNN 구현하기 ··· 250
7.6 CNN 시각화하기 ·· 254
　　7.6.1 1번째 층의 가중치 시각화하기 ·· 254
　　7.6.2 층 깊이에 따른 추출 정보 변화 ··· 256
7.7 대표적인 CNN ··· 257
　　7.7.1 LeNet ·· 257
　　7.7.2 AlexNet ··· 258
7.8 정리 ··· 259

CHAPTER 8 딥러닝

8.1 더 깊게 ··· 261
　　8.1.1 더 깊은 신경망으로 ··· 261
　　8.1.2 정확도를 더 높이려면 ··· 264
　　8.1.3 깊게 하는 이유 ·· 265
8.2 딥러닝의 초기 역사 ··· 268
　　8.2.1 이미지넷 ·· 268
　　8.2.2 VGG ·· 270
　　8.2.3 GoogLeNet ·· 271
　　8.2.4 ResNet ·· 272

8.3 더 빠르게(딥러닝 고속화) · 273
    8.3.1 풀어야 할 숙제 · 274
    8.3.2 GPU를 활용한 고속화 · 274
    8.3.3 분산 학습 · 276
    8.3.4 연산 정밀도와 비트 줄이기 · 277
8.4 딥러닝의 활용 · 278
    8.4.1 사물 검출 · 278
    8.4.2 분할 · 280
    8.4.3 사진 캡션 생성 · 281
    8.4.4 이미지 스타일(화풍) 변환 · 283
    8.4.5 이미지 생성 · 284
    8.4.6 자율 주행 · 286
    8.4.7 Deep Q-Network(강화학습) · 287
8.5 정리 · 289

APPENDIX A Softmax-with-Loss 계층의 계산 그래프

A.1 순전파 · 292
A.2 역전파 · 294
A.3 정리 · 299

마치며 · 300
참고문헌 · 301
찾아보기 · 308

CHAPTER 1

헬로 파이썬

파이썬이라는 프로그래밍 언어가 세상에 등장한 지도 이미 30년이 훌쩍 넘었습니다. 그 사이 파이썬은 독자적인 진화를 이루며 많은 개발자를 끌어들였습니다. 그리고 현재는 가장 인기 있고 많은 사람이 애용하는 프로그래밍 언어가 되었습니다.

앞으로 파이썬을 사용하여 딥러닝 시스템을 구현할 것입니다. 그에 앞서 이번 장에서는 파이썬에 대해서 간략히 소개하면서 그 사용법을 익혀보겠습니다. 파이썬과 넘파이^{NumPy}, 맷플롯립^{Matplotlib}을 잘 아는 분은 이번 장을 건너뛰어도 상관없습니다.

1.1 파이썬이란?

파이썬은 간단하고 배우기 쉬운 프로그래밍 언어입니다. 오픈 소스라 무료로 자유롭게 이용할 수도 있지요. 영어와 유사한 문법으로 프로그램을 작성할 수 있고 불편한 컴파일 과정도 없어서 편리합니다. 그래서 프로그래밍 입문자에게 최적인 언어입니다. 실제로도 많은 대학교의 컴퓨터 과학 관련 학과에서 처음 가르치는 언어로 파이썬을 채용하는 사례가 아주 많습니다.

또, 파이썬 코드는 읽기 쉽고 성능도 뛰어납니다. 데이터가 많거나 빠른 응답이 필요할 때도 파이썬은 제 몫을 톡톡히 해냅니다. 그래서 초보자뿐 아니라 전문가들도 애용하죠. 실제로 구글과 마이크로소프트, 페이스북 등 IT의 첨단에서 겨루는 기업들은 파이썬을 자주 사용하고 있답니다.

파이썬은 과학 분야, 특히 인공지능과 데이터 과학 분야에서 널리 쓰입니다. 파이썬 자체의 뛰어난 성능에 넘파이와 사이파이^{SciPy} 같은 수치 계산과 통계 처리를 다루는 탁월한 라이브러리가 더해져 데이터 과학 분야에서 확고한 위치를 차지하고 있죠. 나아가 딥러닝 프레임워크 쪽에서도 파이썬을 애용합니다. 예를 들어 텐서플로^{TensorFlow}, 파이토치^{PyTorch}, 케라스^{Keras} 같은 유명 딥러닝 프레임워크들이 파이썬용 API를 제공합니다. 그래서 파이썬을 배우면 딥러닝 프레임워크를 사용할 때도 반드시 도움이 될 것입니다.

이처럼 파이썬은 특히 데이터 과학 분야에 아주 적합한 프로그래밍 언어입니다. 그래서 이 책의 목표인 '딥러닝을 밑바닥부터 만들기'를 달성하기 위한 언어로 선택된 것이죠.

1.2 파이썬 설치하기

그럼 파이썬을 PC에 설치합시다. 이번 절은 설치할 때 주의할 점을 설명합니다.

1.2.1 파이썬 버전

현재의 파이썬은 2.x와 3.x라는 두 가지 버전이 공존합니다. 3 버전이 나왔지만 아직 2 버전도 종종 쓰입니다. 그래서 파이썬을 처음 배울 때는 어느 버전을 설치할지 선택해야 합니다. 이 둘은 100% 호환되는 게 아니니까요(정확히 말하면 '하위 호환성'이 없습니다). 즉, 파이썬 3로 짠 프로그램을 파이썬 2에서는 실행하지 못하는 일이 일어납니다. 이 책에서는 파이썬 3를 사용합니다. 만약 파이썬 2만 설치했다면, 파이썬 3도 추가로 설치하시기 바랍니다.

1.2.2 사용하는 외부 라이브러리

누차 강조했듯이 이 책의 목표는 딥러닝을 밑바닥부터 구현하는 것입니다. 그래서 외부 라이브러리는 최소한만 사용한다는 것이 기본 방침이지만, 다음의 두 라이브러리는 예외로 하겠습니다. 하나는 넘파이, 다른 하나는 맷플롯립입니다. 이 라이브러리들을 사용하는 이유는 효율적으로 딥러닝을 구현하기 위해서입니다.

넘파이는 수치 계산용 라이브러리입니다. 넘파이에는 고도의 수학 알고리즘과 배열(행렬)을 조작하기 위한 편리한 메서드가 많이 준비되어 있습니다. 이 메서드들을 이용하면 딥러닝을 훨씬 효율적으로 구현할 수 있습니다.

맷플롯립은 그래프를 그려주는 라이브러리입니다. 맷플롯립을 이용하면 실험 결과를 시각화하거나 딥러닝 실행 과정의 중간 데이터를 시각적으로, 즉 눈으로 확인할 수 있습니다. 이 책에서는 이러한 라이브러리를 사용하여 딥러닝을 구현합니다.

> **NOTE_** 이 책에서는 다음의 프로그래밍 언어와 라이브러리를 사용합니다.
> - 파이썬 3
> - 넘파이
> - 맷플롯립

다음으로 파이썬 설치 방법을 설명합니다. 이미 설치한 분은 건너뛰시면 됩니다.

1.2.3 아나콘다 배포판

파이썬을 설치하는 방법은 다양하지만, 이 책에서는 아나콘다^{Anaconda}라는 배포판을 이용하기를 권합니다. 배포판이란 사용자가 설치를 한 번에 수행할 수 있도록 필요한 라이브러리 등을 한 묶음으로 정리해둔 꾸러미입니다. 그중 아나콘다는 데이터 분석에 중점을 둔 배포판입니다. 방금 설명한 넘파이와 맷플롯립을 포함해 데이터 분석에 유용한 라이브러리가 포함되어 있습니다.

앞서 말한 것처럼 이 책에서는 파이썬 3를 사용합니다. 그래서 아나콘다 배포판도 3 버전용을 설치합니다. 다음 주소에서 자신의 OS에 맞는 배포판을 내려받아 설치하세요.

- https://www.anaconda.com/download

1.3 파이썬 인터프리터

파이썬을 설치했다면 파이썬 버전을 먼저 확인합니다. 터미널(윈도우라면 명령 프롬프트)에서 `python --version` 명령어를 실행해보세요. 이 명령은 설치된 파이썬의 버전을 출력합니다.

```
$ python --version
Python 3.12.4
```

이처럼 'Python 3.x.x'라 표시되면 파이썬 3가 제대로 설치된 것입니다(설치한 버전에 따라 숫자는 달라지겠죠?). 이어서 python이라고 입력하여 파이썬 인터프리터를 시작해보세요.

```
$ python
Python 3.12.4 | packaged by Anaconda, Inc. | (main, Jun 18 2024, 10:07:17) [Clang 14.0.6 ] on darwin
Type "help", "copyright", "credits" or "license" for more information.
>>>
```

파이썬 인터프리터는 '대화 모드'라 하여, 개발자와 파이썬이 대화하듯 프로그래밍할 수 있습니다. '대화하듯'이라는 말은, 예를 들면 개발자가 '1+2는?'이라고 물으면 파이썬 인터프리터가 곧바로 '3입니다'라고 대답한다는 의미입니다. 실제로 입력해보겠습니다.

```
>>> 1 + 2
3
```

이처럼 파이썬 인터프리터에서는 대화식으로 프로그래밍할 수 있습니다. 이번 장에서는 이 대화 모드를 사용하여 파이썬 프로그래밍을 간단히 실습해보려 합니다.

1.3.1 산술 연산

덧셈과 곱셈 등의 산술 연산은 다음과 같이 할 수 있습니다.

```
>>> 1 - 2
-1
>>> 4 * 5
20
>>> 7 / 5
1.4
>>> 3 ** 2
9
```

*은 곱셈, /는 나눗셈, **는 거듭제곱을 의미합니다(3 ** 2는 3의 2제곱). 참고로 파이썬 2에서는 정수끼리 계산한 결과는 정수입니다. 예를 들어 7 / 5의 결과는 1입니다. 한편, 파이썬 3에서는 정수를 나눈 결과는 실수(부동소수점)가 됩니다.

1.3.2 자료형

프로그래밍 언어에는 **자료형**data type이라는 것이 있습니다. 자료형이란 데이터의 성질을 나타내는 개념입니다. 예를 들어 정수, 실수, 문자열과 같은 형태가 있습니다. 파이썬에는 type() 함수로 특정 데이터의 자료형을 알아볼 수 있습니다.

```
>>> type(10)
<class 'int'>
>>> type(2.718)
<class 'float'>
>>> type("hello")
<class 'str'>
```

즉, 10은 int(정수), 2.718은 float(실수), "hello"는 str(문자열)형임을 알 수 있습니다. 또한 자료형과 클래스class라는 말을 같은 의미로 사용하는 경우가 있습니다. 방금 예에서의 〈class 'int'〉는 '10은 int라는 클래스(자료형)다'로 해석하면 됩니다.

1.3.3 변수

x와 y 등의 알파벳을 사용하여 **변수**variable를 정의할 수 있습니다. 또한, 변수를 사용하여 계산하거나 변수에 다른 값을 대입할 수도 있습니다.

```
>>> x = 10      # 초기화
>>> print(x)    # x의 값 출력
10
>>> x = 100     # 변수에 값 대입
>>> print(x)
100
>>> y = 3.14
>>> x * y
```

1장 헬로 파이썬 **29**

```
314.0
>>> type(x * y)
<class 'float'>
```

파이썬은 **동적 언어**로 분류되는 프로그래밍 언어입니다. 동적이라 함은 변수의 자료형을 상황에 맞게 자동으로 결정한다는 뜻입니다. 앞의 예에서 x의 자료형이 int(정수)임을 사용자가 명시한 적이 없죠? 하지만 10이라는 정수로 초기화할 때, x의 형태가 int임을 파이썬이 스스로 판단하는 것입니다. 또, 정수와 실수를 곱한 결과는 실수가 되었습니다(자동 형변환). 마지막으로 #은 주석의 시작을 알리는 문자입니다. # 이후의 문자는 모두 무시해버립니다.

1.3.4 리스트

여러 데이터를 **리스트**list로도 정리할 수 있습니다.

```
>>> a = [1, 2, 3, 4, 5]    # 리스트 생성
>>> print(a)    # 리스트의 내용 출력
[1, 2, 3, 4, 5]
>>> len(a)      # 리스트의 길이 출력
5
>>> a[0]        # 첫 원소에 접근
1
>>> a[4]        # 다섯 번째 원소에 접근
5
>>> a[4] = 99   # 값 대입
>>> print(a)
[1, 2, 3, 4, 99]
```

원소에 접근할 때는 a[0]처럼 작성합니다. [] 안의 수를 인덱스(색인)라 하며 인덱스는 0부터 시작합니다(인덱스 0이 첫 번째 원소를 가리킵니다). 또 파이썬 리스트에는 **슬라이싱**slicing이라는 편리한 기법이 준비되어 있습니다. 슬라이싱을 이용하면 범위를 지정해 원하는 부분 리스트를 얻을 수 있습니다.

```
>>> print(a)
[1, 2, 3, 4, 99]
>>> a[0:2]   # 인덱스 0부터 2까지 얻기(2번째는 포함하지 않는다!)
[1, 2]
```

```
>>> a[1:]     # 인덱스 1부터 끝까지 얻기
[2, 3, 4, 99]
>>> a[:3]     # 처음부터 인덱스 3까지 얻기(3번째는 포함하지 않는다!)
[1, 2, 3]
>>> a[:-1]    # 처음부터 마지막 원소의 1개 앞까지 얻기
[1, 2, 3, 4]
>>> a[:-2]    # 처음부터 마지막 원소의 2개 앞까지 얻기
[1, 2, 3]
```

리스트를 슬라이싱하려면 a[0:2]처럼 씁니다. a[0:2]는 인덱스 0부터 1(2보다 하나 앞)까지의 원소를 꺼냅니다. 인덱스 번호 -1은 마지막 원소, -2는 끝에서 한 개 앞의 원소에 해당합니다.

1.3.5 딕셔너리

리스트는 인덱스 번호로 0, 1, 2… 순으로 값을 저장하는 반면, 딕셔너리dictionary는 키key와 값value을 한 쌍으로 저장합니다. 즉, 영한사전처럼 단어와 그 의미를 짝지어 저장합니다.

```
>>> me = {'height':180}   # 딕셔너리 생성
>>> me['height']          # 원소에 접근
180
>>> me['weight'] = 70     # 새 원소 추가
>>> print(me)
{'height': 180, 'weight': 70}
```

1.3.6 bool

파이썬에는 bool불 혹은 불리언이라는 자료형이 있습니다. 이 자료형은 True(참)와 False(거짓)라는 두 값 중 하나를 취합니다. 또 bool에는 and, or, not 연산자를 사용할 수 있습니다(수치용 연산자로는 +, -, *, / 등이 있듯이 자료형에 따라 사용할 수 있는 연산자가 정해져 있습니다).

```
>>> hungry = True    # 배가 고프다
>>> sleepy = False   # 졸리지 않다
```

```
>>> type(hungry)
<class 'bool'>
>>> not hungry
False
>>> hungry and sleepy    # '배가 고프다' 그리고 '졸리지 않다'
False
>>> hungry or sleepy     # '배가 고프다' 또는 '졸리지 않다'
True
```

1.3.7 if 문

조건에 따라서 달리 처리하려면 if/else 문을 사용합니다.

```
>>> hungry = True
>>> if hungry:
...     print("I'm hungry")
...
I'm hungry

>>> hungry = False
>>> if hungry:
...     print("I'm hungry")   # 들여쓰기는 공백 문자로
... else:
...     print("I'm not hungry")
...     print("I'm sleepy")
...
I'm not hungry
I'm sleepy
```

파이썬에서는 공백 문자가 중요한 의미를 지닙니다. 이번 if 문에서도 if hungry: 다음 줄은 앞쪽에 4개의 공백 문자가 있습니다. 이 들여쓰기는 지난 조건(if hungry)이 충족될 때 실행되는 코드를 표현합니다.

> **WARNING_** 공백 대신 탭tab 문자를 써도 되지만 파이썬에서는 공백 문자 쪽을 권장합니다. 그리고 한 단계 더 들여 쓸 때마다 공백 4개씩을 더 추가하는 것이 일반적입니다.

1.3.8 for 문

반복(루프) 처리에는 **for 문**을 사용합니다.

```
>>> for i in[1, 2, 3]:
...     print(i)
...
1
2
3
```

여기에서는 [1, 2, 3]이라는 리스트 안의 원소를 하나씩 출력하는 예를 보여줬습니다. for ... in ... : 구문을 사용하면 리스트 등 데이터 집합의 각 원소에 차례로 접근할 수 있습니다.

1.3.9 함수

특정 기능을 수행하는 일련의 명령들을 묶어 하나의 **함수**function로 정의할 수 있습니다.

```
>>> def hello():
...     print("Hello World!")
...
>>> hello()
Hello World!
```

함수는 인수를 취할 수 있습니다. 또한, + 연산자를 사용하여 문자열을 이어 붙일 수 있습니다.

```
>>> def hello(object):
...     print("Hello " + object + "!")
...
>>> hello("cat")
Hello cat!
```

파이썬 인터프리터를 종료하려면 리눅스와 맥에서는 [Ctrl]+[D] ([Ctrl] 키를 누른 상태에서 [D] 키를 누른다)를 입력합니다. 윈도우에서는 [Ctrl]+[Z]를 입력하고 [Enter] 키를 누릅니다.

1.4 파이썬 스크립트 파일

지금까지 파이썬 인터프리터를 활용하는 예를 보았습니다. 파이썬 인터프리터는 파이썬 코드를 대화식으로 실행해보며 간단한 실험을 수행하기에 딱 좋습니다. 그러나 긴 작업을 수행해야 한다면, 매번 코드를 입력해야 하는 이 방식은 조금 불편하겠죠. 이럴 때는 파이썬 프로그램을 파일로 저장하고 그 파일을 실행하는 방법이 있습니다.

1.4.1 파일로 저장하기

텍스트 편집기를 열고 hungry.py라는 파일을 작성합니다. hungry.py는 다음의 한 줄만으로 구성된 파일입니다.

```
print("I'm hungry!")
```
ch01/hungry.py

이어서 터미널을 열고 앞의 hungry.py를 저장한 디렉터리로 이동합니다. 그런 다음 파일 이름인 hungry.py를 인수로 python 명령을 실행합니다. 여기에서는 hungry.py가 ~/deep-learning-from-scratch/ch01 디렉터리에 있다고 가정합니다.

```
$ cd ~/deep-learning-from-scratch/ch01   # 디렉터리로 이동
$ python hungry.py
I'm hungry!
```

이처럼 파이썬 코드를 담은 파일을 인수로 지정해 파이썬 프로그램을 실행할 수 있습니다.

1.4.2 클래스

지금까지 int와 str 등의 자료형을 살펴봤습니다(그리고 type() 함수로는 원하는 데이터의 자료형을 알아낼 수 있었죠). 이들은 내장된 자료형, 즉 파이썬이 기본으로 제공하는 자료형입니다. 이번 절에서는 새로운 **클래스**를 정의합니다. 개발자가 직접 클래스를 정의하면 독자적인 자료형을 만들 수 있습니다. 또한, 클래스에는 그 클래스만의 전용 함수(메서드)와 속성을 정의

할 수도 있습니다.

파이썬에서는 class라는 키워드를 사용하여 클래스를 정의합니다. 클래스의 구조는 다음과 같습니다.

```
class 클래스_이름:
    def __init__(self, 인수, ...):     # 생성자
        ...
    def 메서드_이름_1(self, 인수, ...):  # 메서드 1
        ...
    def 메서드_이름_2(self, 인수, ...):  # 메서드 2
        ...
```

클래스 정의에는 __init__라는 특별한 메서드가 있는데, 클래스를 초기화하는 방법을 정의합니다. 이 초기화용 메서드를 생성자constructor라고도 하며 클래스의 인스턴스가 만들어질 때 한 번만 불립니다. 또한 파이썬에서는 메서드의 첫 번째 인수로 자신(자신의 인스턴스)을 나타내는 self를 명시적으로 쓰는 것이 특징입니다(다른 언어를 쓰던 사람은 이처럼 self를 쓰는 규칙을 기묘하게 느낄지도 모르겠네요).

그럼 간단한 클래스를 하나 만들어보겠습니다. 다음 코드를 man.py 파일로 저장하세요.

ch01/man.py
```
class Man:
    def __init__(self, name):
        self.name = name
        print("Initilized!")

    def hello(self):
        print("Hello " + self.name + "!")

    def goodbye(self):
        print("Good-bye " + self.name + "!")

m = Man("David")
m.hello()
m.goodbye()
```

이제 터미널에서 man.py를 실행합니다.

```
$ python man.py
Initialized!
Hello David!
Good-bye David!
```

여기에서는 Man이라는 새로운 클래스를 정의했습니다. 그리고 Man 클래스에서 m이라는 인스턴스(객체)를 생성합니다.

Man의 생성자(초기화 메서드)는 name이라는 인수를 받고, 그 인수로 인스턴스 변수인 self.name을 초기화합니다. **인스턴스 변수**는 인스턴스별로 저장되는 변수입니다. 파이썬에서는 self.name처럼 self 다음에 속성 이름을 써서 인스턴스 변수를 작성하거나 접근할 수 있습니다.

1.5 넘파이

딥러닝을 구현하다 보면 배열이나 행렬 계산이 많이 등장합니다. 넘파이의 배열 클래스인 numpy.array에는 편리한 메서드가 많이 준비되어 있으며 딥러닝을 구현할 때 이 메서드들을 이용합니다. 이번 절에서는 앞으로 사용할 넘파이에 대해서 간략히 설명합니다.

1.5.1 넘파이 가져오기

넘파이는 외부 라이브러리입니다. 여기서 말하는 '외부'는 표준 파이썬에는 포함되지 않는다는 뜻입니다. 그래서 우선 넘파이 라이브러리를 쓸 수 있도록 가져와야^{import} 합니다.

```
>>> import numpy as np
```

파이썬에서는 라이브러리를 읽기 위해서 **import 문**을 이용합니다. 예시에서는 import numpy as np라고 썼는데, 직역하면 'numpy를 np라는 이름(별칭)으로 가져와라'라는 의미입니다. 이렇게 해두면 앞으로 넘파이가 제공하는 메서드를 np를 통해 참조할 수 있습니다.

1.5.2 넘파이 배열 생성하기

넘파이 배열을 만들 때는 np.array() 메서드를 이용합니다. np.array()는 파이썬의 리스트를 인수로 받아 넘파이 라이브러리가 제공하는 특수한 형태의 배열(numpy.ndarray)을 반환합니다.

```
>>> x = np.array([1.0, 2.0, 3.0])
>>> print(x)
[1. 2. 3.]
>>> type(x)
<class 'numpy.ndarray'>
```

1.5.3 넘파이의 산술 연산

다음은 넘파이 배열로 산술 연산을 수행하는 예입니다.

```
>>> x = np.array([1.0, 2.0, 3.0])
>>> y = np.array([2.0, 4.0, 6.0])
>>> x + y   # 원소별 덧셈
array([ 3., 6., 9.])
>>> x - y
array([-1., -2., -3.])
>>> x * y   # 원소별 곱셈
array([ 2., 8., 18.])
>>> x / y
array([0.5, 0.5, 0.5])
```

여기에서 주의할 점은 배열 x와 y의 원소 수가 같다는 것입니다(둘 다 원소를 3개씩 갖는 1차원 배열). x와 y의 원소 수가 같다면 산술 연산은 각 원소에 대해서 행해집니다. 원소 수가 다르면 오류가 발생하니 원소 수 맞추기는 중요하답니다. 참고로, '원소별'이라는 말은 영어로 element-wise라고 합니다. 예컨대 '원소별 곱셈'은 element-wise product라고 합니다.

넘파이 배열은 원소별 계산뿐 아니라 넘파이 배열과 수치 하나(스칼라값)의 조합으로 된 산술 연산도 수행할 수 있습니다. 이 경우 스칼라값과의 계산이 넘파이 배열의 원소별로 한 번씩 수행됩니다. 이 기능을 **브로드캐스트**라고 합니다(1.5.5절에서 자세히 설명합니다).

```
>>> x = np.array([1.0, 2.0, 3.0])
>>> x / 2.0
array([0.5, 1. , 1.5])
```

1.5.4 넘파이의 N차원 배열

넘파이는 1차원 배열(1줄로 늘어선 배열)뿐 아니라 다차원 배열도 작성할 수 있습니다. 예를 들어 2차원 배열(행렬)은 다음처럼 작성합니다.

```
>>> A = np.array([[1, 2], [3, 4]])
>>> print(A)
[[1 2]
 [3 4]]
>>> A.shape
(2, 2)
>>> A.dtype
dtype('int64')
```

방금 2×2의 A라는 행렬을 작성했습니다. 행렬의 형상*은 shape으로, 행렬에 담긴 원소의 자료형은 dtype으로 알 수 있습니다. 이어서 행렬의 산술 연산을 봅시다.

```
>>> B = np.array([[3, 0], [0, 6]])
>>> A + B
array([[ 4,  2],
       [ 3, 10]])
>>> A * B
array([[ 3,  0],
       [ 0, 24]])
```

서로 형상이 같은 행렬은 산술 연산도 대응하는 원소별로 계산됩니다. 배열과 마찬가지로 말이죠. 행렬과 스칼라값의 산술 연산도 가능합니다. 이때도 배열과 마찬가지로 브로드캐스트 기능이 작동합니다.

---

* 옮긴이_ 이 책에서는 행렬을 포함한 N차원 배열에서 그 배열의 '각 차원의 크기(원소 수)'를 배열의 '형상'이라 하겠습니다.

```
>>> print(A)
[[1 2]
 [3 4]]
>>> A * 10
array([[10, 20],
       [30, 40]])
```

> **NOTE_** 넘파이 배열(np.array)은 N차원 배열을 작성할 수 있습니다. 1차원 배열, 2차원 배열, 3차원 배열처럼 원하는 차수의 배열을 만들 수 있다는 뜻입니다. 수학에서는 1차원 배열은 **벡터**vector, 2차원 배열은 **행렬**matrix이라고 부릅니다. 또 벡터와 행렬을 일반화한 것을 **텐서**tensor라 합니다.* 이 책에서는 기본적으로 2차원 배열을 '행렬', 3차원 이상의 배열을 '다차원 배열'이라 하겠습니다.

1.5.5 브로드캐스트

넘파이에서는 형상이 다른 배열끼리도 계산할 수 있습니다. 앞의 예에서는 2×2 행렬 A에 스칼라값 10을 곱했습니다. 이때 [그림 1-1]과 같이 10이라는 스칼라값이 2×2 행렬로 확장된 후 연산이 이뤄집니다. 이 똑똑한 기능을 브로드캐스트broadcast라고 합니다.

그림 1-1 브로드캐스트의 예 1: 스칼라값인 10이 2×2 행렬로 확장된다.

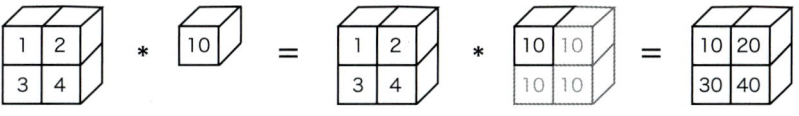

다른 예를 살펴봅시다.

```
>>> A = np.array([[1, 2], [3, 4]])
>>> B = np.array([10, 20])
>>> A * B
array([[10, 40],
       [30, 80]])
```

여기에서는 [그림 1-2]처럼 1차원 배열인 B가 '똑똑하게도' 2차원 배열 A와 똑같은 형상으로

---
* 옮긴이_ 딥러닝 프레임워크인 텐서플로의 이름이 여기서 유래했습니다. 텐서(tensor)가 신경망을 타고 흐른다(flow)는 뜻이죠.

변형된 후 원소별 연산이 이뤄집니다.

그림 1-2 브로드캐스트의 예 2

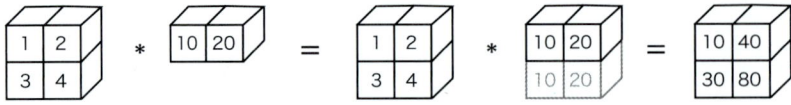

이처럼 넘파이가 제공하는 브로드캐스트 기능 덕분에 형상이 다른 배열끼리의 연산을 스마트하게 할 수 있습니다.

1.5.6 원소 접근

원소의 인덱스는 0부터 시작합니다(기억하시죠?). 그리고 각 원소에 접근하려면 다음과 같이 작성합니다.

```
>>> X = np.array([[51, 55], [14, 19], [0, 4]])
>>> print(X)
[[51 55]
 [14 19]
 [ 0  4]]
>>> X[0]          # 0행
array([51, 55])
>>> X[0][1]       # (0, 1) 위치의 원소
55
```

for 문으로도 각 원소에 접근할 수 있습니다.

```
>>> for row in X:
...     print(row)
...
[51 55]
[14 19]
[0 4]
```

넘파이에서는 지금까지의 방법 외에도 인덱스를 배열로 지정해 한 번에 여러 원소에 접근할 수도 있습니다.

```
>>> X = X.flatten()         # X를 1차원 배열로 변환(평탄화)
>>> print(X)
[51 55 14 19  0  4]
>>> X[np.array([0, 2, 4])]  # 인덱스가 0, 2, 4인 원소 얻기
array([51, 14,  0])
```

이 기법을 응용하면 특정 조건을 만족하는 원소만 얻을 수 있습니다. 예컨대 다음과 같이 배열 X에서 15 이상인 값만 구할 수 있습니다.

```
>>> X > 15
array([ True,  True, False,  True, False, False])
>>> X[X>15]
array([51, 55, 19])
```

넘파이 배열에 부등호 연산자를 사용한(앞 예에서 X>15) 결과는 bool 배열입니다.* 여기에서는 이 bool 배열을 사용해 배열 X에서 True에 해당하는 원소, 즉 값이 15보다 큰 원소만 꺼내고 있습니다.

> **NOTE_** 파이썬 같은 동적 언어는 C나 C++ 같은 정적 언어(컴파일 언어)보다 처리 속도가 늦다고 합니다. 실제로 무거운 작업을 할 때는 C/C++로 작성한 프로그램을 쓰는 편이 좋습니다. 그래서 파이썬에서 빠른 성능이 요구될 경우 해당 부분을 C/C++로 구현하곤 합니다. 그때 파이썬은 C/C++로 쓰인 프로그램을 호출해주는, 이른바 '중개자' 같은 역할을 합니다. 넘파이도 주된 처리는 C와 C++로 구현했습니다. 그래서 성능을 해치지 않으면서 파이썬의 편리한 문법을 사용할 수 있는 것이죠.

1.6 맷플롯립

딥러닝 실험에서는 그래프 그리기와 데이터 시각화도 중요하답니다. **맷플롯립**Matplotlib은 그래프를 그려주는 라이브러리입니다. 맷플롯립을 사용하면 그래프 그리기와 데이터 시각화가 쉬워집니다. 이번 절에서는 그래프를 그리고 이미지를 화면에 표시하는 방법을 설명합니다.

---

* 옮긴이_ 넘파이 배열에 부등호 연산을 수행하면 배열의 원소 각각에 부등호 연산을 수행한 bool 배열이 생성됩니다.

1.6.1 단순한 그래프 그리기

그래프를 그리려면 맷플롯립의 pyplot 모듈을 이용합니다. 당장 sin 함수를 그리는 예를 살펴봅시다.

```python
import numpy as np
import matplotlib.pyplot as plt

# 데이터 준비
x = np.arange(0, 6, 0.1) # 0에서 6까지 0.1 간격으로 생성
y = np.sin(x)

# 그래프 그리기
plt.plot(x, y)
plt.show()
```
ch01/sin_graph.py

이 코드에서는 넘파이의 arange 메서드로 [0, 0.1, 0.2 … 5.8, 5.9]라는 데이터를 생성하여 변수 x에 할당했습니다. 그다음 줄에서는 x의 각 원소에 넘파이의 sin 함수인 np.sin()을 적용하여 변수 y에 할당합니다. 이제 x와 y를 인수로 plt.plot 메서드를 호출해 그래프를 그립니다. 마지막으로 plt.show()를 호출해 그래프를 화면에 출력하고 끝납니다. 이 코드를 실행하면 [그림 1-3]의 이미지가 그려집니다.

그림 1-3 sin 함수 그래프

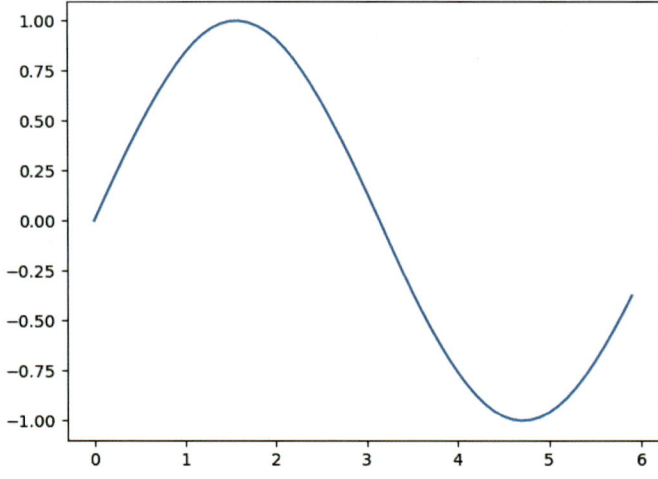

1.6.2 pyplot의 기능

여기에 cos 함수도 추가로 그려보겠습니다. 또, 제목과 각 축의 이름(레이블) 표시 등 pyplot의 다른 기능도 사용해보겠습니다.

```python
                                                        ch01/sin_cos_graph.py
import numpy as np
import matplotlib.pyplot as plt

# 데이터 준비
x = np.arange(0, 6, 0.1)  # 0에서 6까지 0.1 간격으로 생성
y1 = np.sin(x)
y2 = np.cos(x)

# 그래프 그리기
plt.plot(x, y1, label="sin")
plt.plot(x, y2, linestyle="--", label="cos")  # cos 함수는 점선으로 그리기
plt.xlabel("x")           # x축 이름
plt.ylabel("y")           # y축 이름
plt.title('sin & cos')    # 제목
plt.legend()
plt.show()
```

결과는 [그림 1-4]와 같습니다. 그래프의 제목과 축 이름이 보일 겁니다.

그림 1-4 sin 함수와 cos 함수 그래프

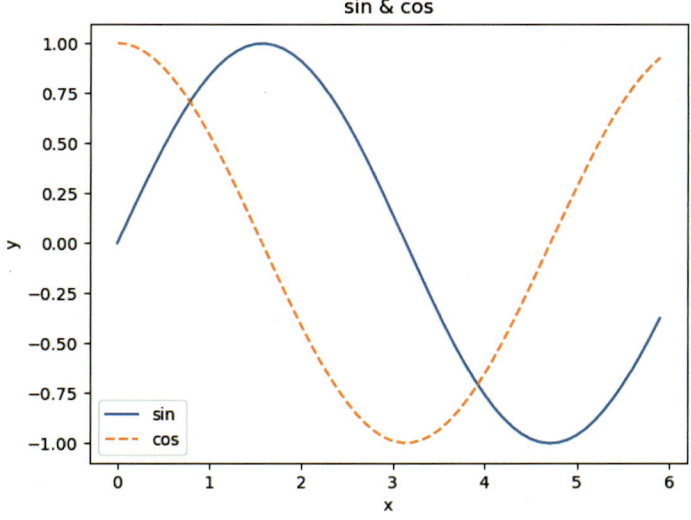

1.6.3 이미지 표시하기

pyplot에는 이미지를 표시해주는 메서드인 imshow()도 준비되어 있습니다. 이미지를 읽어 들일 때는 matplotlib.image 모듈의 imread() 메서드를 이용합니다. 예를 보시죠.

```
ch01/img_show.py
import matplotlib.pyplot as plt
from matplotlib.image import imread

img = imread('cactus.png')  # 이미지 읽어오기(적절한 경로를 설정하세요!)

plt.imshow(img)
plt.show()
```

이 코드를 실행하면 [그림 1-5]처럼 읽어들인 이미지가 표시됩니다.

그림 1-5 이미지 표시하기

앞의 코드에서는 cactus.png라는 이미지 파일이 현재 작업 디렉터리에 있다고 가정했습니다. 여러분은 자신의 환경에 맞게 파일 이름과 경로를 적절히 수정해야 합니다. 이 책이 제공하는 소스 코드에서는 dataset 디렉터리에서 cactus.png 파일을 찾을 수 있습니다. 예를 들어 파이썬 인터프리터로 ch01 디렉터리에서 이 코드를 실행한다면 이미지 경로를 'cactus.png'에서 '../dataset/cactus.png'로 변경하면 올바르게 작동합니다.

1.7 정리

이번 장은 딥러닝으로의 본격적인 여정을 위한 준비 과정입니다. 특히, 딥러닝(신경망)을 구현하는 데 필요한 프로그래밍의 기본을 중심으로 살펴보았습니다. 다음 장에서 파이썬으로 실제로 작동하는 코드를 작성해보면서 딥러닝의 세계로 떠나볼 겁니다.

이번 장에서는 파이썬에 대해 우리에게 필요한 최소한만 설명했습니다. 더 깊게 알고 싶은 분을 위해 좋은 책을 두 권 소개해드리죠. 먼저 『혼자 공부하는 파이썬』[1]입니다. 이 책은 파이썬 프로그래밍을 1:1 과외하듯 친절하게 알려주는 입문서입니다. 넘파이에 대해서는 『파이썬 라이브러리를 활용한 데이터 분석』[2]을 추천합니다. 책 외에는 〈Scipy 강의 노트〉라는 웹 사이트[3]가 과학 기술에서의 계산을 주제로 넘파이와 맷플롯립을 잘 설명하고 있으니 참고하기 바랍니다.

이번 장에서 배운 내용
- 파이썬은 간단하고 익히기 쉬운 프로그래밍 언어다.
- 파이썬은 오픈 소스여서 자유롭게 사용할 수 있다.
- 이 책은 딥러닝 구현에 파이썬 3 버전을 이용한다.
- 외부 라이브러리로는 넘파이와 맷플롯립을 이용한다.
- 파이썬을 실행하는 방식에는 '인터프리터'와 '스크립트 파일' 두 가지가 있다.
- 파이썬에서는 코드 로직을 함수나 클래스 같은 모듈로 정리할 수 있다.
- 넘파이는 다차원 배열을 다루는 편리한 메서드를 많이 제공한다.

CHAPTER 2

퍼셉트론

이번 장에서는 **퍼셉트론**perceptron 알고리즘을 설명합니다. 퍼셉트론은 프랭크 로젠블랫Frank Rosenblatt이 1957년에 고안한 알고리즘입니다. 고대 화석 같은 이 알고리즘을 지금 시점에 왜 배우는가 하면, 퍼셉트론이 신경망(딥러닝)의 기원이 되는 알고리즘이기 때문입니다. 그래서 퍼셉트론의 구조를 배우는 일은 신경망과 딥러닝으로 나아가는 데 중요한 아이디어를 배우는 일도 됩니다.

이번 장에서는 퍼셉트론을 설명하고 퍼셉트론을 써서 간단한 문제를 풀어갑니다. 여정의 첫 목적지인 만큼 가볍고 즐거운 여행이 될 겁니다.

2.1 퍼셉트론이란?

퍼셉트론*은 다수의 신호를 입력으로 받아 하나의 신호를 출력합니다. 여기서 말하는 **신호**란 전류나 강물처럼 **흐름**이 있는 무언가를 상상하면 좋습니다. 전선을 따라 전자를 흘려보내는 전류처럼, 퍼셉트론 신호도 흐름을 만들고 정보를 앞으로 전달합니다. 다만, 실제 전류와 달리 퍼셉트론 신호는 '흐른다/안 흐른다(1이나 0)'의 두 가지 값을 가질 수 있습니다. 이 책에서는 1을 '신호가 흐른다', 0을 '신호가 흐르지 않는다'라는 의미로 쓰겠습니다.

---

* 이번 장에서 기술하는 퍼셉트론은 정확히는 '인공 뉴런' 혹은 '단순 퍼셉트론'으로 불리는 것입니다. 기본적인 동작 방식은 거의 같으니 이 책에서는 단순히 '퍼셉트론'이라 하겠습니다.

그림 2-1 입력이 2개인 퍼셉트론

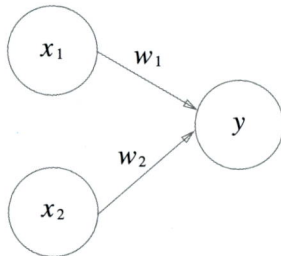

[그림 2-1]은 입력으로 2개의 신호를 받은 퍼셉트론의 예입니다. x_1과 x_2는 입력 신호, y는 출력 신호, w_1과 w_2는 **가중치**weight를 뜻합니다. 그림의 원을 **뉴런** 혹은 **노드**라고 부릅니다. 입력 신호가 뉴런에 보내질 때는 각각 고유한 가중치가 곱해집니다(w_1x_1, w_2x_2). 뉴런에서 보내온 신호의 총합이 정해진 한계를 넘어설 때만 1을 출력합니다(이를 '뉴런이 활성화한다'라 표현하기도 합니다). 이 책에서는 그 한계를 **임곗값**이라 하며, θ(세타theta) 기호로 나타냅니다.

퍼셉트론의 동작 원리는 이게 다입니다! 이상을 수식으로 나타내면 [식 2.1]이 됩니다.

$$y = \begin{cases} 0 & (w_1x_1 + w_2x_2 \leq \theta) \\ 1 & (w_1x_1 + w_2x_2 > \theta) \end{cases}$$

[식 2.1]

퍼셉트론은 복수의 입력 신호 각각에 고유한 가중치를 부여합니다. 가중치는 각 신호가 결과에 주는 영향력을 조절하는 요소로 작용합니다. 즉, 가중치가 클수록 해당 신호가 그만큼 더 중요함을 뜻합니다.

> **NOTE_** 가중치는 전류에서 말하는 **저항**에 해당합니다. 저항은 전류의 흐름을 억제하는 매개변수로, 저항이 낮을수록 큰 전류가 흐릅니다. 한편 퍼셉트론의 가중치는 그 값이 클수록 강한 신호를 흘려보냅니다. 이처럼 서로 작용하는 방향은 반대지만, 신호가 얼마나 잘(혹은 어렵게) 흐르는가를 통제한다는 점에서 저항과 가중치는 같은 기능을 합니다.

2.2 단순한 논리 회로

2.2.1 AND 게이트

그럼 퍼셉트론을 활용한 간단한 문제를 살펴보죠. 논리 회로를 알아보는 첫걸음으로 AND 게이트를 살펴봅시다. AND 게이트는 입력이 둘이고 출력은 하나입니다. [그림 2-2]와 같은 입력 신호와 출력 신호의 대응 표를 진리표라고 합니다. 이 그림은 AND 게이트의 진리표로, 두 입력이 모두 1일 때만 1을 출력하고, 그 외에는 0을 출력합니다.

그림 2-2 AND 게이트의 진리표

x_1	x_2	y
0	0	0
1	0	0
0	1	0
1	1	1

이 AND 게이트를 퍼셉트론으로 표현하고 싶습니다. 이를 위해 할 일은 [그림 2-2]의 진리표대로 작동하도록 하는 w_1, w_2, θ의 값을 정하는 것입니다. 그럼 어떤 값으로 설정하면 그림의 조건을 충족하는 퍼셉트론이 만들어질까요?

사실 [그림 2-2]를 만족하는 매개변수 조합은 무한히 많습니다. 가령 (w_1, w_2, θ)가 (0.5, 0.5, 0.7)일 때, 또 (0.5, 0.5, 0.8)이나 (1.0, 1.0, 1.0)일 때 모두 AND 게이트의 조건을 만족합니다. 매개변수를 이렇게 설정하면 x_1과 x_2 모두가 1일 때만 가중 신호의 총합이 주어진 임곗값을 웃돌게 됩니다.

2.2.2 NAND 게이트와 OR 게이트

이어서 NAND 게이트를 살펴봅시다. NAND는 Not AND를 의미하며, AND 게이트와 반대되는 값을 출력합니다. 진리표로 나타내면 [그림 2-3]처럼 x_1과 x_2가 모두 1일 때만 0을 출력하고, 그 외에는 1을 출력합니다. 그럼 매개변수 값들을 어떻게 조합하면 NAND 게이트가 만들어질까요?

그림 2-3 NAND 게이트의 진리표

x_1	x_2	y
0	0	1
1	0	1
0	1	1
1	1	0

NAND 게이트를 표현하려면 예를 들어 (w_1, w_2, θ) = $(-0.5, -0.5, -0.7)$ 조합이 있습니다 (다른 조합도 무한히 있지요). 사실 AND 게이트를 구현하는 매개변수의 부호를 모두 반전하기만 하면 NAND 게이트가 됩니다.

같은 흐름에서 [그림 2-4]의 OR 게이트도 생각해봅시다. OR 게이트는 입력 신호 중 하나 이상이 1이면 출력이 1이 되는 논리 회로입니다. 이 OR 게이트의 매개변수는 어떻게 설정하면 될까요? 생각해보세요!

그림 2-4 OR 게이트의 진리표

x_1	x_2	y
0	0	0
1	0	1
0	1	1
1	1	1

> **NOTE_** 여기서 퍼셉트론의 매개변수 값을 정하는 것은 컴퓨터가 아니라 우리 인간입니다. 인간이 직접 진리표라는 '학습 데이터'를 보면서 매개변수의 값을 생각합니다. 머신러닝 문제는 이 매개변수의 값을 정하는 작업을 컴퓨터가 자동으로 하도록 합니다. **학습**이란 적절한 매개변수 값을 정하는 작업이며, 사람은 퍼셉트론의 구조(모델)를 고민하고 컴퓨터에 학습할 데이터를 주는 일을 합니다.

이상과 같이 퍼셉트론으로 AND, NAND, OR 논리 회로를 표현할 수 있음을 알았습니다. 여기서 중요한 점은 퍼셉트론의 구조가 AND, NAND, OR 게이트 모두에서 똑같다는 사실입니다. 세 가지 게이트에서 다른 것은 매개변수(가중치와 임곗값)의 값뿐입니다. 즉, 마치 팔색조 배우가 다양한 인물을 연기하듯이 똑같은 구조의 퍼셉트론이 매개변수의 값만 적절히 조정하여 AND, NAND, OR로 변신한다는 뜻입니다.

2.3 퍼셉트론 구현하기

2.3.1 간단한 구현부터

이제 논리 회로를 파이썬으로 구현해봅시다. 다음은 x1과 x2를 인수로 받는 AND라는 함수입니다.

```python
def AND(x1, x2):
    w1, w2, theta = 0.5, 0.5, 0.7
    tmp = x1*w1 + x2*w2
    if tmp <= theta:
        return 0
    elif tmp > theta:
        return 1
```

매개변수 w1, w2, theta는 함수 안에서 초기화하고, 가중치를 곱한 입력의 총합이 임곗값을 넘으면 1을 반환하고 그 외에는 0을 반환합니다. 이 함수의 출력이 [그림 2-2]와 같은지 확인해봅시다.

```python
AND(0, 0)  # 0을 출력
AND(1, 0)  # 0을 출력
AND(0, 1)  # 0을 출력
AND(1, 1)  # 1을 출력
```

기대한 대로 잘 작동하는군요! 이상으로 AND 게이트를 구현했습니다. NAND 게이트와 OR 게이트도 같은 식으로 구현할 수 있지만, 그 전에 이 구현을 조금만 손보고 싶습니다.

2.3.2 가중치와 편향 도입

앞에서 구현한 AND 게이트는 직관적이고 알기 쉽지만, 앞으로를 생각해서 다른 방식으로 수정하고자 합니다. 그 전에 [식 2.1]의 θ를 $-b$로 치환하면 퍼셉트론의 동작이 [식 2.2]처럼 됩니다.

$$y = \begin{cases} 0 \ (b + w_1x_1 + w_2x_2 \leq 0) \\ 1 \ (b + w_1x_1 + w_2x_2 > 0) \end{cases}$$

[식 2.2]

[식 2.1]과 [식 2.2]는 기호 표기만 바꿨을 뿐, 그 의미는 같습니다. 여기에서 b를 편향bias이라 하며 w_1과 w_2는 그대로 가중치weight입니다. [식 2.2] 관점에서 해석해보자면, 퍼셉트론은 입력 신호에 가중치를 곱한 값과 편향을 합하여, 그 값이 0을 넘으면 1을 출력하고 그렇지 않으면 0을 출력합니다. 그럼 넘파이를 사용해서 [식 2.2] 방식으로 구현해봅시다. 여기에서는 파이썬 인터프리터로 순서대로 결과를 확인하면서 진행하겠습니다.

```
>>> import numpy as np
>>> x = np.array([0, 1])         # 입력
>>> w = np.array([0.5, 0.5])     # 가중치
>>> b = -0.7                     # 편향

>>> w*x
array([ 0. , 0.5])
>>> np.sum(w*x)
0.5
>>> np.sum(w*x) + b
-0.19999999999999996   # 대략 -0.2 ( 부동소수점 수에 의한 연산 오차 )
```

넘파이 배열끼리의 곱셈은 두 배열의 원소 수가 같다면 각 원소끼리 곱합니다. 그래서 이 예의 w*x에서는 인덱스가 같은 원소끼리 곱합니다([0, 1] * [0.5, 0.5] => [0, 0.5]). 또, np.sum() 메서드는 입력한 배열에 담긴 모든 원소의 총합을 계산합니다. 이 가중치에 편향을 더하면 [식 2.2]의 계산이 완료됩니다.

2.3.3 가중치와 편향 구현하기

'가중치와 편향을 도입'한 AND 게이트는 다음과 같이 구현할 수 있습니다.

```python
def AND(x1, x2):
    x = np.array([x1, x2])
    w = np.array([0.5, 0.5])
    b = -0.7
    tmp = np.sum(w*x) + b
    if tmp <= 0:
        return 0
    else:
        return 1
```

ch02/and_gate.py

여기에서 $-\theta$가 편향 b로 치환되었습니다(2.3.1절에서 구현한 AND의 theta가 $-b$가 되었습니다). 그리고 편향은 가중치 w_1, w_2와 기능이 다르다는 사실에 주의합시다. 구체적으로 말하면 w_1과 w_2는 각 입력 신호가 결과에 주는 영향력(중요도)을 조절하는 매개변수고, 편향은 뉴런이 얼마나 쉽게 활성화(결과로 1을 출력)하느냐를 조정하는 매개변수입니다. 예를 들어 b가 -0.1이면 각 입력 신호에 가중치를 곱한 값들의 합이 0.1을 초과할 때만 뉴런이 활성화합니다. 반면 b가 -20.0이면 각 입력 신호에 가중치를 곱한 값들의 합이 20.0을 넘지 않으면 뉴런은 활성화하지 않습니다. 이처럼 편향의 값은 뉴런이 얼마나 쉽게 활성화되는지를 결정합니다. 한편 w_1과 w_2는 '가중치'로, b는 '편향'으로 서로 구별하기도 합니다만, 이 책에서는 문맥에 따라 셋 모두를 '가중치'라고 할 때도 있습니다.

NOTE_ 편향이라는 용어는 '한쪽으로 치우쳐 균형을 깬다'라는 의미를 담고 있습니다. 실제로 [식 2.2]는 두 입력이 모두 0이어도 결과로 (0이 아닌) 편향 값을 출력합니다.

이어서 NAND 게이트와 OR 게이트를 구현해봅시다.

```python
def NAND(x1, x2):
    x = np.array([x1, x2])
    w = np.array([-0.5, -0.5])    # AND와는 가중치(w와 b)만 다르다!
    b = 0.7
    tmp = np.sum(w*x) + b
    if tmp <= 0:
        return 0
    else:
        return 1
```

ch02/nand_gate.py

```
def OR(x1, x2):
    x = np.array([x1, x2])
    w = np.array([0.5, 0.5])    # AND와는 가중치(w와 b)만 다르다!
    b = -0.2
    tmp = np.sum(w*x) + b
    if tmp <= 0:
        return 0
    else:
        return 1
```
ch02/or_gate.py

앞 절에서 AND, NAND, OR는 모두 같은 구조의 퍼셉트론이고, 차이는 가중치 매개변수의 값뿐이라 했습니다. 실제로 파이썬으로 작성한 NAND와 OR 게이트의 코드에서도 AND와 다른 곳은 가중치와 편향 값을 설정하는 부분뿐입니다.

2.4 퍼셉트론의 한계

지금까지 살펴본 것처럼 퍼셉트론을 이용하면 AND, NAND, OR의 3가지 논리 회로를 구현할 수 있습니다. 계속해서 XOR 게이트도 생각해보죠.

2.4.1 도전! XOR 게이트

XOR 게이트는 **배타적 논리합**이라는 논리 회로입니다. [그림 2-5]와 같이 x_1과 x_2 중 한쪽이 1일 때만 1을 출력합니다('배타적'이란 자기 외에는 거부한다는 의미입니다). 자, 이 XOR 게이트를 퍼셉트론으로 구현하려면 가중치 매개변수 값을 어떻게 설정하면 될까요?

그림 2-5 XOR 게이트의 진리표

x_1	x_2	y
0	0	0
1	0	1
0	1	1
1	1	0

사실 지금까지 본 퍼셉트론으로는 XOR 게이트를 구현할 수 없습니다. 왜 AND와 OR는 되고 XOR는 안 될까요? 그림으로 그려가며 시각적으로 설명해보겠습니다.

우선 OR 게이트의 동작을 시각적으로 생각해보죠. OR 게이트는, 예를 들어 가중치 매개변수가 $(b, w_1, w_2) = (-0.5, 1.0, 1.0)$일 때 [그림 2-4]의 진리표를 만족합니다. 이때의 퍼셉트론은 [식 2.3]으로 표현됩니다.

$$y = \begin{cases} 0 \ (-0.5 + x_1 + x_2 \leq 0) \\ 1 \ (-0.5 + x_1 + x_2 > 0) \end{cases}$$ [식 2.3]

[식 2.3]의 퍼셉트론은 직선으로 나뉜 두 영역을 만듭니다. 직선으로 나뉜 한쪽 영역은 1을 출력하고 다른 한쪽은 0을 출력합니다. 이를 그려보면 [그림 2-6]처럼 됩니다.

그림 2-6 퍼셉트론의 시각화: 회색 영역은 0을 출력하며, 전체 영역은 OR 게이트의 성질을 만족한다.

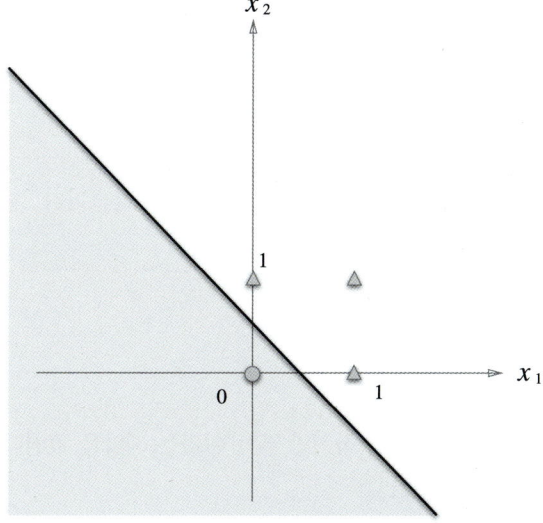

OR 게이트는 $(x_1, x_2) = (0, 0)$일 때 0을 출력하고 $(0, 1)$, $(1, 0)$, $(1, 1)$일 때는 1을 출력합니다. 그림에서는 0을 원(○), 1을 삼각형(△)으로 표시했습니다. OR 게이트를 만들려면 [그림 2-6]과 같이 직선을 그어 ○과 △이 섞이지 않도록 영역을 나눠야 합니다. 실제로 이 그림의 직선은 네 점을 제대로 나누고 있습니다.

그럼 XOR 게이트의 경우는 어떨까요? OR 게이트 때처럼 직선 하나로 ○과 △을 나누는 영역을 만들어낼 수 있을까요?

그림 2-7 ○과 △은 XOR 게이트의 출력을 나타낸다. 직선 하나로 ○과 △을 나누는 영역을 만들 수 있을까?

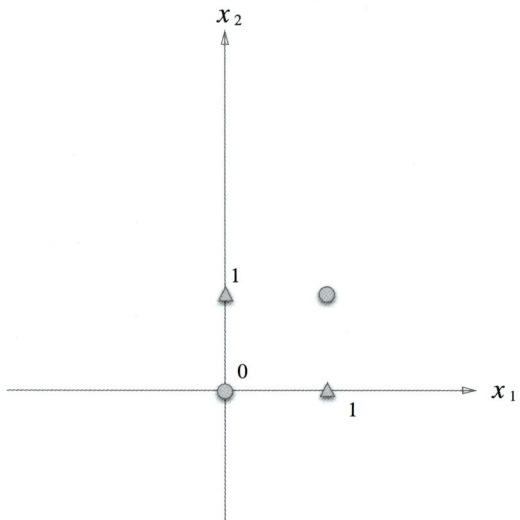

[그림 2-7]의 ○과 △을 직선 하나로 나누는 방법은 아무리 생각해도 떠오르지 않습니다. 실제로도 직선 하나만으로는 불가능하기 때문입니다.

2.4.2 선형과 비선형

직선 하나로는 [그림 2-7]의 ○과 △을 나눌 수 없습니다. 하지만 '직선'이라는 제약을 없앤다면 가능하죠. 예를 들어 [그림 2-8]처럼 나눌 수 있습니다.

그림 2-8 곡선이라면 ○과 △을 나눌 수 있다.

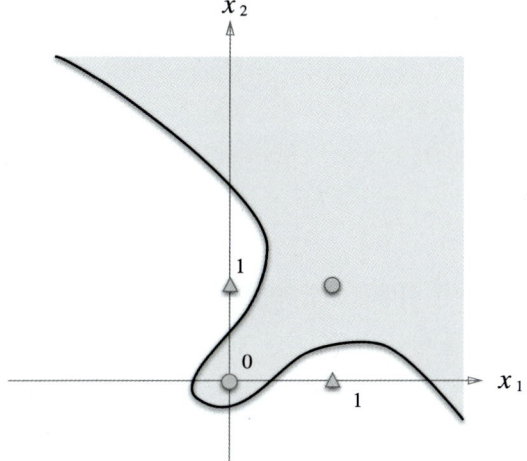

퍼셉트론은 직선 하나로 나눈 영역만 표현할 수 있다는 한계가 있습니다. [그림 2-8] 같은 곡선은 표현할 수 없다는 뜻이죠. 덧붙여서 [그림 2-8]과 같은 곡선의 영역을 **비선형** 영역, 직선의 영역을 **선형** 영역이라고 합니다. 선형, 비선형이라는 말은 머신러닝에서 자주 쓰이는 용어로, [그림 2-6]과 [그림 2-8] 같은 이미지를 떠올리시면 됩니다.

2.5 다층 퍼셉트론이 출동한다면

안타깝게도 퍼셉트론으로는 XOR 게이트를 표현할 수 없었습니다. 그렇다고 슬퍼할 필요는 없습니다. 사실 퍼셉트론의 아름다움은 '층을 쌓아' **다층 퍼셉트론**multi-layer perceptron을 만들 수 있다는 데 있습니다. 이번 절에서는 층을 하나 더 쌓아서 XOR를 표현해볼 것입니다. '층을 쌓는다'는 말의 뜻은 잠시 뒤에 살펴보기로 하고, 우선은 XOR 게이트 문제를 다른 관점에서 생각해보기로 합시다.

2.5.1 기존 게이트 조합하기

XOR 게이트를 만드는 방법은 다양합니다. 그중 하나는 앞서 만든 AND, NAND, OR 게이트를 조합하는 방법입니다. 여기에서는 AND, NAND, OR 게이트를 [그림 2-9]와 같은 기호로 표기합니다. 참고로 [그림 2-9]의 NAND 게이트 출력부에 있는 ○ 기호는 출력을 반전한다는 뜻입니다.

그림 2-9 AND, NAND, OR 게이트 기호

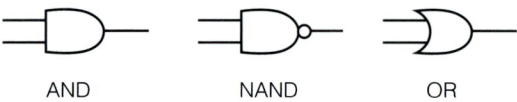

그림 XOR 게이트를 만들려면 AND, NAND, OR를 어떻게 조합하면 될까요? 각자 생각해봅시다. 힌트! [그림 2-10]의 '?'에 세 가지 게이트를 하나씩 대입하면 XOR를 완성할 수 있습니다.

그림 2-10 AND, NAND, OR 게이트 하나씩을 '?'에 대입해 XOR를 완성하자!

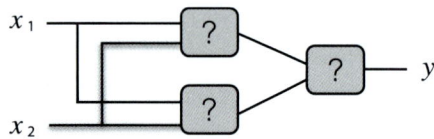

> **NOTE_** 앞 절에서 말한 퍼셉트론은 정확히 말하면 '단층 퍼셉트론single-layer perceptron으로는 XOR 게이트를 표현할 수 없다' 또는 '단층 퍼셉트론으로는 비선형 영역을 분리할 수 없다'는 한계가 있습니다. 앞으로는 퍼셉트론을 조합하여, 즉 층을 쌓아서 XOR 게이트를 구현하는 모습을 보게 됩니다.

[그림 2-11]과 같은 조합이라면 XOR 게이트를 구현할 수 있습니다. x_1과 x_2가 입력 신호, y가 출력 신호입니다. x_1과 x_2는 NAND와 OR 게이트의 입력이 되고, NAND와 OR의 출력이 AND 게이트의 입력으로 이어집니다.

그림 2-11 AND, NAND, OR 게이트를 조합해 구현한 XOR 게이트

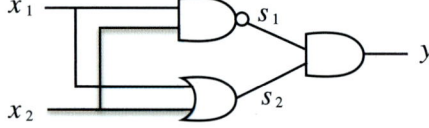

그림 [그림 2-11]의 조합이 정말 XOR를 구현하는지 살펴봅시다. NAND의 출력을 s_1, OR의 출력을 s_2로 해서 진리표를 만들면 [그림 2-12]처럼 됩니다. x_1, x_2, y에 주목하면 분명히 XOR의 출력과 같습니다.

그림 2-12 XOR 게이트의 진리표

x_1	x_2	s_1	s_2	y
0	0	1	0	0
1	0	1	1	1
0	1	1	1	1
1	1	0	1	0

2.5.2 XOR 게이트 구현하기

이어서 [그림 2-11]처럼 조합된 XOR 게이트를 파이썬으로 구현해보겠습니다. 지금까지 정의한 함수 AND, NAND, OR를 사용하면 다음과 같이 (쉽게!) 구현할 수 있습니다.

```python
def XOR(x1, x2):
    s1 = NAND(x1, x2)
    s2 = OR(x1, x2)
    y = AND(s1, s2)
    return y
```
ch02/xor_gate.py

이 XOR 함수는 기대한 대로의 결과를 출력합니다.

```python
XOR(0, 0)  # 0을 출력
XOR(1, 0)  # 1을 출력
XOR(0, 1)  # 1을 출력
XOR(1, 1)  # 0을 출력
```

이로써 XOR 게이트를 완성했습니다. 지금 구현한 XOR를 뉴런을 이용한 퍼셉트론으로 표현하면 [그림 2-13]처럼 됩니다.

그림 2-13 XOR의 퍼셉트론

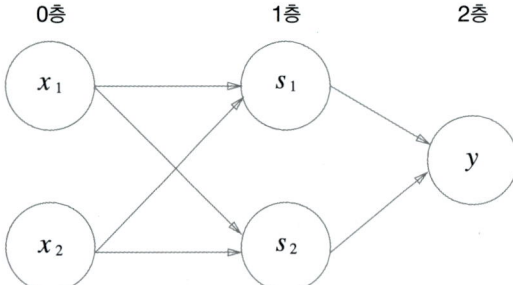

XOR는 [그림 2-13]과 같은 다층 구조입니다. 이 책에서는 왼쪽부터 차례로 0층, 1층, 2층이라고 부르겠습니다.

그런데 [그림 2-13]의 퍼셉트론은 지금까지 본 AND, OR 퍼셉트론(그림 2-1)과 형태가 다릅니다. 실제로 AND, OR가 단층 퍼셉트론인 데 반해, XOR는 2층 퍼셉트론입니다. 이처럼 층이 여러 개인 퍼셉트론을 다층 퍼셉트론이라 합니다.

> **WARNING_** [그림 2-13]의 퍼셉트론은 모두 3층으로 구성됩니다만, 가중치를 갖는 층은 사실 2개(0층과 1층 사이, 1층과 2층 사이)뿐이니 '2층 퍼셉트론'이라 부르기로 합시다. 문헌에 따라서는 구성 층의 수를 기준으로 '3층 퍼셉트론'이라 하는 경우도 있습니다.

[그림 2-13]과 같은 2층 퍼셉트론에서는 0층에서 1층으로 신호가 전달되고, 이어서 1층에서 2층으로 신호가 전달됩니다. 이 동작을 더 자세히 서술하면 다음과 같습니다.

1. 0층의 두 뉴런이 입력 신호를 받아 1층의 뉴런으로 신호를 보낸다.
2. 1층의 뉴런이 2층의 뉴런으로 신호를 보내고, 2층의 뉴런은 y를 출력한다.

덧붙여서, 이 2층 퍼셉트론의 동작을 공장의 조립라인에 비유할 수 있습니다. 1단(1층째) 작업자는 흘러오는 '부품'을 다듬어 일이 완료되면 2단(2층째) 작업자에게 건네줍니다. 2단의 작업자는 1단 작업자로부터 전달받은 '부품'을 다듬어 완성품으로 만들어 출하(출력)합니다. 이처럼 XOR 게이트 퍼셉트론에서는 작업자들 사이에서 **부품을 전달**하는 일이 이뤄집니다.

이상으로 2층 구조를 사용해 퍼셉트론으로 XOR 게이트를 구현할 수 있게 되었습니다. 다시 말해 **단층 퍼셉트론으로는 표현하지 못한 것을 층을 하나 늘려 구현**할 수 있었습니다. 이처럼 퍼셉트론은 층을 쌓아(깊게 하여) 더 다양한 대상을 표현할 수 있답니다.

2.6 NAND에서 컴퓨터까지

다층 퍼셉트론은 지금까지 보아온 회로보다 복잡한 회로를 만들 수 있습니다. 예를 들면, 덧셈을 처리하는 가산기도 만들 수 있습니다. 2진수를 10진수로 변환하는 인코더, 어떤 조건을 충족하면 1을 출력하는 회로(패리티 검사 회로)도 퍼셉트론으로 표현할 수 있습니다. 사실은 퍼셉트론을 이용하면 '컴퓨터'마저 표현할 수 있습니다!

컴퓨터는 정보를 처리하는 기계죠. 컴퓨터에 무언가를 입력하면 정해진 방법으로 처리하고 그 결과를 출력합니다. 정해진 방법으로 처리한다는 것은 컴퓨터도 마치 퍼셉트론처럼 입력과 출력으로 구성된 특정 규칙대로 계산을 수행한다는 뜻입니다.

컴퓨터 내부에서 이뤄지는 처리가 매우 복잡할 거 같지만, 사실은 (놀랍게도) NAND 게이트의 조합만으로 컴퓨터가 수행하는 일을 재현할 수 있습니다. NAND 게이트만으로 컴퓨터를 만들 수 있다? 이 말은 곧 퍼셉트론으로도 컴퓨터를 표현할 수 있다는 놀라운 사실로 이어집니다. 지금까지 살펴본 것처럼 NAND 게이트는 퍼셉트론으로 만들 수 있기 때문이죠.

> **NOTE_** "NAND 게이트의 조합만으로 컴퓨터를 만든다"라는 말이 믿어지지 않을지도 모르겠네요. 이것이 어떻게 가능한지 궁금한 분께는 『밑바닥부터 만드는 컴퓨팅 시스템』(인사이트)을 읽어보시길 권합니다. 이 책은 컴퓨터를 깊이 이해하고자 'NAND에서 테트리스까지'라는 구호 아래, 실제로 NAND로 테트리스가 작동하는 컴퓨터를 만듭니다. 이 책을 읽으면 NAND라는 단순한 소자만으로 컴퓨터와 같은 복잡한 시스템이 만들어진다는 사실을 실감할 수 있을 겁니다.

이처럼 다층 퍼셉트론은 컴퓨터도 만들 정도로 복잡한 표현을 해냅니다. 대견하죠! 그럼 어떤 구조의 퍼셉트론이면 컴퓨터를 표현할 수 있을까요? 층을 얼마나 깊게 하면 컴퓨터가 만들어질까요?

그 답은 '이론상 2층 퍼셉트론이면 컴퓨터를 만들 수 있다'입니다. 말도 안 되는 소리 같지만 2층 퍼셉트론, 정확히는 비선형인 시그모이드 함수를 활성화 함수로 이용하면 임의의 함수를 표현할 수 있다는 사실이 증명되었습니다(3장 참고). 그러나 2층 퍼셉트론 구조에서 가중치를 적절히 설정하여 컴퓨터를 만들기란 너무 어렵습니다. 실제로도 NAND 등의 저수준 소자에서 시작하여 컴퓨터를 만드는 데 필요한 부품(모듈)을 단계적으로 만들어가는 쪽이 자연스러운 방법입니다. 즉, 처음에는 AND와 OR 게이트, 그다음에는 반가산기와 전가산기, 그다음에는 산술 논리 연산 장치(ALU), 그다음에는 CPU라는 식이죠. 그래서 퍼셉트론으로 표현하는 컴퓨터도 여러 층을 다시 층층이 겹친 구조로 만드는 방향이 자연스러운 흐름입니다.

이 책에서는 컴퓨터를 만들지 않습니다. 그래도 퍼셉트론은 층을 거듭 쌓으면 비선형적인 표현도 가능하고, 이론상 컴퓨터가 수행하는 처리도 모두 표현할 수 있다는 점을 기억해주세요.

2.7 정리

이번 장에서는 퍼셉트론을 배웠습니다. 퍼셉트론은 간단한 알고리즘이라 그 구조를 쉽게 이해할 수 있습니다. 퍼셉트론은 다음 장에서 배울 신경망의 기초가 됩니다. 그러니 이번 장에서 배운 내용은 아주 중요합니다.

> **이번 장에서 배운 내용**
> - 퍼셉트론은 입출력을 갖춘 알고리즘이다. 입력을 주면 정해진 규칙에 따른 값을 출력한다.
> - 퍼셉트론에서는 '가중치'와 '편향'을 매개변수로 설정한다.
> - 퍼셉트론으로 AND, OR 게이트 등의 논리 회로를 표현할 수 있다.
> - XOR 게이트는 단층 퍼셉트론으로는 표현할 수 없다.
> - 2층 퍼셉트론을 이용하면 XOR 게이트를 표현할 수 있다.
> - 단층 퍼셉트론은 선형 영역만 표현할 수 있고, 다층 퍼셉트론은 비선형 영역도 표현할 수 있다.
> - 다층 퍼셉트론은 (이론상) 컴퓨터를 표현할 수 있다.

CHAPTER 3 신경망

앞 장에서 퍼셉트론을 배울 때 좋은 소식과 나쁜 소식이 있었습니다. 좋은 소식은 퍼셉트론으로 복잡한 함수도 표현할 수 있다는 것입니다. 그 예로 컴퓨터가 수행하는 복잡한 처리도 퍼셉트론으로 (이론상) 표현할 수 있음을 설명했습니다. 나쁜 소식은 가중치를 설정하는 작업(원하는 결과를 출력하도록 가중치 값을 적절히 정하는 작업)은 여전히 사람이 수동으로 한다는 것입니다. 앞 장에서는 AND, OR 게이트의 진리표를 보면서 우리 인간이 적절한 가중치 값을 정했습니다.

신경망은 이 나쁜 소식을 해결해줍니다. 무슨 말인고 하니, 가중치 매개변수의 적절한 값을 데이터로부터 자동으로 학습하는 능력을 갖추고 있다는 것입니다. 이게 바로 우리가 지금부터 살펴볼 신경망의 중요한 특징입니다. 이번 장에서는 신경망의 개요를 설명하고, 신경망이 입력 데이터가 무엇인지 식별하는 처리 과정을 자세히 알아봅니다. 아쉽지만 데이터에서 가중치 매개변수 값을 학습하는 방법은 다음 장에서 다룹니다.

3.1 퍼셉트론에서 신경망으로

신경망은 앞 장에서 설명한 퍼셉트론과 공통점이 많습니다. 이번 절에서는 퍼셉트론과 다른 점을 중심으로 신경망의 구조를 설명합니다.

3.1.1 신경망의 예

신경망을 그림으로 나타내면 [그림 3-1]과 같습니다. 여기에서 가장 왼쪽 줄을 **입력층**, 맨 오른쪽 줄을 **출력층**, 중간 줄을 **은닉층**이라고 합니다. 은닉층의 뉴런은 입력층이나 출력층과 달리 사람 눈에는 보이지 않습니다. 그래서 '은닉'인 것이죠. 또한 이 책에서는 입력층에서 출력층 방향으로 차례로 0층, 1층, 2층이라 하겠습니다. 층 번호를 0부터 시작하는 이유는 파이썬 배열의 인덱스도 0부터 시작하여, 나중에 구현할 때 짝짓기 편하기 때문입니다. [그림 3-1]에서는 0층이 입력층, 1층이 은닉층, 2층이 출력층이 됩니다.

그림 3-1 신경망의 예

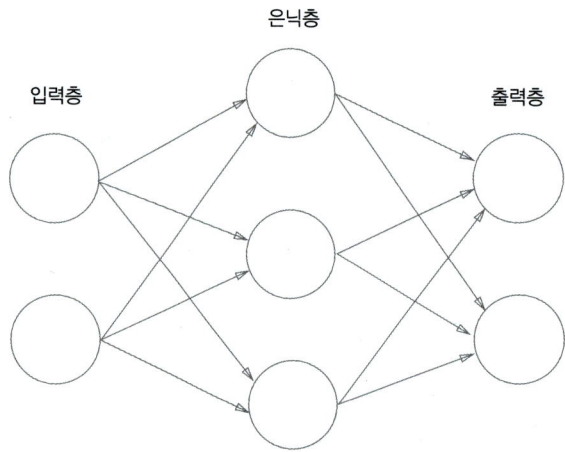

> **WARNING_** [그림 3-1]의 신경망은 모두 3층으로 구성됩니다만, 가중치를 갖는 층은 2개뿐이기 때문에 '2층 신경망'이라고 합니다. 문헌에 따라서는 신경망을 구성하는 층수를 기준으로 '3층 신경망'이라고 하는 경우도 있으니 주의해야 합니다. 이 책에서는 실제로 가중치를 갖는 층의 개수(입력층, 은닉층, 출력층의 합계에서 1을 뺀 값)를 기준으로 하겠습니다.

[그림 3-1]은 앞 장에서 본 퍼셉트론과 특별히 달라 보이지 않습니다. 실제로 뉴런이 연결되는 방식은 앞 장의 퍼셉트론에서 달라진 것이 없답니다. 자, 그럼 신경망에서는 신호를 어떻게 전달할까요?

3.1.2 퍼셉트론 복습

신경망의 신호 전달 방법을 보기 전에 퍼셉트론을 살짝 복습해보죠. 먼저 [그림 3-2]와 같은 구조를 생각해봅시다.

그림 3-2 퍼셉트론 복습

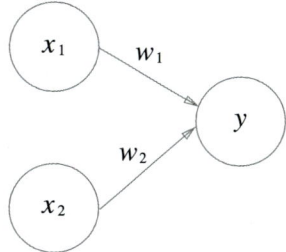

[그림 3-2]는 x_1과 x_2라는 두 신호를 입력받아 y를 출력하는 퍼셉트론입니다. 이 퍼셉트론을 수식으로 나타내면 [식 3.1]이 됩니다.

$$y = \begin{cases} 0 \ (b + w_1 x_1 + w_2 x_2 \leq 0) \\ 1 \ (b + w_1 x_1 + w_2 x_2 > 0) \end{cases}$$

[식 3.1]

여기서 b는 **편향**을 나타내는 매개변수로, 뉴런이 얼마나 쉽게 활성화되느냐를 제어합니다. 한편 w_1과 w_2는 각 신호의 **가중치**를 나타내는 매개변수로, 각 신호의 영향력을 제어합니다.

그런데 [그림 3-2]에는 편향 b가 보이지 않습니다. 여기에 편향을 명시한다면 [그림 3-3]과 같이 나타낼 수 있습니다.

그림 3-3 편향을 명시한 퍼셉트론

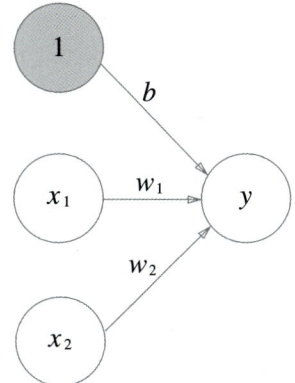

[그림 3-3]에서는 가중치가 b이고 입력이 1인 뉴런이 추가되었습니다. 이 퍼셉트론의 동작은 x_1, x_2, 1이라는 3개의 신호가 뉴런에 입력되어, 각 신호에 가중치를 곱한 후 다음 뉴런에 전달됩니다. 다음 뉴런에서는 이 신호들의 값을 더하여, 그 합이 0을 넘으면 1을 출력하고 그렇지 않으면 0을 출력합니다. 참고로 편향의 입력 신호는 항상 1이기 때문에 그림에서는 해당 뉴런을 회색으로 채워 다른 뉴런과 구별했습니다.

그림 [식 3.1]을 더 간결한 형태로 다시 작성해보죠. 이를 위해서 조건 분기의 동작(0을 넘으면 1을 출력하고 그렇지 않으면 0을 출력)을 하나의 함수로 나타냅니다. 이 함수를 $h(x)$라 하면 [식 3.1]을 다음과 같이 [식 3.2]와 [식 3.3]으로 표현할 수 있습니다.

$$y = h(b + w_1 x_1 + w_2 x_2) \qquad \text{[식 3.2]}$$

$$h(x) = \begin{cases} 0 \ (x \leq 0) \\ 1 \ (x > 0) \end{cases} \qquad \text{[식 3.3]}$$

[식 3.2]는 입력 신호의 총합이 $h(x)$라는 함수를 거쳐 변환되어, 그 변환된 값이 y의 출력이 됨을 보여줍니다. 그리고 [식 3.3]의 $h(x)$ 함수는 입력이 0을 넘으면 1을 돌려주고 그렇지 않으면 0을 돌려줍니다. 결과적으로 [식 3.1]이 하는 일과 [식 3.2]와 [식 3.3]이 하는 일은 같습니다.

3.1.3 활성화 함수의 등장

조금 전 $h(x)$라는 함수가 등장했는데, 이처럼 입력 신호의 총합을 출력 신호로 변환하는 함수를 **활성화 함수**activation function라 합니다. '활성화'라는 이름이 말해주듯 활성화 함수는 입력 신호의 총합이 활성화를 일으키는지를 정하는 역할을 합니다.

그림 [식 3.2]를 다시 써봅시다. [식 3.2]는 가중치가 곱해진 입력 신호의 총합을 계산하고, 그 합을 활성화 함수에 입력해 결과를 내는 2단계로 처리됩니다. 그래서 이 식은 다음과 같은 2개의 식으로 나눌 수 있습니다.

$$a = b + w_1 x_1 + w_2 x_2 \qquad \text{[식 3.4]}$$

$$y = h(a) \qquad \text{[식 3.5]}$$

[식 3.4]는 가중치가 달린 입력 신호와 편향의 총합을 계산하고, 이를 a라 합니다. 그리고 [식 3.5]는 a를 함수 $h()$에 넣어 y를 출력하는 흐름입니다.

지금까지와 같이 뉴런을 큰 원(○)으로 그려보면 [식 3.4]와 [식 3.5]는 [그림 3-4]처럼 나타낼 수 있습니다.

그림 3-4 활성화 함수의 처리 과정

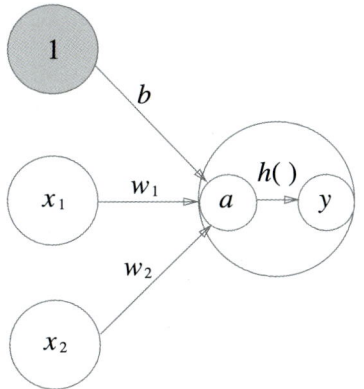

보다시피 [그림 3-4]에서는 기존 뉴런의 원을 키우고, 그 안에 활성화 함수의 처리 과정을 명시적으로 그려 넣었습니다. 즉 가중치 신호를 조합한 결과가 a라는 노드가 되고, 활성화 함수 $h()$를 통과하여 y라는 노드로 변환되는 과정이 분명하게 나타나 있습니다. 참고로 이 책에서는 **뉴런**과 **노드**라는 용어를 같은 의미로 사용합니다. 방금 a와 y의 원을 노드라고 칭했지만, 지금까지 뉴런이라고 부르던 개념과 같습니다.

뉴런을 그릴 때 보통은 지금까지와 마찬가지로 [그림 3-5]의 왼쪽처럼 뉴런을 하나의 원으로 그립니다. 그리고 신경망의 동작을 더 명확히 드러내고자 할 때는 오른쪽 그림처럼 활성화 처리 과정을 명시하기도 합니다.

그림 3-5 왼쪽은 일반적인 뉴런, 오른쪽은 활성화 처리 과정을 명시한 뉴런(a는 입력 신호의 총합, $h()$는 활성화 함수, y는 출력)

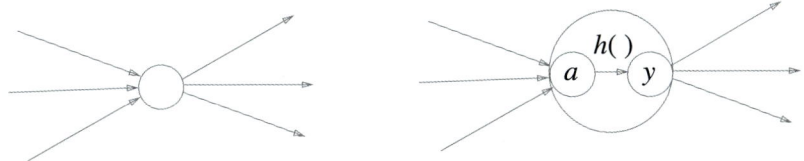

그럼 계속해서 활성화 함수와 더 친해져보기로 하죠. 이 활성화 함수가 퍼셉트론에서 신경망으로 가기 위한 길잡이랍니다.

> **WARNING_** 이 책에서는 퍼셉트론이라는 말이 가리키는 알고리즘을 엄밀히 통일하지는 않았습니다. 일반적으로 **단순 퍼셉트론**은 단층 네트워크에서 계단 함수(임곗값을 경계로 출력이 바뀌는 함수)를 활성화 함수로 사용한 모델을 가리키고 **다층 퍼셉트론**은 신경망(여러 층으로 구성되고 시그모이드 함수 등의 매끈한 활성화 함수를 사용하는 네트워크)을 가리킵니다.

3.2 활성화 함수

[식 3.3]과 같은 활성화 함수는 임곗값을 경계로 출력이 바뀌는데, 이런 함수를 **계단 함수**step function라 합니다. 그래서 '퍼셉트론에서는 활성화 함수로 계단 함수를 이용한다'고 할 수 있습니다. 즉, 활성화 함수로 쓸 수 있는 여러 후보 중에서 퍼셉트론은 계단 함수를 채용하고 있습니다. 그렇다면 계단 함수 이외의 함수를 사용하면 어떻게 될까요? 실은 활성화 함수를 계단 함수에서 다른 함수로 변경하는 작업이 신경망의 세계로 나아가는 열쇠입니다! 그럼 어서 신경망에서 이용하는 활성화 함수를 소개하겠습니다.

3.2.1 시그모이드 함수

다음은 신경망에서 자주 이용하는 활성화 함수인 **시그모이드 함수**sigmoid function의 식입니다.

$$h(x) = \frac{1}{1 + \exp(-x)} \quad \text{[식 3.6]}$$

$\exp(-x)$는 e^{-x}를 뜻하며, e는 자연상수로 2.7182…의 값을 갖는 실수입니다. [식 3.6]으로 표현되는 시그모이드 함수는 얼핏 복잡해 보이지만 이 역시 단순한 '함수'일 뿐입니다. 함수는 입력을 주면 출력을 돌려주는 변환기죠. 예를 들어 시그모이드 함수에 1.0과 2.0을 입력하면 $h(1.0) = 0.731…$, $h(2.0) = 0.880…$처럼 특정 값을 출력합니다.

신경망에서는 활성화 함수로 시그모이드 함수를 이용하여 신호를 변환하고, 그 변환된 신호를 다음 뉴런에 전달합니다. 사실 앞 장에서 본 퍼셉트론과 곧이어 만나볼 신경망의 주된 차이는 이 활성화 함수뿐입니다. 그 외에 뉴런이 여러 층으로 이어지는 구조와 신호를 전달하는 방법은 기본적으로 앞에서 살펴본 퍼셉트론과 같습니다. 그러면 활성화 함수로 이용되는 시그모이드 함수를 계단 함수와 비교하면서 자세히 살펴보겠습니다.

3.2.2 계단 함수 구현하기

이번 절과 다음 절에서는 파이썬으로 계단 함수를 그려보겠습니다(함수의 형태를 눈으로 확인해보면 그 함수를 이해하는 데 큰 도움이 됩니다). 계단 함수는 [식 3.3]과 같이 입력이 0을 넘으면 1을 출력하고, 그 외에는 0을 출력하는 함수입니다. 다음은 이러한 계단 함수를 단순하게 구현한 코드입니다.

```python
def step_function(x):
    if x > 0:
        return 1
    else:
        return 0
```

이 구현은 단순하고 쉽지만, 인수 x는 실수(부동소수점)만 받아들입니다. 즉, step_function(3.0)은 되지만 넘파이 배열을 인수로 넣을 수는 없습니다. 예를 들어 step_function(np.array([1.0, 2.0]))은 안 됩니다. 우리는 앞으로를 위해 넘파이 배열도 지원하도록 수정하고 싶습니다. 그러기 위해서는 가령 다음과 같은 구현을 생각할 수 있겠죠.

```python
def step_function(x):
    y = x > 0
    return y.astype(int)
```

겨우 두 줄이라 엉성해 보이겠지만, 이는 넘파이의 편리한 트릭을 사용한 덕분입니다. 어떤 트릭을 썼는지는 다음 파이썬 인터프리터의 예를 보면서 설명해보죠. 다음 예에서는 x라는 넘파이 배열을 준비하고 그 넘파이 배열에 부등호 연산을 수행합니다.

```
>>> import numpy as np
>>> x = np.array([-1.0, 1.0, 2.0])
>>> x
array([-1.,  1.,  2.])

>>> y = x > 0
>>> y
array([False,  True,  True])
```

넘파이 배열에 부등호 연산을 수행하면 배열의 원소 각각에 부등호 연산을 수행한 bool 배열이 생성됩니다. 이 예에서는 배열 x의 원소 각각이 0보다 크면 True로, 0 이하면 False로 변환한 새로운 배열 y가 생성됩니다.

이 y는 bool 배열입니다. 그런데 우리가 원하는 계단 함수는 0이나 1의 'int형'을 출력하는 함수죠. 그래서 배열 y의 원소를 bool에서 int형으로 바꿔줍니다.

```
>>> y = y.astype(int)
>>> y
array([0, 1, 1])
```

이처럼 넘파이 배열의 자료형을 변환할 때는 astype() 메서드를 이용합니다. 원하는 자료형(이 예에서는 int)을 인수로 지정하면 되죠. 그리고 파이썬에서는 bool을 int로 변환하면 True는 1로, False는 0으로 변환됩니다. 이상이 계단 함수 구현에서 사용한 넘파이의 '트릭'이었습니다.

3.2.3 계단 함수의 그래프

이제 앞에서 정의한 계단 함수를 그래프로 그려봅시다. 이를 위해 맷플롯립 라이브러리를 사용합니다.

ch03/step_function.py

```
import numpy as np
import matplotlib.pylab as plt
```

```python
def step_function(x):
    return np.array(x > 0, dtype=int)

x = np.arange(-5.0, 5.0, 0.1)
y = step_function(x)
plt.plot(x, y)
plt.ylim(-0.1, 1.1)   # y축의 범위 지정
plt.show()
```

np.arange(-5.0, 5.0, 0.1)은 -5.0에서 5.0 전까지 0.1 간격의 넘파이 배열을 생성합니다. 즉, [-5.0, -4.9 … 4.9]를 생성합니다. step_function()은 인수로 받은 넘파이 배열의 원소 각각을 인수로 받아 계단 함수를 실행하고, 그 결과를 다시 배열로 만들어 돌려줍니다. 이 x, y 배열을 그래프로 그리면(plot) 결과는 [그림 3-6]처럼 됩니다.

그림 3-6 계단 함수의 그래프

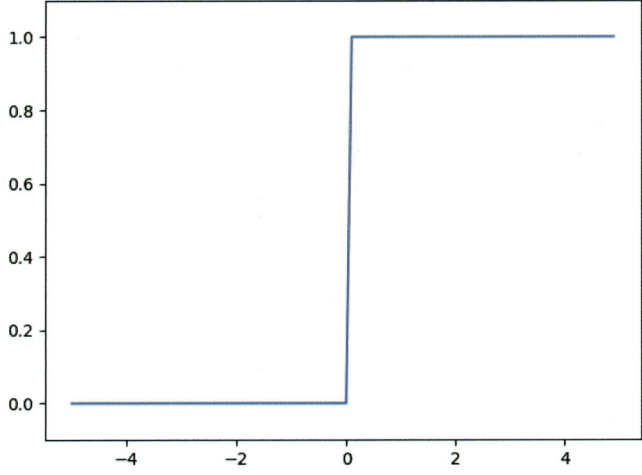

[그림 3-6]에서 보듯 계단 함수는 0을 경계로 출력이 0에서 1(또는 1에서 0)로 바뀝니다. 이제 '계단' 함수라고 불리는 이유를 아셨겠죠? 바로 이 그림처럼 값이 바뀌는 형태가 계단처럼 생겼기 때문이랍니다.

3.2.4 시그모이드 함수 구현하기

이어서 시그모이드 함수를 구현합시다. [식 3.6]의 시그모이드 함수는 파이썬으로 다음과 같이 작성할 수 있습니다.

```
def sigmoid(x):
    return 1 / (1 + np.exp(-x))
```
ch03/sigmoid.py

여기서 np.exp(-x)는 $\exp(-x)$ 수식에 해당합니다. 이 구현에서 특별히 어려운 건 없습니다. 인수 x가 넘파이 배열이어도 올바른 결과가 나온다는 정도만 기억해둡시다. 실제로 넘파이 배열을 제대로 처리하는지 실험해보죠.

```
>>> x = np.array([-1.0, 1.0, 2.0])
>>> sigmoid(x)
array([ 0.26894142, 0.73105858, 0.88079708])
```

이 함수가 넘파이 배열도 훌륭히 처리해줄 수 있는 비밀은 넘파이의 브로드캐스트에 있습니다 ('1.5.5 브로드캐스트' 참고). 브로드캐스트란 넘파이 배열과 스칼라값의 연산을 넘파이 배열의 원소 각각과 스칼라값의 연산으로 바꿔 수행하는 기능입니다. 복습 겸 구체적인 예를 하나 보시죠.

```
>>> t = np.array([1.0, 2.0, 3.0])
>>> 1.0 + t
array([2., 3., 4.])
>>> 1.0 / t
array([1.        , 0.5       , 0.33333333])
```

이 예에서는 스칼라값 1.0과 넘파이 배열 사이에서 수치 연산(+와 /)을 해보았습니다. 결과적으로 스칼라값과 넘파이 배열의 각 원소 사이에서 연산이 이뤄지고, 연산 결과가 넘파이 배열로 출력되었습니다. 앞에서 구현한 sigmoid 함수에서도 np.exp(-x)가 넘파이 배열을 반환하기 때문에 1 / (1 + np.exp(-x))도 넘파이 배열의 각 원소에 연산을 수행한 결과를 내어줍니다.

그럼, 시그모이드 함수를 그래프로 그려볼까요? 그래프를 그리는 코드는 앞 절의 계단 함수 그리기 코드와 거의 같습니다. 유일하게 다른 부분은 y를 출력하는 함수를 sigmoid 함수로 변경한 곳입니다.

ch03/sigmoid.py
```
x = np.arange(-5.0, 5.0, 0.1)
y = sigmoid(x)         # sigmoid() 함수로 변경
plt.plot(x, y)
plt.ylim(-0.1, 1.1)  # y축 범위 지정
plt.show()
```

이 코드를 실행하면 [그림 3-7]과 같은 그래프를 확인할 수 있습니다.

그림 3-7 시그모이드 함수의 그래프*

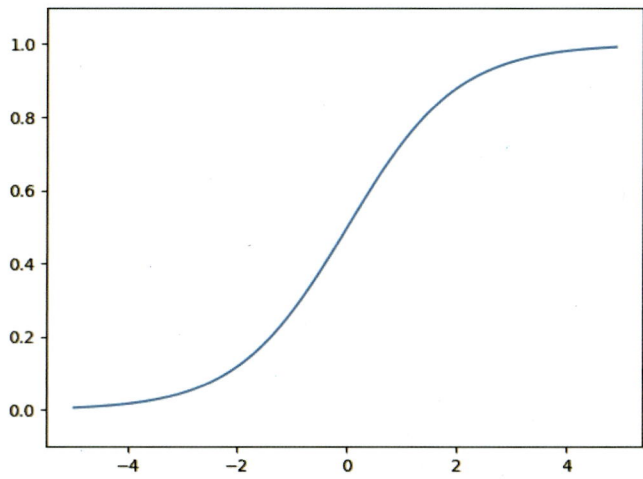

---

* 옮긴이_ 시그모이드(sigmoid)란 'S자 모양'이라는 뜻입니다. 계단 함수처럼 그 모양을 따 이름 지은 것이죠. 그래서 '시그모이드 함수'보다는 'S자 모양 함수'란 이름이 그 성질을 더 직관적으로 내비치지만, 이 책에서는 시그모이드란 이름으로 옮겼습니다. 첫 번째 이유는 실제 현장에서 많이 쓰이는 이름이고, 두 번째는 소스 코드와의 일관성 때문입니다. 소스 코드에서 이 기능을 담당하는 함수 이름이 'sigmoid'이고 책 전반에 자주 등장합니다. '시그모이드 = S자 모양'이란 점만 확실히 기억해주세요.

3.2.5 시그모이드 함수와 계단 함수 비교

시그모이드 함수와 계단 함수를 비교해봅시다. [그림 3-8]에 두 함수를 함께 그려봤습니다. 무엇이 다르고, 또 공통되는 성질이라 할 만한 것은 무엇인가요? 곰곰이 생각해보세요.

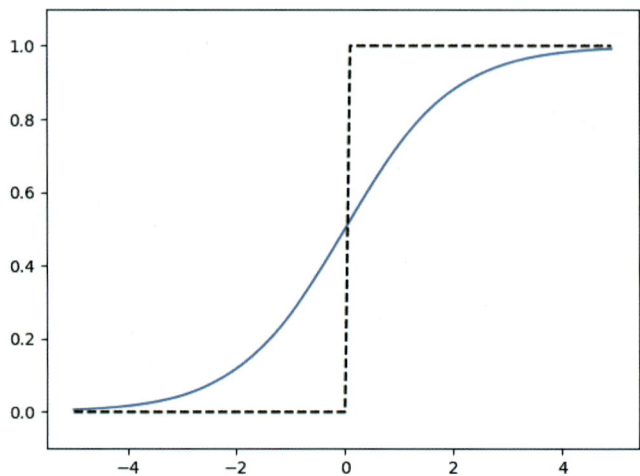

그림 3-8 계단 함수(점선)와 시그모이드 함수(실선)

[그림 3-8]을 보고 가장 먼저 느껴지는 점은 '매끄러움'의 차이일 것입니다. 시그모이드 함수는 부드러운 곡선이며 입력에 따라 출력이 연속적으로 변화합니다. 한편, 계단 함수는 0을 경계로 출력이 갑자기 바뀌어버립니다. 시그모이드 함수의 이 매끈함이 신경망 학습에서 아주 중요한 역할을 하게 됩니다.

역시 매끈함과 관련되는데 계단 함수가 0과 1 중 하나의 값만 돌려주는 반면 시그모이드 함수는 실수(0.731…, 0.880… 등)를 돌려준다는 점도 다릅니다. 다시 말해 퍼셉트론에서는 뉴런 사이에 0 혹은 1이 흘렀다면, 신경망에서는 연속적인 실수가 흐릅니다.

비유하자면, 계단 함수는 '시시오도시'*이고 시그모이드 함수는 '물레방아'와 비슷하죠. 계단 함수는 시시오도시처럼 물을 쏟아내거나 쏟아내지 않는(0 또는 1) 두 가지 움직임을 보여주며, 시그모이드 함수는 물레방아처럼 흘러온 물의 양에 비례해 흐르는 물의 양을 조절합니다.

두 함수의 공통점도 살펴볼까요? 두 함수는 매끄러움이라는 점에서는 다르지만, [그림 3-8]을

---

* 옮긴이_ 대나무 물레방아라고도 부르는, 일본 전통 정원에서 흔히 볼 수 있는 장식입니다. 물이 떨어지는 곳에 한쪽을 자른 대나무 통을 시소처럼 비스듬히 설치해두면, 통 안에 물이 차 쏟아내고 원래대로 돌아가는 동작을 반복합니다. 이때 바닥을 때리는 소리로 운치를 더합니다.

큰 관점에서 보면 둘은 같은 모양을 하고 있습니다. 둘 다 입력이 작을 때의 출력은 0에 가깝고 (혹은 0이고), 입력이 커지면 출력이 1에 가까워지는(혹은 1이 되는) 구조인 것이죠. 즉, 계단 함수와 시그모이드 함수는 입력이 중요하면 큰 값을 출력하고 입력이 중요하지 않으면 작은 값을 출력합니다. 그리고 입력이 아무리 작거나 커도 출력은 0에서 1 사이라는 점도 둘의 공통점입니다.

3.2.6 비선형 함수

계단 함수와 시그모이드 함수의 공통점은 그 밖에도 있습니다. 중요한 공통점으로, 둘 모두는 **비선형 함수**입니다. 시그모이드 함수는 곡선, 계단 함수는 계단처럼 구부러진 직선으로 나타나며, 동시에 비선형 함수로 분류됩니다.

> **NOTE_** 활성화 함수를 설명할 때 비선형 함수와 선형 함수라는 용어가 자주 등장합니다. 함수란 어떤 값을 입력하면 그에 따른 값을 돌려주는 '변환기'입니다. 이 변환기에 무언가 입력했을 때 출력이 입력의 상수배만큼 변하는 함수를 **선형 함수**라고 합니다. 수식으로는 $f(x) = ax + b$이고, 이때 a와 b는 상수입니다. 그래서 선형 함수는 곧은 1개의 직선이 됩니다. 한편, **비선형 함수**는 문자 그대로 '선형이 아닌' 함수입니다. 즉, 직선 1개로는 그릴 수 없는 함수를 말합니다.

신경망에서는 활성화 함수로 비선형 함수를 사용해야 합니다. 달리 말하면 선형 함수를 사용해서는 안 됩니다. 왜 선형 함수는 안 되는 걸까요? 그 이유는 바로 선형 함수를 이용하면 신경망의 층을 깊게 하는 의미가 없어지기 때문입니다.

선형 함수의 문제는 층을 아무리 깊게 해도 '은닉층이 없는 네트워크'로도 똑같은 기능을 할 수 있다는 데 있습니다. 구체적으로 (약간 직감적으로) 설명해주는 간단한 예를 생각해봤습니다. 선형 함수인 $h(x) = cx$를 활성화 함수로 사용한 3층 네트워크를 떠올려보세요. 이를 식으로 나타내면 $y(x) = h(h(h(x)))$가 됩니다. 이 계산은 $y(x) = c * c * c * x$처럼 곱셈을 세 번 수행하지만, 실은 $y(x) = ax$와 똑같은 식입니다. $a = c^3$이라고만 하면 끝이죠. 즉, 은닉층이 없는 네트워크로 표현할 수 있습니다. 이 예처럼 선형 함수를 이용해서는 여러 층으로 구성하는 이점을 살릴 수 없습니다. 그래서 층을 쌓는 혜택을 얻고 싶다면 활성화 함수로는 반드시 비선형 함수를 사용해야 합니다.

3.2.7 ReLU 함수

지금까지 활성화 함수로서 계단 함수와 시그모이드 함수를 소개했습니다. 시그모이드 함수는 신경망 분야에서 오래전부터 이용해왔으나, 최근에는 ReLU^{Rectified Linear Unit} (렐루) 함수를 주로 이용합니다.

ReLU는 입력이 0을 넘으면 그 입력을 그대로 출력하고, 0 이하이면 0을 출력하는 함수입니다 (그림 3-9).

그림 3-9 ReLU 함수의 그래프*

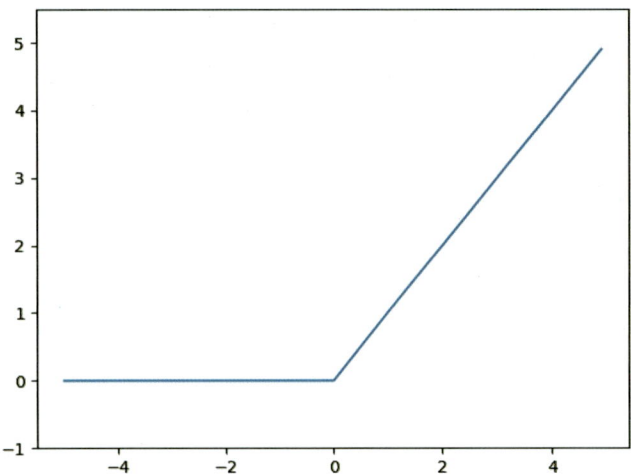

수식으로는 [식 3.7]처럼 쓸 수 있습니다.

$$h(x) = \begin{cases} x & (x > 0) \\ 0 & (x \leq 0) \end{cases}$$

[식 3.7]

그래프와 수식에서 보듯 ReLU는 간단한 함수입니다. 그래서 다음과 같이 쉽게 구현해 쓸 수 있습니다.

---

* 옮긴이_ ReLU에서 Rectified란 '정류된'이란 뜻입니다. 정류(整流)는 전기회로 쪽 용어로, 예를 들어 반파정류회로(half-wave rectification circuit)는 +/-가 반복되는 교류에서 - 흐름을 차단하는 회로입니다. [그림 3-9]와 비교하면 x가 0 이하일 때 차단하여 아무 값도 출력하지 않는(0을 출력하는) 것이죠. 그래서 ReLU 함수를 '정류된 선형 함수' 정도로 옮길 수 있겠으나, 간단한 개념을 어려운 용어로 바꾼다는 느낌이라 그만두었습니다.

```
def relu(x):
    return np.maximum(0, x)
```
ch03/relu.py

여기에서는 넘파이의 maximum 함수를 사용했습니다. maximum은 두 입력 중 큰 값을 선택해 반환하는 함수입니다.

이번 장에서는 앞으로 시그모이드 함수를 활성화 함수로 사용합니다만, 이 책 후반부는 주로 ReLU 함수를 사용합니다.

3.3 다차원 배열의 계산

넘파이의 다차원 배열을 사용한 계산법을 숙달하면 신경망을 효율적으로 구현할 수 있습니다. 그래서 이번 절에서는 넘파이의 다차원 배열 계산에 대해서 설명한 뒤 신경망을 구현해보겠습니다.

3.3.1 다차원 배열

다차원 배열도 그 기본은 '숫자의 집합'입니다. 숫자가 한 줄로 늘어선 것이나 직사각형으로 늘어놓은 것, 3차원으로 늘어놓은 것이나 (더 일반화한) N차원으로 나열하는 것을 통틀어 다차원 배열이라고 합니다. 그럼 넘파이를 사용해서 다차원 배열을 작성해보겠습니다. 먼저 지금까지 보아온 1차원 배열을 작성했습니다.

```
>>> import numpy as np
>>> A = np.array([1, 2, 3, 4])
>>> print(A)
[1 2 3 4]
>>> np.ndim(A)
1
>>> A.shape
(4,)
>>> A.shape[0]
4
```

이와 같이 배열의 차원 수는 np.ndim() 함수로 확인할 수 있습니다. 또, 배열의 형상은 인스턴스 변수인 shape으로 알 수 있습니다. 이 예에서 A는 1차원 배열이고 원소 4개로 구성되어 있네요. 한 가지, A.shape이 튜플을 반환한다는 점에 주의하세요. 이는 1차원 배열이라도 다차원 배열일 때와 통일된 형태로 결과를 반환하기 위함입니다. 예를 들어 2차원 배열일 때는 (4, 3), 3차원 배열일 때는 (4, 3, 2) 같은 튜플을 반환합니다. 그래서 1차원 배열일 때도 결과를 튜플로 반환합니다. 자, 이어서 2차원 배열을 작성해보죠.

```
>>> B = np.array([[1, 2], [3, 4], [5, 6]])
>>> print(B)
[[1 2]
 [3 4]
 [5 6]]
>>> np.ndim(B)
2
>>> B.shape
(3, 2)
```

여기에서는 '3×2 배열'인 B를 작성했습니다. 3×2 배열은 처음 차원에는 원소가 3개, 다음 차원에는 원소가 2개 있다는 의미입니다. 이때 처음 차원은 0번째 차원, 다음 차원은 1번째 차원에 대응합니다(파이썬의 인덱스는 0부터 시작합니다). 2차원 배열은 특히 행렬^{matrix}이라고 부르고 [그림 3-10]과 같이 배열의 가로 방향을 행^{row}, 세로 방향을 열^{column}이라고 합니다.

그림 3-10 2차원 배열(행렬)의 행(가로)과 열(세로)

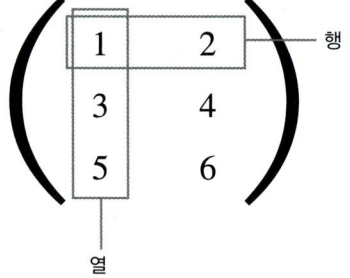

3.3.2 행렬의 곱

이어서 행렬(2차원 배열)의 곱을 구하는 방법을 알아보겠습니다. 예를 들어 2×2 행렬의 곱은 [그림 3-11]처럼 계산합니다.

그림 3-11 행렬의 곱 계산 방법

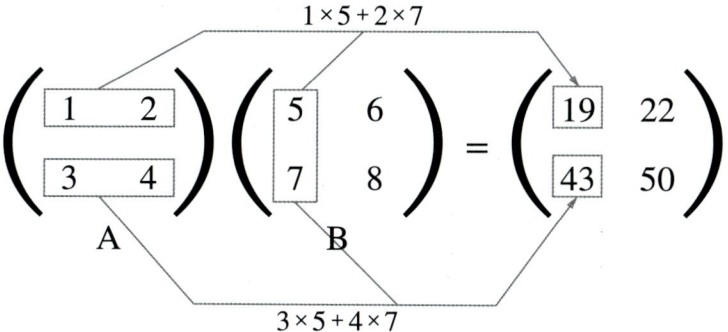

그림에서처럼 행렬 곱은 왼쪽 행렬의 행(가로)과 오른쪽 행렬의 열(세로)을 원소별로 곱하고 그 값들을 더해서 계산합니다. 그리고 그 계산 결과가 새로운 다차원 배열의 원소가 됩니다. 예를 들어 **A**의 1행과 **B**의 1열을 곱한 값은 결과 행렬의 1행 1번째 원소가 되고, **A**의 2행과 **B**의 1열을 곱한 결과는 2행 1번째 원소가 됩니다. 참고로 이 책에서는 '수식에서의 행렬'을 굵은 글씨로 표기합니다. 예를 들어 행렬은 **A**처럼 표기하여 원소가 하나인 스칼라값(예컨대 a와 b)이나 파이썬 코드에서의 변수명과 구별합니다. 이 계산을 파이썬으로 구현하면 다음과 같습니다.

```
>>> A = np.array([[1, 2], [3, 4]])
>>> A.shape
(2, 2)
>>> B = np.array([[5, 6], [7, 8]])
>>> B.shape
(2, 2)
>>> np.dot(A, B)
array([[19, 22],
       [43, 50]])
```

이 코드에서 A와 B는 2×2 행렬이며,* 이 두 행렬의 곱은 넘파이 함수 np.dot()으로 계산합니다.** np.dot()은 입력이 1차원 배열이면 벡터를, 2차원 배열이면 행렬 곱을 계산합니다. 여기서 한 가지 주의할 것은 np.dot(A, B)와 np.dot(B, A)는 다른 값이 될 수 있다는 점입니다. +와 * 등의 일반적인 연산과 달리 행렬의 곱에서는 피연산자의 순서가 다르면 결과도 다릅니다.

앞에서는 2×2 행렬을 곱하는 예를 보았지만, 형상이 다른 행렬의 곱도 마찬가지 방법으로 계산할 수 있습니다. 예를 들어 다음은 2×3 행렬과 3×2 행렬의 곱을 파이썬으로 구현한 모습입니다.

```
>>> A = np.array([[1, 2, 3], [4, 5, 6]])
>>> A.shape
(2, 3)
>>> B = np.array([[1, 2], [3, 4], [5, 6]])
>>> B.shape
(3, 2)
>>> np.dot(A, B)
array([[22, 28],
       [49, 64]])
```

2×3 행렬 A와 3×2 행렬 B의 곱은 이와 같이 구현할 수 있습니다. 이때 '행렬의 형상^{shape}'에 주의해야 합니다. 구체적으로 말하면 행렬 A의 1번째 차원의 원소 수(열 수)와 행렬 B의 0번째 차원의 원소 수(행 수)가 같아야 합니다. 앞의 예에서도 둘 모두 원소가 3개씩이었죠. 이 값이 다르면 행렬의 곱을 계산할 수 없습니다. 실제로 2×3 행렬 A와 2×2 행렬 C를 곱하면 파이썬은 다음과 같은 오류를 출력합니다.

```
>>> C = np.array([[1, 2], [3, 4]])
>>> C.shape
(2, 2)
>>> A.shape
(2, 3)
>>> np.dot(A, C)
Traceback (most recent call last):
  File "<stdin>", line 1, in <module>
ValueError: shapes (2,3) and (2,2) not aligned: 3 (dim 1) != 2 (dim 0)
```

----

* 여기에서의 A와 B는 파이썬 코드의 변수명이라 굵게 표기하지 않습니다. 오직 '수식'일 때만 굵게 표기하여 코드 설명과 구분했습니다.

** dot은 '스칼라곱(scalar product)'을 뜻하며 점곱(dot product)이라고도 합니다. 'dot'이라는 이름이 바로 여기서 유래했습니다.

이 오류는 행렬 A의 1번째 차원(dim 1)과 행렬 C의 0번째 차원(dim 0)의 원소 수가 다르다고 말합니다(차원의 인덱스는 0부터 시작합니다). 즉, 다차원 배열을 곱하려면 두 행렬의 대응하는 차원의 원소 수를 일치시켜야 합니다. 중요한 내용이니 [그림 3-12]를 보며 다시 정리해보죠.

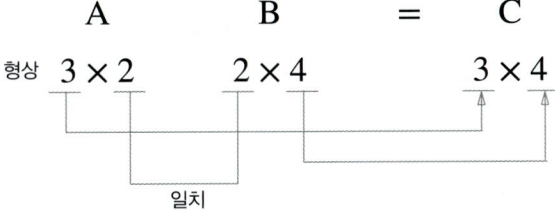

그림 3-12 행렬의 곱에서는 대응하는 차원의 원소 수를 일치시킨다.

[그림 3-12]는 3×2 행렬 A와 2×4 행렬 B를 곱해 3×4 행렬 C를 만드는 예입니다. 이 그림과 같이 행렬 A와 B의 대응하는 차원의 원소 수가 같아야 합니다. 그리고 계산 결과인 행렬 C의 형상은 행렬 A의 행 수와 행렬 B의 열 수가 됩니다(이 점도 중요합니다).

A가 2차원 행렬이고 B가 1차원 배열일 때도 [그림 3-13]과 같이 '대응하는 차원의 원소 수를 일치시킨다'는 원칙이 똑같이 적용됩니다.

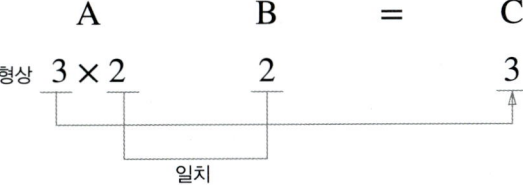

그림 3-13 A가 2차원 행렬, B가 1차원 배열일 때도 대응하는 차원의 원소 수를 일치시킨다.

[그림 3-13]의 예를 파이썬으로 구현하면 다음과 같이 됩니다.

```
>>> A = np.array([[1, 2], [3, 4], [5, 6]])
>>> A.shape
(3, 2)
>>> B = np.array([7, 8])
>>> B.shape
(2,)
```

```
>>> np.dot(A, B)
array([23, 53, 83])
```

3.3.3 신경망에서의 행렬 곱

그럼 넘파이 행렬을 써서 신경망을 구현해보겠습니다. 이번 예에서는 [그림 3-14]의 간단한 신경망을 가정해보죠. 이 신경망은 편향과 활성화 함수를 생략하고 가중치만 갖습니다.

그림 3-14 행렬의 곱으로 신경망의 계산을 수행한다.

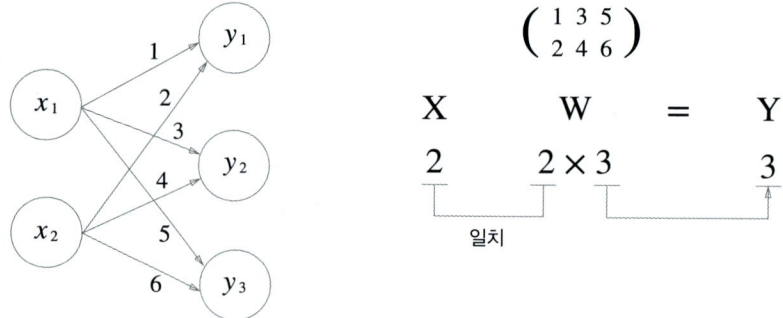

이 구현에서도 **X**, **W**, **Y**의 형상을 주의해서 보세요. 특히 **X**와 **W**의 대응하는 차원의 원소 수가 같아야 한다는 걸 잊지 말아야 합니다.

```
>>> X = np.array([1, 2])
>>> X.shape
(2,)
>>> W = np.array([[1, 3, 5], [2, 4, 6]])
>>> print(W)
[[1 3 5]
 [2 4 6]]
>>> W.shape
(2, 3)
>>> Y = np.dot(X, W)
>>> print(Y)
[ 5 11 17]
```

다차원 배열의 스칼라곱을 구해주는 np.dot 함수를 사용하면 이처럼 단번에 결과 Y를 계산할 수 있습니다. Y의 원소가 100개든 1,000개든 한 번의 연산으로 계산할 수 있습니다! 만약 np.dot을 사용하지 않으면 Y의 원소를 하나씩 따져봐야 합니다(또는 for 문을 사용해서 계산해야 하는데, 굉장히 귀찮겠지요). 그래서 행렬의 곱으로 한꺼번에 계산해주는 기능은 신경망을 구현할 때 매우 중요하다고 말할 수 있습니다.

3.4 3층 신경망 구현하기

이제 더 그럴싸한 신경망을 구현해보죠. 이번에는 [그림 3-15]의 3층 신경망에서 수행되는, 입력부터 출력까지의 처리(순방향 처리)를 구현하겠습니다. 이를 위해 앞에서 설명한 넘파이의 다차원 배열을 사용합니다. 넘파이 배열을 잘 쓰면 아주 적은 코드만으로 신경망의 순방향 처리를 완성할 수 있습니다.

그림 3-15 3층 신경망: 입력층(0층)은 2개, 첫 번째 은닉층(1층)은 3개, 두 번째 은닉층(2층)은 2개, 출력층(3층)은 2개의 뉴런으로 구성된다.

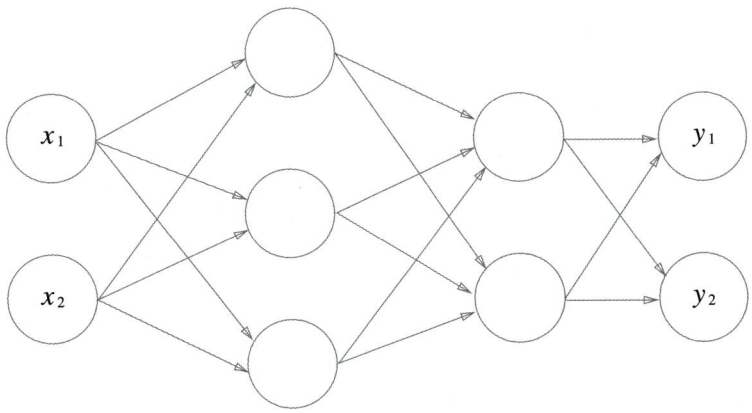

3.4.1 표기법 설명

이번 절에서는 신경망에서의 처리를 설명하며 $w_{12}^{(1)}$과 $a_1^{(1)}$ 같은 표기법을 선보입니다. 조금 복잡해 보일 수 있는데, 이번 절에서만 사용하는 표기이니 가볍게 건너뛰고 읽어도 문제는 없습니다.

> **WARNING_** 이번 절의 핵심은 신경망에서의 계산을 행렬 계산으로 정리할 수 있다는 점입니다. 신경망 각 층의 계산은 행렬의 곱으로 처리할 수 (더 큰 관점에서 생각할 수) 있으니, 세세한 표기 규칙은 잊어버려도 앞으로의 설명을 이해하는 데 전혀 지장이 없습니다.

그림 하나씩 정의해봅시다. [그림 3-16]을 보세요. [그림 3-16]은 입력층의 뉴런 x_2에서 다음 층의 뉴런 $a_1^{(1)}$으로 향하는 선 위에 가중치를 표시하고 있습니다.

그림 3-16 중요한 표기

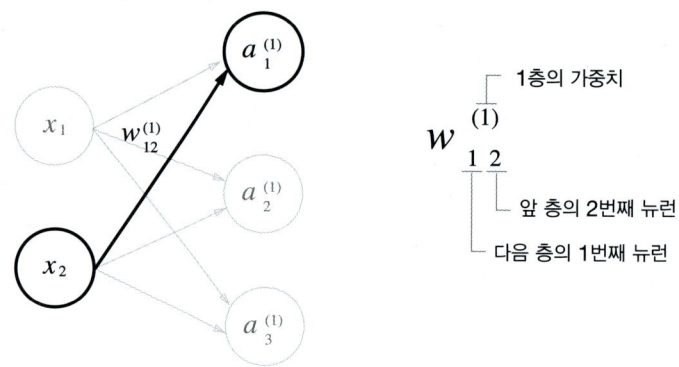

[그림 3-16]과 같이 가중치와 은닉층 뉴런의 오른쪽 위에는 '$^{(1)}$'이 붙어 있습니다. 이는 1층의 가중치, 1층의 뉴런임을 뜻하는 번호입니다. 또, 가중치의 오른쪽 아래의 두 숫자는 차례로 다음 층 뉴런과 앞 층 뉴런의 인덱스 번호입니다. 가령 $w_{12}^{(1)}$은 앞 층의 2번째 뉴런(x_2)에서 다음 층의 1번째 뉴런($a_1^{(1)}$)으로 향할 때의 가중치라는 뜻입니다. 가중치 오른쪽 아래의 인덱스 번호는 '다음 층 번호, 앞 층 번호' 순으로 적습니다.*

3.4.2 각 층의 신호 전달 구현하기

이번 절에서는 입력층에서 '1층의 1번째 뉴런'으로 가는 신호를 살펴보겠습니다. [그림 3-17] 과 같은 상황이죠.

---

* 옮긴이_ 이 순서를 반대로 표기하는 경우도 많으니 다른 자료를 볼 때는 순서를 한 번씩 확인해보세요.

그림 3-17 입력층에서 1층으로 신호 전달

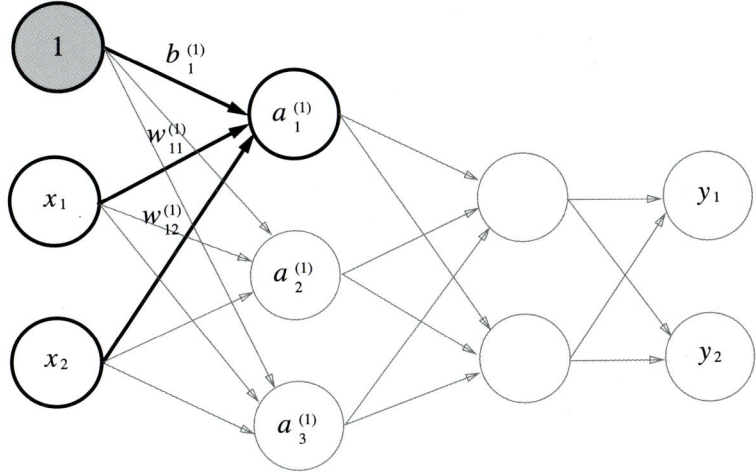

[그림 3-17]과 같이 편향을 뜻하는 뉴런인 ①이 추가되었습니다. 편향은 오른쪽 아래 인덱스가 하나밖에 없다는 사실에 주의하세요. 이는 앞 층의 편향 뉴런(뉴런 ①)이 하나뿐이기 때문입니다.

그럼 지금까지 확인한 내용을 반영하여 $a_1^{(1)}$을 수식으로 나타내봅시다. $a_1^{(1)}$은 가중치를 곱한 신호 두 개와 편향을 합해서 다음과 같이 계산합니다.

$$a_1^{(1)} = w_{11}^{(1)}x_1 + w_{12}^{(1)}x_2 + b_1^{(1)} \qquad \text{[식 3.8]}$$

여기에서 행렬의 곱을 이용하면 1층의 '가중치 부분'을 다음 식처럼 간소화할 수 있습니다.

$$\mathbf{A}^{(1)} = \mathbf{X}\mathbf{W}^{(1)} + \mathbf{B}^{(1)} \qquad \text{[식 3.9]}$$

이때 행렬 $\mathbf{A}^{(1)}$, $\mathbf{X}$, $\mathbf{B}^{(1)}$, $\mathbf{W}^{(1)}$은 각각 다음과 같습니다.

$$\mathbf{A}^{(1)} = \begin{pmatrix} a_1^{(1)} & a_2^{(1)} & a_3^{(1)} \end{pmatrix}, \ \mathbf{X} = \begin{pmatrix} x_1 & x_2 \end{pmatrix}, \ \mathbf{B}^{(1)} = \begin{pmatrix} b_1^{(1)} & b_2^{(1)} & b_3^{(1)} \end{pmatrix}$$

$$\mathbf{W}^{(1)} = \begin{pmatrix} w_{11}^{(1)} & w_{21}^{(1)} & w_{31}^{(1)} \\ w_{12}^{(1)} & w_{22}^{(1)} & w_{32}^{(1)} \end{pmatrix}$$

그럼 넘파이의 다차원 배열을 사용해서 [식 3.9]를 구현합시다(입력 신호, 가중치, 편향은 적당한 값으로 설정하겠습니다).

```
X = np.array([1.0, 0.5])
W1 = np.array([[0.1, 0.3, 0.5], [0.2, 0.4, 0.6]])
B1 = np.array([0.1, 0.2, 0.3])

print(W1.shape)   # (2, 3)
print(X.shape)    # (2,)
print(B1.shape)   # (3,)

A1 = np.dot(X, W1) + B1
```

이 계산은 앞 절에서 한 계산과 같습니다. W1은 2×3 행렬, X는 원소가 2개인 1차원 배열입니다. 여기에서도 역시 W1과 X의 대응하는 차원의 원소 수가 일치하고 있군요.

이어서 1층의 활성화 함수에서의 처리를 살펴보겠습니다. 이 활성화 함수의 처리를 그림으로 나타내면 [그림 3-18]처럼 됩니다.

그림 3-18 입력층에서 1층으로의 신호 전달

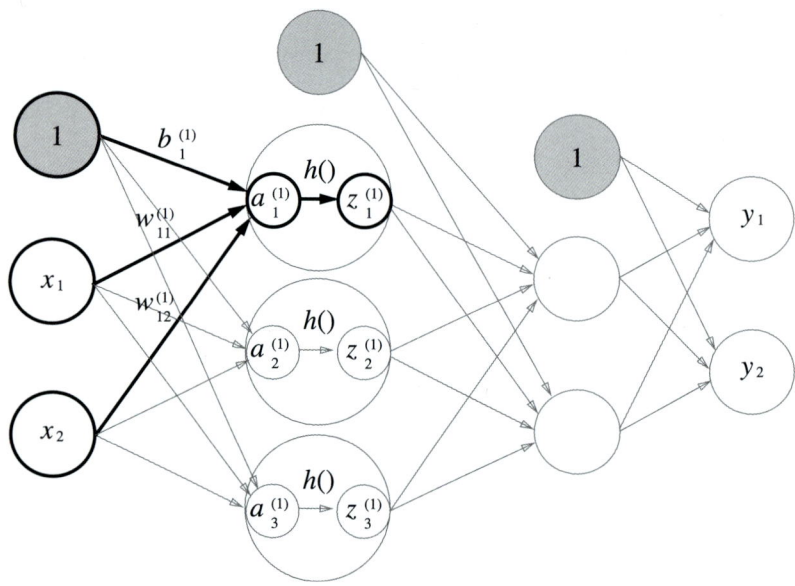

[그림 3-18]과 같이 은닉층에서의 가중치 합(가중 신호와 편향의 총합)을 a로 표기하고 활성화 함수 $h()$로 변환된 신호를 z로 표기합니다. 여기에서는 활성화 함수로 시그모이드 함수를 사용하기로 합니다. 이를 파이썬으로 구현하면 다음과 같습니다.

```
Z1 = sigmoid(A1)

print(A1)   # [0.3, 0.7, 1.1]
print(Z1)   # [0.57444252, 0.66818777, 0.75026011]
```

이 sigmoid() 함수는 앞에서 정의한 함수입니다. 이 함수는 넘파이 배열을 받아 같은 수의 원소로 구성된 넘파이 배열을 반환합니다.

이어서 1층에서 2층으로 가는 과정(그림 3-19)과 그 구현을 살펴보죠.

그림 3-19 1층에서 2층으로의 신호 전달

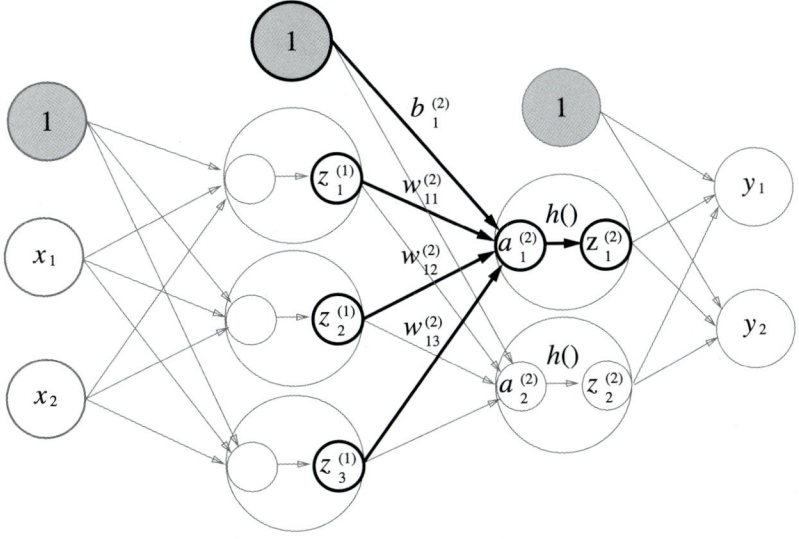

```
W2 = np.array([[0.1, 0.4], [0.2, 0.5], [0.3, 0.6]])
B2 = np.array([0.1, 0.2])

print(Z1.shape)   # (3,)
print(W2.shape)   # (3, 2)
print(B2.shape)   # (2,)

A2 = np.dot(Z1, W2) + B2
Z2 = sigmoid(A2)
```

3장 신경망   87

이 구현은 1층의 출력 Z1이 2층의 입력이 된다는 점을 제외하면 조금 전의 구현과 똑같습니다. 이처럼 넘파이 배열을 사용하면서 층 사이의 신호 전달을 쉽게 구현할 수 있지요.

마지막으로 2층에서 출력층으로의 신호 전달입니다(그림 3-20). 출력층의 구현도 그동안의 구현과 거의 같습니다. 딱 하나, 활성화 함수만 지금까지의 은닉층과 다릅니다.

그림 3-20 2층에서 출력층으로의 신호 전달

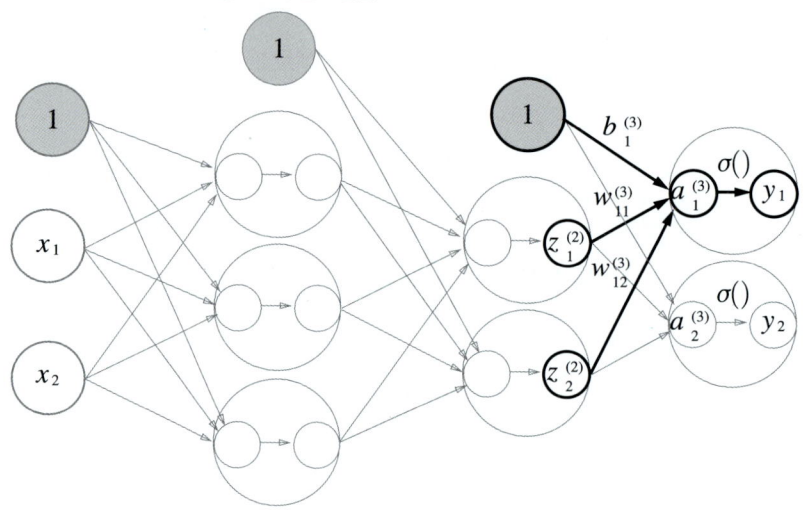

```
def identity_function(x):
    return x

W3 = np.array([[0.1, 0.3], [0.2, 0.4]])
B3 = np.array([0.1, 0.2])

A3 = np.dot(Z2, W3) + B3
Y = identity_function(A3) # 혹은 Y = A3
```

여기에서는 항등 함수인 identity_function()을 정의하고, 이를 출력층의 활성화 함수로 이용했습니다. 항등 함수는 입력을 그대로 출력하는 함수입니다. 그래서 이 예에서는 identity_function()을 굳이 정의할 필요는 없지만, 그동안의 흐름과 통일하기 위해 이렇게 구현했습니다. 또한 [그림 3-20]에서는 출력층의 활성화 함수를 $\sigma()$로 표시하여 은닉층의 활성화 함수 $h()$와는 다름을 명시했습니다 (σ 기호는 '시그마'라고 읽습니다).

> **NOTE_** 출력층의 활성화 함수는 풀고자 하는 문제의 성질에 맞게 정합니다. 예를 들어 회귀에는 항등 함수를, 2클래스 분류에는 시그모이드 함수를, 다중 클래스 분류에는 소프트맥스 함수를 사용하는 것이 일반적입니다. 출력층의 활성화 함수에 대해서는 다음에 다시 자세히 설명합니다.

3.4.3 구현 정리

이로써 3층 신경망에 대한 설명은 끝입니다. 그럼 지금까지의 구현을 정리해보도록 하죠. 신경망 구현의 관례에 따라 가중치만 W1과 같이 대문자로 쓰고, 그 외 편향과 중간 결과 등은 모두 소문자로 썼습니다.

```python
def init_network():
    network = {}
    network['W1'] = np.array([[0.1, 0.3, 0.5], [0.2, 0.4, 0.6]])
    network['b1'] = np.array([0.1, 0.2, 0.3])
    network['W2'] = np.array([[0.1, 0.4], [0.2, 0.5], [0.3, 0.6]])
    network['b2'] = np.array([0.1, 0.2])
    network['W3'] = np.array([[0.1, 0.3], [0.2, 0.4]])
    network['b3'] = np.array([0.1, 0.2])

    return network

def forward(network, x):
    W1, W2, W3 = network['W1'], network['W2'], network['W3']
    b1, b2, b3 = network['b1'], network['b2'], network['b3']

    a1 = np.dot(x, W1) + b1
    z1 = sigmoid(a1)
    a2 = np.dot(z1, W2) + b2
    z2 = sigmoid(a2)
    a3 = np.dot(z2, W3) + b3
    y = identity_function(a3)

    return y

network = init_network()
x = np.array([1.0, 0.5])
y = forward(network, x)
print(y) # [ 0.31682708 0.69627909]
```

여기에서는 init_network()와 forward()라는 함수를 정의했습니다. init_network() 함수는 가중치와 편향을 초기화하고 이들을 딕셔너리 변수인 network에 저장합니다. 이 딕셔너리 변수 network에는 각 층에 필요한 매개변수(가중치와 편향)를 저장합니다. 그리고 forward() 함수는 입력 신호를 출력으로 변환하는 처리 과정을 모두 구현하고 있습니다.

함수 이름을 forward라 한 이유는 신호가 순방향(입력에서 출력 방향)으로 전달됨(순전파)을 알리기 위함입니다. 앞으로 신경망 학습을 다룰 때 역방향(backward, 출력에서 입력 방향) 처리에 대해서도 살펴볼 예정입니다.

이로써 신경망의 순방향 구현은 끝입니다. 보신 것처럼 넘파이의 다차원 배열을 잘 사용하면 신경망을 효율적으로 구현할 수 있습니다!

3.5 출력층 설계하기

신경망은 분류와 회귀 모두에 이용할 수 있습니다. 다만 둘 중 어떤 문제냐에 따라 출력층에서 사용하는 활성화 함수가 달라집니다. 일반적으로 회귀에는 항등 함수를, 분류에는 소프트맥스 함수를 사용합니다.

> **NOTE_** 머신러닝 문제는 **분류**classification와 **회귀**regression로 나뉩니다. 분류는 데이터가 어느 클래스class에 속하느냐는 문제입니다. 사진 속 인물의 성별을 분류하는 문제가 여기에 속합니다. 한편, 회귀는 입력 데이터에서 (연속적인) 수치를 예측하는 문제입니다. 사진 속 인물의 몸무게(57.4kg?)를 예측하는 문제가 회귀입니다.*

---

* 옮긴이_ 분류와 달리 회귀라는 이름은 직관적이지 않은데, 그 이유를 알려면 이름의 기원을 찾아봐야 합니다. 19세기 후반 영국의 우생학자 프랜시스 골턴 경은 사람과 완두콩 등을 대상으로 그 키(크기)를 측정했습니다. 관찰 결과 키가 큰 부모의 자식은 부모보다 작고 작은 부모의 자식은 부모보다 큰, 즉 평균으로 회귀(regression)하는 경향이 있음을 알았습니다. 그 사이에는 선형 관계가 있어 부모의 키로부터 자식의 키를 예측할 수 있고, 그 예측 결괏값이 연속적인 수치인 것이죠.

3.5.1 항등 함수와 소프트맥스 함수 구현하기

항등 함수identity function는 입력을 그대로 출력합니다. 입력과 출력이 항상 같다는 뜻의 항등입니다. 그래서 출력층에서 항등 함수를 사용하면 입력 신호가 그대로 출력 신호가 됩니다. 항등 함수의 처리를 신경망 그림으로 나타내면 [그림 3-21]처럼 되겠죠. 항등 함수에 의한 변환은 은닉층에서의 활성화 함수와 마찬가지로 화살표로 그립니다.

그림 3-21 항등 함수

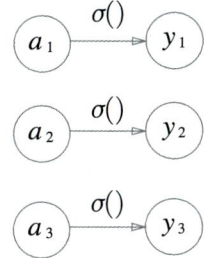

한편, 분류에서 사용하는 **소프트맥스 함수**softmax function의 식은 다음과 같습니다.

$$y_k = \frac{\exp(a_k)}{\sum_{i=1}^{n} \exp(a_i)}$$
[식 3.10]

$\exp(x)$는 e^x을 뜻하는 지수 함수exponential function입니다(e는 자연상수). n은 출력층의 뉴런 수, y_k는 그중 k번째 출력임을 뜻합니다. [식 3.10]과 같이 소프트맥스 함수의 분자는 입력 신호 a_k의 지수 함수, 분모는 모든 입력 신호의 지수 함수의 합으로 구성됩니다.

이 소프트맥스 함수를 그림으로 나타내면 [그림 3-22]처럼 됩니다. 그림과 같이 소프트맥스의 출력은 모든 입력 신호로부터 화살표를 받습니다. [식 3.10]의 분모에서 보듯, 출력층의 각 뉴런이 모든 입력 신호에서 영향을 받기 때문입니다.

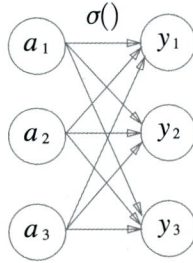

그림 3-22 소프트맥스 함수

그럼, 이상의 소프트맥스 함수를 구현해봅시다. 여기에서는 파이썬 인터프리터를 사용하여 결과를 하나씩 확인해가며 진행하겠습니다.

```
>>> a = np.array([0.3, 2.9, 4.0])
>>>
>>> exp_a = np.exp(a)   # 지수 함수
>>> print(exp_a)
[  1.34985881  18.17414537  54.59815003]

>>> sum_exp_a = np.sum(exp_a)   # 지수 함수의 합
>>> print(sum_exp_a)
74.1221542102

>>> y = exp_a / sum_exp_a
>>> print(y)
[ 0.01821127  0.24519181  0.73659691]
```

이 구현은 [식 3.10]의 소프트맥스 함수를 그대로 파이썬으로 표현했을 뿐이라 딱히 설명할 것은 없네요. 이제 이 논리 흐름을 파이썬 함수로 정의하여, 앞으로 필요할 때 사용할 수 있도록 해놓겠습니다.

```python
def softmax(a):
    exp_a = np.exp(a)
    sum_exp_a = np.sum(exp_a)
    y = exp_a / sum_exp_a

    return y
```

3.5.2 소프트맥스 함수 구현 시 주의점

앞 절에서 구현한 softmax() 함수의 코드는 [식 3.10]을 제대로 표현하고 있지만, 컴퓨터로 계산할 때는 결함이 있습니다. 바로 오버플로 문제입니다. 소프트맥스 함수는 지수 함수를 사용하는데, 지수 함수란 것이 쉽게 아주 큰 값을 내뱉습니다. 가령 e^{10}은 20,000이 넘고, e^{100}은 0이 40개 넘는 큰 값이 되고, e^{1000}은 무한대를 뜻하는 inf가 되어 돌아옵니다. 그리고 이런 큰 값끼리 나눗셈을 하면 결과 수치가 '불안정'해집니다.

> **WARNING_** 컴퓨터는 수^{number}를 4바이트나 8바이트와 같이 크기가 유한한 데이터로 다룹니다. 다시 말해 표현할 수 있는 수의 범위가 한정되어 너무 큰 값은 표현할 수 없다는 문제가 발생합니다. 이 현상을 오버플로^{overflow}라 하며, 컴퓨터로 수치를 계산할 때 주의해야 합니다.

이 문제를 해결하도록 소프트맥스 함수 구현을 개선해봅시다. 다음은 개선한 수식입니다.

$$y_k = \frac{\exp(a_k)}{\sum_{i=1}^{n} \exp(a_i)} = \frac{C \exp(a_k)}{C \sum_{i=1}^{n} \exp(a_i)}$$

$$= \frac{\exp(a_k + \log C)}{\sum_{i=1}^{n} \exp(a_i + \log C)}$$

$$= \frac{\exp(a_k + C')}{\sum_{i=1}^{n} \exp(a_i + C')} \quad \text{[식 3.11]}$$

[식 3.11]의 전개 과정을 살펴보죠. 첫 번째 변형에서는 C라는 임의의 정수를 분자와 분모 양쪽에 곱했습니다(양쪽에 같은 수를 곱했으니 결국 똑같은 계산입니다). 그다음으로 C를 지수 함수 exp() 안으로 옮겨 $\log C$로 만듭니다. 마지막으로 $\log C$를 C'라는 새로운 기호로 바꿉니다.

[식 3.11]이 의미하는 바는 소프트맥스의 지수 함수를 계산할 때 어떤 정수를 더해도 (혹은 빼도) 결과는 바뀌지 않는다는 것입니다. 여기서 C'에 어떤 값을 대입해도 상관없지만, 오버플로를 막을 목적으로는 입력 신호 중 최댓값을 이용하는 것이 일반적입니다. 구체적인 예를 하나 보시죠.

```
>>> a = np.array([1010, 1000, 990])
>>> np.exp(a) / np.sum(np.exp(a))     # 소프트맥스 함수의 계산
array([ nan,  nan,  nan])             # 제대로 계산되지 않는다.

>>> c = np.max(a)                     # c = 1010 (최댓값)
>>> a - c
array([  0, -10, -20])

>>> np.exp(a - c) / np.sum(np.exp(a - c))
array([  9.99954600e-01,   4.53978686e-05,   2.06106005e-09])
```

이 예에서 보는 것처럼 아무런 조치 없이 그냥 계산하면 nan이 출력됩니다(nan은 not a number의 약자입니다). 하지만 입력 신호 중 최댓값(이 예에서는 c)을 빼주면 올바르게 계산할 수 있습니다. 이를 바탕으로 소프트맥스 함수를 다시 구현하면 다음과 같습니다.

```python
def softmax(a):
    c = np.max(a)
    exp_a = np.exp(a - c)  # 오버플로 대책
    sum_exp_a = np.sum(exp_a)
    y = exp_a / sum_exp_a
    
    return y
```

3.5.3 소프트맥스 함수의 특징

softmax() 함수를 사용하면 신경망의 출력은 다음과 같이 계산할 수 있습니다.

```
>>> a = np.array([0.3, 2.9, 4.0])
>>> y = softmax(a)
>>> print(y)
[ 0.01821127  0.24519181  0.73659691]
>>> np.sum(y)
1.0
```

보는 바와 같이 소프트맥스 함수의 출력은 0에서 1.0 사이의 실수입니다. 또, 소프트맥스 함수 출력의 총합은 1입니다. 출력 총합이 1이 된다는 점은 소프트맥스 함수의 중요한 성질입니다.

이 성질 덕분에 소프트맥스 함수의 출력을 '확률'로 해석할 수 있습니다.

가령 앞의 예에서 y[0]의 확률은 0.018(1.8%), y[1]의 확률은 0.245(24.5%), y[2]의 확률은 0.737(73.7%)로 해석할 수 있습니다. 그리고 이 결과 확률들로부터 '2번째 원소의 확률이 가장 높으니, 답은 2번째 클래스다'라고 할 수 있습니다. 혹은 '74%의 확률로 2번째 클래스, 25%의 확률로 1번째 클래스, 1%의 확률로 0번째 클래스다'와 같이 확률적인 결론도 낼 수 있습니다. 즉, 소프트맥스 함수를 이용함으로써 문제를 확률적(통계적)으로 대응할 수 있게 됩니다.

여기서 주의할 점은 소프트맥스 함수를 적용해도 각 원소의 대소 관계는 변하지 않는다는 사실입니다. 이는 지수 함수 $y = \exp(x)$가 단조 증가 함수이기 때문이죠.* 실제로 앞의 예에서는 a의 원소들 사이의 대소 관계가 y의 원소들 사이의 대소 관계로 그대로 이어집니다. 예를 들어 a에서 가장 큰 원소는 2번째 원소이고, y에서 가장 큰 원소도 2번째 원소입니다.

신경망을 이용한 분류에서는 일반적으로 가장 큰 출력을 내는 뉴런에 해당하는 클래스로만 인식합니다. 그리고 소프트맥스 함수를 적용해도 출력이 가장 큰 뉴런의 위치는 달라지지 않습니다. 결과적으로 신경망으로 분류할 때는 출력층의 소프트맥스 함수를 생략해도 됩니다. 현업에서도 지수 함수 계산에 드는 자원 낭비를 줄이고자 출력층의 소프트맥스 함수는 생략하는 것이 일반적입니다.

> **NOTE_** 머신러닝의 문제 풀이는 **학습**과 **추론**inference의 두 단계를 거쳐 이뤄집니다. 학습 단계에서 모델을 학습하고(직업 훈련을 받고), 추론 단계에서 앞서 학습한 모델로 미지의 데이터에 대해서 추론(분류)을 수행합니다(현장에 나가 진짜 일을 합니다). 방금 설명한 대로, 추론 단계에서는 일반적으로 출력층의 소프트맥스 함수를 생략합니다. 한편, 신경망을 학습시킬 때는 출력층에서 소프트맥스 함수를 사용합니다(4장 참고).

3.5.4 출력층의 뉴런 수 정하기

출력층의 뉴런 수는 풀려는 문제에 맞게 적절히 정해야 합니다. 분류에서는 분류하고 싶은 클래스 수로 설정하는 것이 일반적입니다. 예를 들어 입력 이미지를 숫자 0부터 9 중 하나로 분류하는 문제라면 [그림 3-23]처럼 출력층의 뉴런을 10개로 설정합니다.

---

* 옮긴이_ 단조 증가 함수란 정의역 원소 a, b가 $a \leq b$일 때, $f(a) \leq f(b)$가 성립하는 함수입니다.

그림 3-23 출력층의 뉴런은 각 숫자에 대응한다.

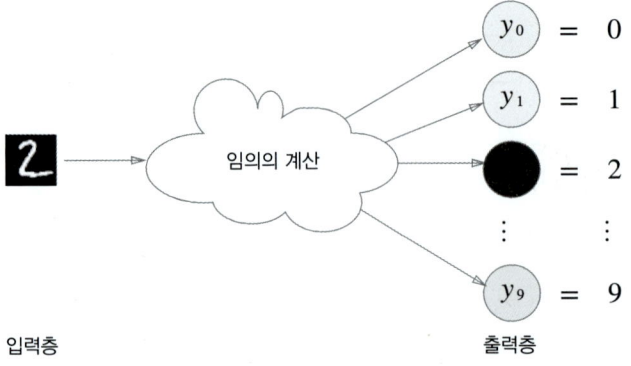

[그림 3-23]의 예에서 출력층 뉴런은 위에서부터 차례로 숫자 0, 1 … 9에 대응하며, 뉴런의 회색 농도가 해당 뉴런의 출력 값의 크기를 의미합니다. 이 예에서는 색이 가장 짙은 y_2 뉴런이 가장 큰 값을 출력하는 것이죠. 그래서 이 신경망이 선택한 클래스는 y_2, 즉 입력 이미지를 숫자 '2'로 판단했음을 의미합니다.

3.6 손글씨 숫자 인식

신경망의 구조를 배웠으니 실전 예에 적용해보죠. 바로 손글씨 숫자 분류입니다. 이번 절에서는 이미 학습된 매개변수를 사용하여 학습 과정은 생략하고, 추론 과정만 구현할 겁니다. 이 추론 과정을 신경망의 순전파forward propagation라고도 합니다.

> **NOTE_** 머신러닝과 마찬가지로 신경망도 두 단계를 거쳐 문제를 해결합니다. 먼저 훈련 데이터(학습 데이터)를 사용해 가중치 매개변수를 학습하고, 추론 단계에서는 앞서 학습한 매개변수를 사용하여 입력 데이터를 분류합니다.

3.6.1 MNIST 데이터셋

이번 예에서 사용하는 데이터셋은 MNIST라는 손글씨 숫자 이미지 집합입니다. MNIST는 머신러닝 분야에서 아주 유명한 데이터셋으로, 간단한 실험부터 논문으로 발표되는 연구까지 다양한 곳에서 이용하고 있습니다. 이미지 인식이나 머신러닝 논문들을 읽다 보면 실험용 데이터로 자주 등장함을 확인할 수 있을 겁니다.

MNIST 데이터셋은 0부터 9까지의 숫자 이미지로 구성됩니다(그림 3-24). 훈련 이미지 60,000장과 시험 이미지 10,000장이 준비되어 있습니다. 일반적으로 이 훈련 이미지들을 사용하여 모델을 학습하고, 학습한 모델로 시험 이미지들을 얼마나 정확하게 분류하는지를 평가합니다.

그림 3-24 MNIST 이미지 데이터셋의 예

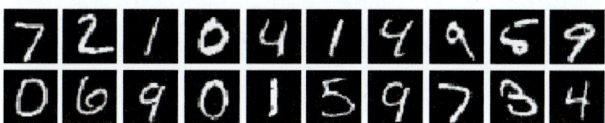

MNIST의 이미지 데이터는 28×28 크기의 회색조 이미지(1채널)이며, 각 픽셀은 0에서 255까지의 값을 취합니다. 각 이미지에는 또한 '7', '2', '1'과 같이 그 이미지가 실제 의미하는 숫자가 레이블로 붙어 있습니다.

이 책에서는 MNIST 데이터셋을 내려받아 이미지를 넘파이 배열로 변환해주는 파이썬 스크립트를 제공합니다(깃허브 저장소의 dataset/mnist.py 파일). mnist.py 파일에 정의된 load_mnist() 함수를 이용하면 MNIST 데이터를 다음과 같이 아주 쉽게 가져올 수 있답니다.

```python
import sys, os
sys.path.append(os.path.join(os.path.dirname(__file__), '..'))  # ❶
from dataset.mnist import load_mnist  # ❷

# 처음 한 번은 몇 분 정도 걸립니다.
(x_train, t_train), (x_test, t_test) = \
    load_mnist(flatten = True, normalize= False)  # ❸

# 각 데이터의 형상 출력
print(x_train.shape)    # (60000, 784)
print(t_train.shape)    # (60000,)
print(x_test.shape)     # (10000, 784)
print(t_test.shape)     # (10000,)
```

코드를 보면 ❶ 가장 먼저 부모 디렉터리의 파일을 가져올 수 있도록 설정하고 ❷ dataset/mnist.py의 load_mnist 함수를 임포트합니다. ❸ 그런 다음 load_mnist 함수로 MNIST 데이터셋을 읽습니다. load_mnist가 MNIST 데이터를 받아와야 하니 최초 실행 시에는 인터넷에 연결된 상태여야 합니다. 두 번째부터는 로컬에 저장된 파일(pickle 파일)을 읽기 때문에 순식간에 끝납니다.

> **WARNING_** mnist.py 파일은 이 책 예제 소스의 dataset 디렉터리에 있고, 이 파일을 이용하는 다른 예제들은 각각 ch01, ch02, ch03 … ch08 디렉터리에 있습니다. 즉, 각 예제에서 mnist.py 파일을 찾으려면 부모 디렉터리로부터 시작해야 해서 sys.path.append(os.path.join(os.path.dirname(__file__), '..')) 문장을 추가했습니다.

load_mnist 함수는 읽은 MNIST 데이터를 "(훈련 이미지, 훈련 레이블), (시험 이미지, 시험 레이블)" 형식으로 반환합니다. 인수로는 normalize, flatten, one_hot_label 세 가지를 설정할 수 있습니다. 세 인수 모두 bool 값입니다. 첫 번째 인수인 normalize는 입력 이미지의 픽셀 값을 0.0~1.0 사이의 값으로 정규화할지를 정합니다. False로 설정하면 입력 이미지의 픽셀은 원래 값 그대로 0~255 사이의 값을 유지합니다. 두 번째 인수인 flatten은 입력 이미지를 평탄하게, 즉 1차원 배열로 만들지를 정합니다. False로 설정하면 입력 이미지를 1×28×28의 3차원 배열로, True로 설정하면 784개의 원소로 이뤄진 1차원 배열로 저장합니다. 세 번째 인수인 one_hot_label은 레이블을 원-핫 인코딩^{one-hot encoding} 형태로 저장할지를 정합니다. 원-핫 인코딩이란, 예를 들어 [0,0,1,0,0,0,0,0,0,0]처럼 정답을 뜻하는 원소만 1이고(hot하고) 나머지는 모두 0인 배열입니다. one_hot_label이 False면 '7'이나 '2'와 같이 숫자 형태의 레이블을 저장하고, True일 때는 레이블을 원-핫 인코딩하여 저장합니다.

> **NOTE_** 파이썬에는 pickle^{피클}이라는 편리한 기능이 있습니다. 이는 프로그램 실행 중에 특정 객체를 파일로 저장하는 기능입니다. 저장해둔 pickle 파일을 로드하면 실행 당시의 객체를 즉시 복원할 수 있습니다. MNIST 데이터셋을 읽는 load_mnist() 함수에서도 (2번째 이후의 읽기 시) pickle을 이용합니다. pickle 덕분에 MNIST 데이터를 순식간에 준비할 수 있습니다.

그럼 데이터도 확인할 겸 MNIST 이미지를 화면으로 불러보도록 하겠습니다. 이미지 표시에는 PIL^{Python Image Library} 모듈을 사용합니다. 다음 코드를 실행하면 첫 번째 훈련 이미지가 모니터 화면에 표시됩니다(그림 3-25).

```
                                                          ch03/mnist_show.py
import sys, os
sys.path.append(os.path.join(os.path.dirname(__file__), '..'))
import numpy as np
from dataset.mnist import load_mnist
from PIL import Image

def img_show(img):
    pil_img = Image.fromarray(np.uint8(img))
    pil_img.show()

(x_train, t_train), (x_test, t_test) = \
    load_mnist(flatten = True, normalize = False)

img = x_train[0]
label = t_train[0]
print(label)  # 5

print(img.shape)          # (784,)
img = img.reshape(28, 28) # 원래 이미지의 모양으로 변형
print(img.shape)          # (28, 28)

img_show(img)
```

그림 3-25 MNIST 이미지 중 하나

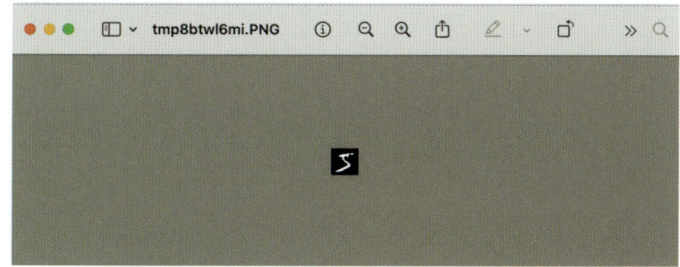

여기서 주의 사항으로, flatten=True로 설정해 읽어 들인 이미지는 1차원 넘파이 배열로 저장되어 있습니다. 그래서 이미지를 표시할 때는 원래 형상인 28×28 크기로 다시 변형해야 합니다. reshape() 메서드에 원하는 형상을 인수로 지정하면 넘파이 배열의 형상을 바꿀 수 있습니다. 또한 넘파이로 저장된 이미지 데이터를 PIL용 데이터 객체로 변환해야 하며, 이 변환은 Image.fromarray()가 수행합니다.

3.6.2 신경망의 추론 처리

드디어 이 MNIST 데이터셋을 가지고 추론을 수행하는 신경망을 구현할 차례입니다. 이 신경망은 입력층 뉴런을 784개, 출력층 뉴런을 10개로 구성합니다. 입력층 뉴런이 784개인 이유는 이미지 크기가 28×28=784이기 때문이고, 출력층 뉴런이 10개인 이유는 이 문제가 0에서 9까지의 숫자를 구분하는 문제이기 때문입니다. 한편 은닉층은 총 두 개이며 첫 번째 은닉층에는 50개의 뉴런을, 두 번째 은닉층에는 100개의 뉴런을 배치할 것입니다. 여기서 50과 100은 임의로 정한 값입니다.

이제 순서대로 작업을 처리해줄 세 함수인 get_data(), init_network(), predict()를 정의하겠습니다.

```
                                                          ch03/neuralnet_mnist.py
def get_data():
    (x_train, t_train), (x_test, t_test) = \
        load_mnist(normalize=True, flatten=True, one_hot_label=False)

    return x_test, t_test

def init_network():
    with open(os.path.dirname(__file__) + "/sample_weight.pkl", 'rb') as f:
        network = pickle.load(f)

    return network

def predict(network, x):
    W1, W2, W3 = network['W1'], network['W2'], network['W3']
    b1, b2, b3 = network['b1'], network['b2'], network['b3']

    a1 = np.dot(x, W1) + b1
    z1 = sigmoid(a1)
    a2 = np.dot(z1, W2) + b2
    z2 = sigmoid(a2)
    a3 = np.dot(z2, W3) + b3
    y = softmax(a3)

    return y
```

init_network()에서는 pickle 파일인 sample_weight.pkl에 저장된 '학습된 가중치 매개변수'를 읽습니다. 이 파일에는 가중치와 편향 매개변수가 딕셔너리 변수로 저장되어 있습니다.

나머지 두 함수는 지금까지 보아온 구현과 거의 같으니 설명은 생략하겠습니다. 그럼 이 세 함수를 사용해 신경망에 의한 추론을 수행해보고, 정확도^{accuracy}(분류가 얼마나 올바른가)도 평가해봅시다.

ch03/neuralnet_mnist.py

```python
x, t = get_data()
network = init_network()

accuracy_cnt = 0
for i in range(len(x)):
    y = predict(network, x[i])
    p = np.argmax(y)  # 확률이 가장 높은 원소의 인덱스를 얻는다.
    if p == t[i]:
        accuracy_cnt += 1

print("Accuracy:" + str(float(accuracy_cnt) / len(x)))
```

가장 먼저 MNIST 데이터셋을 얻고 네트워크를 생성합니다. 이어서 for 문을 돌며 x에 저장된 이미지 데이터를 1장씩 꺼내 predict() 함수로 분류합니다. predict() 함수는 각 레이블의 확률을 넘파이 배열로 반환합니다. 예를 들어 [0.1, 0.3, 0.2 … 0.04] 같은 배열이 반환되며, 이는 이미지가 숫자 '0'일 확률이 0.1, '1'일 확률이 0.3과 같은 식으로 해석합니다. 그런 다음 np.argmax() 함수로 이 배열에서 값이 가장 큰(확률이 가장 높은) 원소의 인덱스를 구합니다. 이 인덱스가 바로 예측 결과죠. 마지막으로 신경망이 예측한 답변과 정답 레이블을 비교하여 맞힌 숫자(accuracy_cnt)를 세고, 이를 전체 이미지 숫자로 나눠 정확도를 구합니다.

이 코드를 실행하면 'Accuracy:0.9352'가 출력됩니다. 올바르게 분류한 비율이 93.52%라는 뜻이죠. 이번 장의 목표는 학습된 신경망을 돌려보는 것까지라 정확도에 대해서는 고민하지 않겠지만, 한 가지 미리 말씀드립니다. 다음 장부터는 신경망 구조와 학습 방법을 궁리하여 이 정확도를 더 높여갈 것입니다. 마지막에는 99% 이상까지 도달할 예정입니다!

또한, 이 예에서는 load_mnist 함수의 인수인 normalize를 True로 설정했습니다. normalize를 True로 설정하면 0~255 범위인 각 픽셀의 값을 0.0~1.0 범위로 변환합니다(단순히 픽셀의 값을 255로 나눕니다). 이처럼 데이터를 특정 범위로 변환하는 처리를 정규화^{normalization}라 하고, 신경망의 입력 데이터에 특정 변환을 가하는 작업을 전처리$^{pre-processing}$라 합니다. 여기에서는 입력 이미지 데이터에 대한 전처리 작업으로 정규화를 수행한 셈입니다.

> **NOTE_** 현업에서도 신경망(딥러닝)에 전처리를 활발히 사용합니다. 전처리를 통해 식별 능력을 개선하고 학습 속도를 높이는 등의 사례가 많이 제시되고 있습니다. 앞의 예에서는 각 픽셀의 값을 255로 나누는 단순한 정규화를 수행했지만, 현업에서는 데이터 전체의 분포를 고려해 전처리하는 경우가 많습니다. 예를 들어 데이터 전체 평균과 표준편차를 이용하여 데이터들이 0을 중심으로 분포하도록 이동하거나 데이터의 확산 범위를 제한하는 정규화를 수행합니다. 그 외에도 전체 데이터를 균일하게 분포시키는 데이터 **백색화**whitening 등도 있습니다.

3.6.3 배치 처리

구현 진도를 더 나가기 전에, 이번 절에서는 입력 데이터와 가중치 매개변수의 '형상'에 주의해서 조금 전의 구현을 다시 살펴보겠습니다.

우선 파이썬 인터프리터에서 앞서 구현한 신경망 각 층의 가중치 형상을 출력해보죠.

```
>>> x, _ = get_data()
>>> network = init_network()
>>> W1, W2, W3 = network['W1'], network['W2'], network['W3']
>>>
>>> x.shape
(10000, 784)
>>> x[0].shape
(784,)
>>> W1.shape
(784, 50)
>>> W2.shape
(50, 100)
>>> W3.shape
(100, 10)
```

이 결과에서 다차원 배열의 대응하는 차원의 원소 수가 일치함을 확인할 수 있습니다(편향은 생략했습니다). 그림으로는 [그림 3-26]처럼 됩니다. 확실히, 다차원 배열의 대응하는 차원의 원소 수가 일치하고 있군요. 그리고 최종 결과로는 원소가 10개인 1차원 배열 y가 출력되는 점도 확인합시다.

그림 3-26 신경망 각 층의 배열 형상의 추이

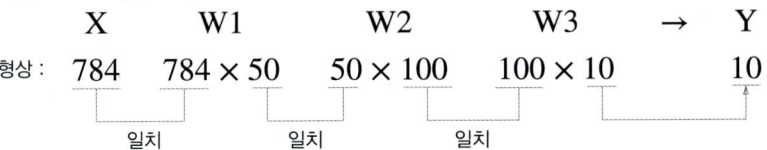

[그림 3-26]은 원소 784개로 구성된 1차원 배열(원래는 28×28인 2차원 배열)이 입력되어 마지막에는 원소가 10개인 1차원 배열이 출력되는 흐름을 나타내고 있습니다. 이는 이미지 데이터를 1장만 입력했을 때의 처리 흐름입니다.

그렇다면 이미지 여러 장을 한꺼번에 입력하는 경우를 생각해봅시다. 가령 이미지 100개를 묶어 predict() 함수에 한 번에 넘기는 것이죠. x의 형상을 100×784로 바꿔서 100장 분량의 데이터를 하나의 입력 데이터로 표현하면 될 겁니다. 그림으로는 [그림 3-27]처럼 됩니다.

그림 3-27 배치 처리를 위한 배열들의 형상 추이

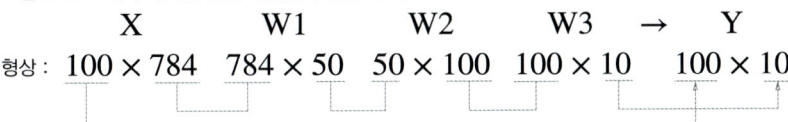

[그림 3-27]과 같이 입력 데이터의 형상은 100×784, 출력 데이터의 형상은 100×10이 됩니다. 이는 100장 분량 입력 데이터의 결과가 한 번에 출력됨을 나타냅니다. 가령 x[0]와 y[0]에는 0번째 이미지와 그 추론 결과가, x[1]과 y[1]에는 1번째의 이미지와 그 결과가 저장되는 식입니다.

이처럼 하나로 묶은 입력 데이터를 **배치**batch라 합니다. 배치가 곧 묶음이란 의미죠. 이미지가 지폐처럼 다발로 묶여 있다고 생각하면 됩니다.

> **NOTE_** 배치 처리는 컴퓨터로 계산할 때 큰 이점을 줍니다. 이미지 1장당 처리 시간을 대폭 줄여주는 것이죠. 크게 두 가지 이유가 있습니다. 하나는 수치 계산 라이브러리 대부분이 큰 배열을 효율적으로 처리할 수 있도록 고도로 최적화되어 있기 때문입니다. 그리고 커다란 신경망에서는 데이터 전송이 병목으로 작용하는 경우가 자주 있는데, 배치 처리를 함으로써 버스에 주는 부하를 줄인다는 것이 두 번째 이유입니다(정확히는 느린 I/O를 통해 데이터를 읽는 횟수가 줄어, 빠른 CPU나 GPU로 순수 계산을 수행하는 비율이 높아집니다). 즉, 배치 처리를 수행함으로써 큰 배열로 이뤄진 계산을 하게 되는데, 컴퓨터에서는 큰 배열을 한꺼번에 계산하는 편이 분할된 작은 배열을 여러 번 계산할 때보다 빠릅니다.

이제 배치 처리를 구현해보죠. 앞의 구현에서 달라진 부분을 굵게 강조했습니다.

```
                                              ch03/neuralnet_mnist_batch.py
x, t = get_data()
network = init_network()

batch_size = 100    # 배치 크기
accuracy_cnt = 0

for i in range(0, len(x), batch_size):
    x_batch = x[i:i+batch_size]
    y_batch = predict(network, x_batch)
    p = np.argmax(y_batch, axis=1)
    accuracy_cnt += np.sum(p == t[i:i+batch_size])

print("Accuracy:" + str(float(accuracy_cnt) / len(x)))
```

굵은 부분을 하나씩 풀어봅시다. 우선 range() 함수입니다. range() 함수는 range(start, end)처럼 인수를 2개 지정해 호출하면 start에서 end-1까지의 정수를 차례로 반환하는 반복자iterator를 돌려줍니다. 또 range(start, end, step)처럼 인수를 3개 지정하면 start에서 end-1까지 step 간격으로 증가하는 정수를 반환하는 반복자를 돌려줍니다. 뭔가 복잡하지만 다음의 예를 보면 바로 이해될 겁니다.

```
>>> list( range(0, 10) )
[0, 1, 2, 3, 4, 5, 6, 7, 8, 9]
>>> list( range(0, 10, 3) )
[0, 3, 6, 9]
```

이 range() 함수가 반환하는 반복자를 바탕으로 x[i:i+batch_size]에서 입력 데이터를 묶습니다. x[i:i+batch_size]는 입력 데이터의 i번째부터 i+batch_size번째까지의 데이터를 묶는다는 의미죠. 이 예에서는 batch_size가 100이므로 x[0:100], x[100:200]… 등과 같이 앞에서부터 100장씩 묶어 꺼내게 됩니다.

그리고 앞에서도 나온 argmax()는 최댓값의 인덱스를 가져옵니다. 다만 여기에서는 axis=1이라는 인수를 추가한 부분에 주의합시다. 이는 100×10의 배열 중 1번째 차원을 구성하는 각 원소에서(1번째 차원을 축으로) 최댓값의 인덱스를 찾도록 한 것입니다(인덱스가 0부터 시작하니 0번째 차원이 가장 처음 차원입니다). 이 역시 예를 보면 쉽게 이해될 겁니다.

```
>>> x = np.array([[0.1, 0.8, 0.1], [0.3, 0.1, 0.6],
...               [0.2, 0.5, 0.3], [0.8, 0.1, 0.1]])
>>> y = np.argmax(x, axis=1)
>>> print(y)
[1 2 1 0]
```

마지막으로 배치 단위로 분류한 결과를 실제 답과 비교합니다. 이를 위해 == 연산자를 사용해 넘파이 배열끼리 비교하여 True/False로 구성된 bool 배열을 만들고, 이 결과 배열에서 True가 몇 개인지 셉니다. 이 처리 과정은 다음 예에서 확인해보죠.

```
>>> y = np.array([1, 2, 1, 0])
>>> t = np.array([1, 2, 0, 0])
>>> print(y==t)
[True True False True]
>>> np.sum(y==t)
3
```

이상으로 배치 처리 구현에 대한 설명을 마칩니다. 데이터를 배치로 처리함으로써 효율적이고 빠르게 처리할 수 있었습니다. 다음 장에서 진행할 신경망 학습에서도 이미지 데이터를 적절히 묶어서 학습하는데, 그때도 이번 장에서 구현한 배치 처리와 같은 방식으로 구현하게 됩니다.

3.7 정리

이번 장에서는 신경망의 순전파를 살펴봤습니다. 이번 장에서 설명한 신경망은 각 층의 뉴런들이 다음 층의 뉴런으로 신호를 전달한다는 점에서 앞 장의 퍼셉트론과 같습니다. 하지만 다음 뉴런으로 갈 때 신호를 변화시키는 활성화 함수에 큰 차이가 있었습니다. 신경망에서는 매끄럽게 변화하는 시그모이드 함수를, 퍼셉트론에서는 갑자기 변화하는 계단 함수를 활성화 함수로 사용했습니다. 이 차이가 신경망 학습에 중요하죠. 이에 대해서는 다음 장에서 설명하겠습니다.

이번 장에서 배운 내용

- 신경망에서는 활성화 함수로 시그모이드 함수와 ReLU 함수 같은 매끄럽게 변화하는 함수를 이용한다.
- 넘파이의 다차원 배열을 잘 사용하면 신경망을 효율적으로 구현할 수 있다.
- 머신러닝 문제는 크게 회귀와 분류로 나눌 수 있다.
- 출력층의 활성화 함수로는 회귀에서는 주로 항등 함수를, 분류에서는 주로 소프트맥스 함수를 이용한다.
- 분류에서는 출력층의 뉴런 수를 분류하려는 클래스 수와 같게 설정한다.
- 입력 데이터를 묶은 것을 배치라 하며, 추론 처리를 이 배치 단위로 진행하면 결과를 훨씬 빠르게 얻을 수 있다.

CHAPTER 4

신경망 학습

이번 장의 주제는 신경망 학습입니다. 여기서 학습이란 훈련 데이터로부터 가중치 매개변수의 최적값을 자동으로 획득하는 것을 뜻합니다. 이번 장에서는 신경망이 학습할 수 있도록 해주는 지표인 손실 함수를 소개합니다. 이 손실 함수의 결괏값을 가장 작게 만드는 가중치 매개변수를 찾는 것이 학습의 목표입니다. 이번 장에서는 손실 함수의 값을 가급적 작게 만드는 기법으로, 함수의 기울기를 활용하는 경사법을 소개합니다.

4.1 데이터에서 학습한다!

신경망의 특징은 데이터를 보고 학습할 수 있다는 점입니다. 데이터에서 학습한다는 것은 가중치 매개변수의 값을 데이터를 보고 자동으로 결정한다는 뜻이죠. 아주 멋진 소식입니다! 만약 모든 매개변수를 수작업으로 결정해야 한다고 상상해보세요. 생각만 해도 끔찍합니다. 이를테면 2장의 퍼셉트론 예에서는 진리표를 보면서 사람이 수작업으로 매개변수 값을 설정했죠. 하지만 이때는 매개변수가 겨우 3개였습니다. 자, 그렇다면 실제 신경망에서는 매개변수가 몇 개나 될까요? 정답은 수천에서 수만입니다. 나아가 층을 깊게 한 딥러닝 정도 되면 그 수는 수억에 이를 수도 있습니다. 이쯤 되면 (아니 훨씬 전부터) 매개변수를 수작업으로 정하기는 아예 불가능하죠. 이번 장에서는 신경망 학습(데이터로부터 매개변수의 값을 정하는 방법)에 대해서 설명하고 파이썬으로 MNIST 데이터셋의 손글씨 숫자를 학습하는 코드를 구현해봅니다.

> **NOTE_** 2장의 퍼셉트론도 직선으로 분리할 수 있는(선형 분리 가능) 문제라면 데이터로부터 자동으로 학습할 수 있습니다. 선형 분리 가능 문제는 유한 번의 학습을 통해 풀 수 있다는 사실이 **퍼셉트론 수렴 정리** perceptron convergence theorem 로 증명되었습니다. 하지만 비선형 분리 문제는 자동으로 학습할 수 없습니다.

4.1.1 데이터 주도 학습

머신러닝은 데이터가 생명입니다. 데이터에서 답을 찾고 데이터에서 패턴을 발견하고 데이터로 이야기를 만드는, 그것이 바로 머신러닝이죠. 데이터가 없으면 아무것도 시작되지 않습니다. 그래서 머신러닝의 중심에는 **데이터**가 존재합니다. 이처럼 데이터가 이끄는 접근 방식 덕에 사람 중심 접근에서 벗어날 수 있습니다.

그런데 보통 어떤 문제를 해결하려 들 때, 특히 어떤 패턴을 찾아내야 할 때는 사람이 이것저것 생각하고 답을 찾는 것이 일반적이죠. '이 문제는 아무래도 이런 규칙성이 있는 것 같아', '아니, 근본 원인은 다른 데 있을지도 몰라'와 같이 사람의 경험과 직관을 단서로 시행착오를 거듭하며 일을 진행합니다. 반면 머신러닝에서는 사람의 개입을 최소화하고 수집한 데이터로부터 패턴을 찾으려 시도합니다. 게다가 신경망과 딥러닝은 기존 머신러닝에서 사용하던 방법보다 사람의 개입을 더욱 배제할 수 있게 해주는 중요한 특성을 지녔습니다.

구체적인 문제를 하나 생각해보죠. 가령 이미지에서 '5'라는 숫자를 인식하는 프로그램을 구현한다고 해봅시다. [그림 4-1]과 같은 자유분방한 손글씨 이미지를 보고 5인지 아닌지를 알아보는 프로그램을 구현하는 것이 목표입니다. 자, 비교적 단순해 보이는 문제입니다. 그런데 당장 머릿속에 떠오르는 알고리즘이 있나요?

그림 4-1 손글씨 숫자 '5'의 예: 사람마다 자신만의 필체가 있다.

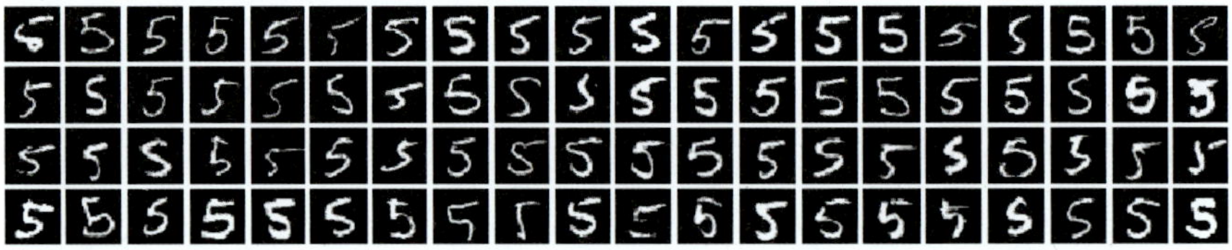

'5'를 제대로 분류하는 프로그램을 직접 고안해 설계하기란 의외로 어려운 문제임을 알 수 있습니다. 사람이라면 어렵지 않게 인식하지만, 그 안에 숨은 규칙성을 명확한 로직으로 풀기가 만만치 않습니다. 사실 [그림 4-1]을 잘 보면, 사람마다 버릇이 달라 '5'를 특징짓는 규칙을 찾기도 쉽지 않고 시간도 오래 걸릴 것 같다는 느낌이 들 겁니다.

이쯤 되면 '5'를 인식하는 알고리즘을 밑바닥부터 '설계하는' 대신, 주어진 데이터를 잘 활용해서 해결하고 싶어질 겁니다. 그런 방법의 하나로, 이미지에서 **특징**feature을 추출하고 그 특징의 패턴을 머신러닝 기술로 학습하는 방법이 있습니다. 여기서 말하는 특징은 입력 데이터(입력 이미지)에서 본질적인 데이터(중요한 데이터)를 정확하게 추출할 수 있도록 설계된 변환기를 가리킵니다. 이미지의 특징은 보통 벡터로 기술하고, 컴퓨터 비전 분야에서는 SIFT, SURF, HOG 등의 특징을 많이 사용합니다. 이런 특징을 사용하여 이미지 데이터를 벡터로 변환하고, 변환된 벡터를 가지고 지도 학습 방식의 대표 분류 기법인 SVM, KNN 등으로 학습할 수 있습니다.

이와 같은 머신러닝에서는 모아진 데이터로부터 규칙을 찾아내는 역할을 '기계'가 담당합니다. 무無로부터 알고리즘을 설계하는 것보다 효율이 높아 문제를 해결해야 하는 사람의 부담도 덜어주죠. 다만, 이미지를 벡터로 변환할 때 사용하는 특징은 여전히 '사람'이 설계한다는 사실에 주의해야 합니다. 이 말은 문제에 적합한 특징을 쓰지 않으면(혹은 특징을 설계하지 않으면) 좀처럼 좋은 결과를 얻을 수 없다는 뜻입니다. 예를 들어 개의 얼굴을 구분하려 할 때는 숫자를 인식할 때와는 다른 특징을 '사람'이 생각해야 할지도 모릅니다. 즉, 특징과 머신러닝을 활용한 접근에도 문제에 따라서는 '사람'이 적절한 특징을 생각해내야 합니다.

지금까지 머신러닝의 두 가지 접근법을 이야기했습니다. 이 두 방식 모두 그림으로 나타내면 [그림 4-2]의 중간과 같습니다. 반면 신경망(딥러닝) 방식은 [그림 4-2]의 아래처럼 사람이 개입하지 않는 블록 하나로 그려집니다.

그림 4-2 규칙을 '사람'이 만드는 방식에서 '기계'가 데이터로부터 배우는 방식으로의 패러다임 전환: 회색 블록은 사람이 개입하지 않음을 뜻한다.

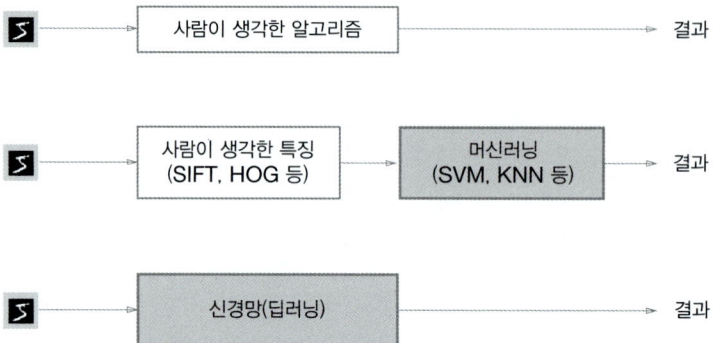

[그림 4-2]와 같이 신경망은 이미지를 '있는 그대로' 학습합니다. 두 번째 접근 방식(특징과 머신러닝 방식)에서는 특징을 사람이 설계했지만, 신경망은 이미지에 포함된 중요한 특징까지도 '기계'가 스스로 학습할 것입니다.

> **NOTE_** 딥러닝을 **종단간 머신러닝**end-to-end machine learning이라고도 합니다. 여기서 종단간은 '처음부터 끝까지'라는 의미로, 데이터(입력)에서 목표한 결과(출력)를 사람의 개입 없이 얻는다는 뜻을 담고 있죠.

신경망의 이점은 모든 문제를 같은 맥락에서 풀 수 있다는 점에 있습니다. 예를 들어 '5'를 인식하는 문제든, '개'를 인식하는 문제든, 아니면 '사람의 얼굴'을 인식하는 문제든, 세부사항과 관계없이 신경망은 주어진 데이터를 온전히 학습하고 주어진 문제의 패턴을 발견하려 시도합니다. 즉, 신경망은 모든 문제를 주어진 데이터 그대로를 입력 데이터로 활용해 'end-to-end'로 학습할 수 있습니다.

4.1.2 훈련 데이터와 시험 데이터

신경망 학습에 대해 본격적으로 설명하기에 앞서 머신러닝에서 데이터를 취급할 때 주의할 점을 이야기하겠습니다.

머신러닝 문제는 데이터를 **훈련 데이터**training data와 **시험 데이터**test data로 나눠 학습과 실험을 수행하는 것이 일반적입니다. 우선 훈련 데이터만 사용하여 학습하면서 최적의 매개변수를 찾습니다. 그런 다음 시험 데이터를 사용하여 앞서 훈련한 모델의 실력을 평가하는 것입니다. 그러면 왜 훈련 데이터와 시험 데이터를 나눠야 할까요? 바로 우리가 원하는 것은 범용적으로 사용할 수 있는 모델이기 때문입니다. 이 **범용 능력**을 제대로 평가하기 위해 훈련 데이터와 **시험 데이터**를 분리하는 것이죠.

범용 능력은 아직 보지 못한 데이터(훈련 데이터에 포함되지 않는 데이터)로도 문제를 올바르게 풀어내는 능력입니다. 이러한 범용 능력 획득이 머신러닝의 최종 목표고 말이죠. 예를 들어 손글씨 숫자 인식의 최종 결과는 엽서에서 우편 번호를 자동으로 판독하는 시스템에 쓰일지도 모릅니다. 그렇다면 손글씨 숫자 인식은 '누군가'가 쓴 글자를 인식하는 능력이 높지 않으면 안 됩니다. 그 누군가는 '특정인의 특정 글자'가 아니라 '임의의 사람의 임의의 글자'입니다. 만약 수중에 있는 훈련 데이터만 잘 판별한다면 그 데이터에 포함된 사람의 글씨체만 학습했을 가능성이 큽니다.

그래서 데이터셋 하나로만 매개변수의 학습과 평가를 수행하면 올바른 평가가 될 수 없습니다. 수중의 데이터셋은 제대로 맞히더라도 다른 데이터셋에는 엉망인 일도 벌어집니다. 참고로 한 데이터셋에만 지나치게 최적화된 상태를 **과대적합**overfitting*이라고 합니다. 과대적합 피하기는 머신러닝의 중요한 과제이기도 합니다.

4.2 손실 함수

사람들에게 "지금 얼마나 행복하나요?"라고 물으면 뭐라고 대답할까요? "아주 행복하죠"나 "그리 행복한 거 같진 않아요"라는 막연한 답이 돌아오는 게 보통입니다. 그러다가 누군가 "현재 내 행복 지수는 10.23입니다"라고 대답한다면 질문한 사람이 당황해버리겠죠. 하나의 지표를 가지고 행복을 수치적으로 판단했다는 뜻이니까요. 그런 사람이 정말 있다면 그 사람은 자신의 '행복 지표'를 기준으로 인생을 살아가게 될지도 모릅니다.

이 '행복 지표' 이야기는 하나의 비유지만, 실은 신경망 학습에서도 이와 같은 일을 수행합니다. 신경망 학습에서는 현재의 상태를 '하나의 지표'로 표현합니다. 그리고 그 지표를 가장 좋게 만들어주는 가중치 매개변수의 값을 탐색하는 것입니다. '행복 지표'를 가진 사람이 그 지표를 근

---

* 옮긴이_ 과적합, 과대적합, 과학습, 과적응 등 다양하게 번역합니다. 과대적합을 다르게 설명해보자면, 한쪽 이야기(특정 데이터셋)만 너무 많이 들어서 편견이 생겨버린 상태라고 이해해도 좋습니다.

거로 '최적의 인생'을 탐색하듯, 신경망도 '하나의 지표'를 기준으로 최적의 매개변수 값을 탐색합니다. 신경망 학습에서 사용하는 지표는 **손실 함수**loss function*라고 합니다. 이 손실 함수는 임의의 함수를 사용할 수도 있지만 일반적으로는 오차제곱합과 교차 엔트로피 오차를 사용합니다.

> **WARNING_** 손실 함수는 신경망 성능의 '나쁨'을 나타내는 지표로, 현재의 신경망이 훈련 데이터를 얼마나 잘 처리하지 '못'하느냐를 나타냅니다. '성능 나쁨'을 지표로 한다니 무언가 부자연스럽다고 생각할지 모르지만, 손실 함수에 마이너스만 곱하면 '얼마나 나쁘지 않나', 즉 '얼마나 좋으냐'라는 지표로 변신하죠. 또, '나쁜 정도를 최소로 줄이기'와 '좋은 정도를 최대로 늘리기'는 결국 같은 뜻이므로 성능의 '나쁨'과 '좋음' 중 어느 쪽을 지표로 삼아도 본질적으로 수행하는 일은 다르지 않습니다.

4.2.1 오차제곱합

가장 많이 쓰이는 손실 함수는 **오차제곱합**sum of squares for error (SSE)입니다. 수식으로는 다음과 같습니다.

$$E = \frac{1}{2} \sum_k (y_k - t_k)^2 \qquad \text{[식 4.1]}$$

여기서 y_k는 신경망의 출력(신경망이 추정한 값), t_k는 정답 레이블, k는 데이터의 차원 수를 나타냅니다. 이를테면 '3.6 손글씨 숫자 인식' 예에서 y_k와 t_k는 다음과 같은 원소 10개짜리 데이터입니다.

```
>>> y = [0.1, 0.05, 0.6, 0.0, 0.05, 0.1, 0.0, 0.1, 0.0, 0.0]
>>> t = [0, 0, 1, 0, 0, 0, 0, 0, 0, 0]
```

이 배열들의 원소는 첫 번째 인덱스부터 순서대로 숫자 '0', '1', '2'…일 때의 값입니다. 여기에서 신경망의 출력 y는 소프트맥스 함수의 출력입니다. 소프트맥스 함수의 출력은 확률로 해석할 수 있으므로, 이 예에서는 이미지가 '0'일 확률은 0.1, '1'일 확률은 0.05, '2'일 확률은 0.6이라고 해석되죠. 한편 정답 레이블인 t는 정답을 가리키는 위치의 원소는 1로, 그 외에는 0으로

---

* 옮긴이_ 비용 함수(cost function)라고도 합니다.

표기합니다. 여기에서는 숫자 '2'에 해당하는 원소의 값이 1이므로 정답이 '2'임을 알 수 있습니다. 이처럼 한 원소만 1로 하고 그 외는 0으로 나타내는 표기법을 **원–핫 인코딩**이라 한다고 했습니다.

자, 오차제곱합은 [식 4.1]과 같이 각 원소의 출력(추정 값)과 정답 레이블(참 값)의 차($y_k - t_k$)를 제곱한 후, 그 총합을 구합니다. 그러면 이 오차제곱합을 파이썬으로 구현해봅시다.

```python
def sum_squares_error(y, t):
    return 0.5 * np.sum((y-t)**2)
```

여기에서 인수 y와 t는 넘파이 배열입니다. 이 코드는 [식 4.1]을 그대로 구현했을 뿐이니 설명은 생략합니다. 그러면 이 함수를 실제로 사용해보죠.

```python
# 정답은 '2'
>>> t = [0, 0, 1, 0, 0, 0, 0, 0, 0, 0]

# 예1 : '2'일 확률이 가장 높다고 추정함 ( 0.6 )
>>> y = [0.1, 0.05, 0.6, 0.0, 0.05, 0.1, 0.0, 0.1, 0.0, 0.0]
>>> sum_squares_error(np.array(y), np.array(t))
0.09750000000000003

# 예2 : '7'일 확률이 가장 높다고 추정함 ( 0.6 )
>>> y = [0.1, 0.05, 0.1, 0.0, 0.05, 0.1, 0.0, 0.6, 0.0, 0.0]
>>> sum_squares_error(np.array(y), np.array(t))
0.5975
```

두 가지 예를 살펴봤습니다. 첫 번째의 예는 정답이 '2'고 신경망의 출력도 '2'에서 가장 높은 경우입니다. 한편, 두 번째 예에서는 정답은 똑같이 '2'지만, 신경망의 출력은 '7'에서 가장 높습니다. 이 실험의 결과로 첫 번째 예의 손실 함수 쪽 출력이 작으며 정답 레이블과의 오차도 작다는 사실을 알 수 있습니다. 즉, 오차제곱합 기준으로는 첫 번째 추정 결과가 (오차가 더 작으니) 정답에 더 가까울 것으로 판단할 수 있습니다.

4.2.2 교차 엔트로피 오차

또 다른 손실 함수로서 **교차 엔트로피 오차** cross entropy error (CEE)도 자주 이용합니다. 교차 엔트로피 오차의 수식은 다음과 같습니다.

$$E = -\sum_k t_k \log y_k$$

[식 4.2]

여기에서 log는 밑이 e인 자연로그($\log_e$)입니다. y_k는 신경망의 출력, t_k는 정답 레이블입니다. 또 t_k는 정답에 해당하는 인덱스의 원소만 1이고 나머지는 0입니다(원-핫 인코딩). 그래서 [식 4.2]는 실질적으로 정답일 때의 추정(t_k가 1일 때의 y_k)의 자연로그를 계산하는 식이 됩니다.* 예를 들어 정답 레이블은 '2'가 정답이라 하고 이때의 신경망 출력이 0.6이라면 교차 엔트로피 오차는 −log0.6 = 0.51이 됩니다. 또한 같은 조건에서 신경망 출력이 0.1이라면 −log0.1 = 2.30이 됩니다. 즉, 교차 엔트로피 오차는 정답일 때의 출력이 전체 값을 정하게 됩니다.

한편, [그림 4-3]은 자연로그의 그래프입니다.

그림 4-3 자연로그 $y = \log x$의 그래프

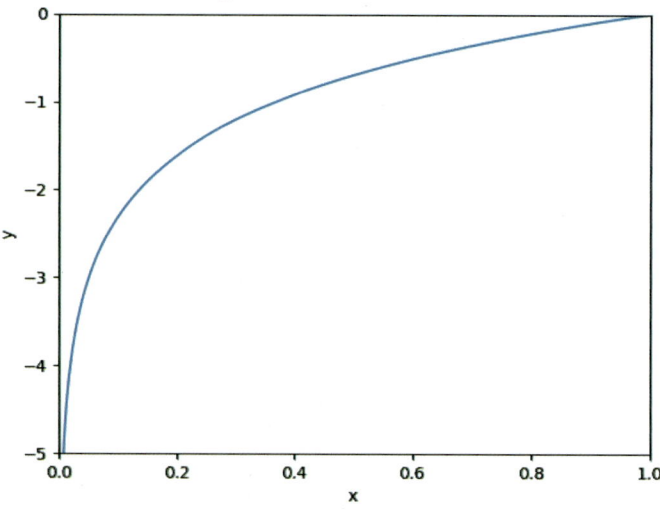

이 그림에서 보듯이 x가 1일 때 y는 0이 되고 x가 0에 가까워질수록 y의 값은 점점 작아집니다. [식 4.2]도 마찬가지로 정답에 해당하는 출력이 커질수록 0에 다가가다가, 그 출력이 1일 때 0이 됩니다. 반대로 정답일 때의 출력이 작아질수록 오차는 커집니다.

그럼 교차 엔트로피 오차를 구현해봅시다.

---

* **옮긴이_** 정답이 아닌 나머지 모두는 t_k가 0이므로 $\log y_k$와 곱해도 0이 되어 결과에 영향을 주지 않습니다.

```python
def cross_entropy_error(y, t):
    delta = 1e-7
    return -np.sum(t * np.log(y + delta))
```

여기에서 y와 t는 넘파이 배열입니다. 그런데 코드 마지막을 보면 np.log를 계산할 때 아주 작은 값인 delta를 더했습니다. 이는 np.log() 함수에 0을 입력하면 마이너스 무한대를 뜻하는 -inf가 되어 더 이상 계산을 진행할 수 없게 되기 때문입니다. 아주 작은 값을 더해서 절대 0이 되지 않도록, 즉 마이너스 무한대가 발생하지 않도록 한 것이죠. 그러면 이 cross_entropy_error(y, t) 함수를 써서 간단한 계산을 해봅시다. 정답은 똑같이 '2'입니다.

```
>>> t = [0, 0, 1, 0, 0, 0, 0, 0, 0, 0]
>>> y = [0.1, 0.05, 0.6, 0.0, 0.05, 0.1, 0.0, 0.1, 0.0, 0.0]
>>> cross_entropy_error(np.array(y), np.array(t))
0.510825457099338

>>> y = [0.1, 0.05, 0.1, 0.0, 0.05, 0.1, 0.0, 0.6, 0.0, 0.0]
>>> cross_entropy_error(np.array(y), np.array(t))
2.302584092994546
```

첫 번째 예는 정답일 때의 출력이 0.6인 경우로, 이때의 교차 엔트로피 오차는 약 0.51입니다. 그다음은 정답일 때의 출력이 (더 낮은) 0.1인 경우로, 이때의 교차 엔트로피 오차는 무려 2.3입니다. 즉, 결과(오차 값)가 더 작은 첫 번째 추정이 정답일 가능성이 높다고 판단하였고, 이는 앞서 오차제곱합의 판단과 일치합니다.

4.2.3 미니배치 학습

머신러닝 문제는 훈련 데이터를 사용해 학습합니다. 더 구체적으로 말하면 훈련 데이터에 대한 손실 함수의 값을 구하고, 그 값을 최대한 줄여주는 매개변수를 찾아냅니다. 이렇게 하려면 모든 훈련 데이터를 대상으로 손실 함수 값을 구해야 합니다. 즉, 훈련 데이터가 100개 있으면 그로부터 계산한 100개의 손실 함수 값들의 합을 지표로 삼는 것입니다.

지금까지 데이터 하나에 대한 손실 함수만 생각해왔으니, 이제 훈련 데이터 모두에 대한 손실 함수의 합을 구하는 방법을 생각해보겠습니다. 예를 들어 교차 엔트로피 오차는 [식 4.3]처럼 됩니다.

$$E = -\frac{1}{N}\sum_{n}\sum_{k}t_{nk}\log y_{nk} \quad \text{[식 4.3]}$$

이때 데이터가 N개라면 t_{nk}는 n번째 데이터의 k번째 값을 의미합니다(y_{nk}는 신경망의 출력, t_{nk}는 정답 레이블입니다). 수식이 좀 복잡해 보이지만 데이터 하나에 대한 손실 함수인 [식 4.2]를 단순히 N개의 데이터로 확장했을 뿐입니다. 다만 마지막에 N으로 나누어 정규화하고 있습니다. N으로 나눔으로써 '평균 손실 함수'를 구하는 것입니다. 이렇게 평균을 구해 사용하면 훈련 데이터 개수와 관계없이 언제든 통일된 지표를 얻을 수 있습니다. 예를 들어 훈련 데이터가 1,000개든 10,000개든 상관없이 평균 손실 함수를 구할 수 있습니다.

그런데 MNIST 데이터셋은 훈련 데이터가 60,000개였습니다. 그래서 모든 데이터를 대상으로 손실 함수의 합을 구하려면 시간이 좀 걸립니다. 더 나아가 빅데이터 수준이 되면 그 수는 수백만에서 수천만도 넘는 거대한 값이 되기도 합니다. 이 많은 데이터를 대상으로 일일이 손실 함수를 계산하는 것은 현실적이지 않습니다. 이런 경우 데이터 일부를 추려 전체의 '근사치'로 이용할 수 있습니다. 신경망 학습에서도 훈련 데이터로부터 일부만 골라 학습을 수행합니다. 이 일부를 **미니배치**mini-batch라고 하죠. 가령 60,000장의 훈련 데이터 중에서 100장을 무작위로 뽑아 그 100장만을 사용하여 학습하는 것입니다. 이러한 학습 방법을 **미니배치 학습**이라고 합니다.

그렇다면 미니배치 학습을 구현하는, 즉 훈련 데이터에서 지정한 수의 데이터를 무작위로 골라내는 코드를 작성해봅시다. MNIST 데이터셋을 읽어오는 코드를 다음과 같습니다.

```python
import sys, os
sys.path.append(os.path.join(os.path.dirname(__file__), '..'))
import numpy as np
from dataset.mnist import load_mnist

(x_train, t_train), (x_test, t_test) = \
    load_mnist(normalize=True, one_hot_label=True)

print(x_train.shape)  # (60000, 784)
print(t_train.shape)  # (60000, 10)
```

3장에서도 설명했지만 load_mnist 함수는 MNIST 데이터셋을 읽어오는 함수입니다. 이 함수는 dataset/mnist.py 파일에 있습니다. 이 함수는 훈련 데이터와 시험 데이터를 읽습니다. 호출할 때 one_hot_label=True로 지정하여 원-핫 인코딩으로, 즉 정답 위치의 원소만 1이고 나머지가 0인 배열을 얻을 수 있습니다.

앞의 코드에서 MNIST 데이터를 읽은 결과, 훈련 데이터는 60,000개고 입력 데이터는 784열(원래는 28×28)인 이미지 데이터임을 알 수 있습니다. 정답 레이블은 10줄짜리 데이터입니다. 그래서 앞의 x_train, t_train의 모습은 각각 (60000, 784)와 (60000, 10)이 됩니다.

그러면 이 훈련 데이터에서 무작위로 10장만 빼내려면 어떻게 하면 될까요? 넘파이의 np.random.choice() 함수를 쓰면 다음과 같이 간단히 해결할 수 있습니다.

```
train_size = x_train.shape[0]
batch_size = 10
batch_mask = np.random.choice(train_size, batch_size)
x_batch = x_train[batch_mask]
t_batch = t_train[batch_mask]
```

np.random.choice()로는 지정한 범위의 수 중에서 무작위로 원하는 개수만 꺼낼 수 있습니다. 가령 np.random.choice(60000, 10)은 0 이상 60000 미만의 수 중에서 무작위로 10개를 골라냅니다. 다음은 실제로 돌려본 모습입니다. 이 함수가 출력한 배열을 미니배치로 뽑아낼 데이터의 인덱스로 사용하면 되겠죠.

```
>>> np.random.choice(60000, 10)
array([ 8013, 14666, 58210, 23832, 52091, 10153,  8107, 19410, 27260, 21411])
```

이제 무작위로 선택한 이 인덱스를 사용해 미니배치를 뽑아내기만 하면 됩니다. 손실 함수도 이 미니배치로 계산합니다.

> **NOTE_** 텔레비전 시청률도 모든 세대의 텔레비전이 아니라 선택된 일부 가구의 텔레비전만을 대상으로 구합니다. 예를 들어 경기 지방에서 무작위로 선정한 1,000가구를 대상으로 시청률을 계측한 다음, 경기 지방 전체의 시청률로 근사하는 것이죠. 그 1,000가구의 시청률이 전체 시청률과 정확히 일치하지는 않겠지만, 전체의 대략적인 값으로 사용할 수 있습니다. 이 시청률 이야기와 마찬가지로 미니배치의 손실 함수도 일부 표본 데이터로 전체를 비슷하게 계측합니다. 즉, 전체 훈련 데이터의 대표로서 무작위로 선택한 작은 덩어리(미니배치)를 사용합니다.

4.2.4 (배치용) 교차 엔트로피 오차 구현하기

그럼, 미니배치 같은 배치 데이터를 지원하는 교차 엔트로피 오차는 어떻게 구현할까요? 다행히 조금 전에 구현한 교차 엔트로피 오차(데이터를 하나씩 처리하는 구현)를 조금만 바꿔주면 됩니다. 여기에서는 데이터가 하나인 경우와 데이터가 배치로 묶여 입력될 경우 모두를 처리할 수 있도록 구현하겠습니다.

```python
def cross_entropy_error(y, t):
    if y.ndim == 1:
        t = t.reshape(1, t.size)
        y = y.reshape(1, y.size)

    batch_size = y.shape[0]
    return -np.sum(t * np.log(y + 1e-7)) / batch_size
```

이 코드에서 y는 신경망의 출력, t는 정답 레이블입니다. y가 1차원이라면, 즉 데이터 하나당 교차 엔트로피 오차를 구하는 경우는 reshape 함수로 데이터의 형상을 바꿔줍니다. 그리고 배치의 크기로 나눠 정규화하고 이미지 1장당 평균의 교차 엔트로피 오차를 계산합니다.

정답 레이블이 원-핫 인코딩이 아니라 '2'나 '7' 등의 숫자 레이블로 주어졌을 때의 교차 엔트로피 오차는 다음과 같이 구현할 수 있습니다.

```python
def cross_entropy_error(y, t):
    if y.ndim == 1:
        t = t.reshape(1, t.size)
        y = y.reshape(1, y.size)

    batch_size = y.shape[0]
    return -np.sum(np.log(y[np.arange(batch_size), t] + 1e-7)) / batch_size
```

이 구현에서는 원-핫 인코딩일 때 t가 0인 원소는 교차 엔트로피 오차도 0이므로, 그 계산은 무시해도 좋다는 것이 핵심입니다. 다시 말하면 정답에 해당하는 신경망의 출력만으로 교차 엔트로피 오차를 계산할 수 있습니다. 그래서 원-핫 인코딩 시 t * np.log(y)였던 부분을 레이블 표현일 때는 np.log(y[np.arange(batch_size), t])로 구현합니다(설명을 간결히 하기 위해 미세한 값 1e-7은 언급하지 않겠습니다).

참고로 np.log(y[np.arange(batch_size), t])를 간단히 설명하겠습니다. np.arange(batch_size)는 0부터 batch_size - 1까지 배열을 생성합니다. 즉, batch_size가 5이면 np.arange(batch_size)는 [0, 1, 2, 3, 4]라는 넘파이 배열을 생성합니다. t에는 레이블이 [2, 7, 0, 9, 4]와 같이 저장되어 있으므로 y[np.arange(batch_size), t]는 각 데이터의 정답 레이블에 해당하는 신경망의 출력을 추출합니다(이 예에서는 y[np.arange(batch_size), t]는 [y[0,2], y[1,7], y[2,0], y[3,9], y[4,4]]인 넘파이 배열을 생성합니다).

4.2.5 왜 손실 함수를 설정하는가?

이쯤이면 손실 함수의 정의는 이해하셨을 겁니다. 그런데 왜 굳이 손실 함수를 사용해야 하는 걸까요? 예컨대 숫자 인식의 경우도 우리의 궁극적인 목적은 높은 '정확도'를 끌어내는 매개변수 값을 찾는 것입니다. 그렇다면 '정확도'라는 지표를 놔두고 '손실 함수의 값'이라는 우회적인 방법을 택하는 이유는 뭘까요?

이 의문은 신경망 학습에서의 '미분'의 역할에 주목한다면 해결됩니다. 자세한 내용은 다음 절에서 설명합니다만, 신경망 학습에서는 최적의 매개변수(가중치와 편향)를 탐색할 때 손실 함수의 값을 가능한 한 작게 하는 매개변수 값을 찾습니다. 이때 매개변수의 미분(정확히는 기울기)을 계산하고, 그 미분 값을 단서로 매개변수의 값을 서서히 갱신하는 과정을 반복합니다.

가령 여기에 가상의 신경망이 있고 그 신경망의 어느 한 가중치 매개변수에 주목한다고 합시다. 이때 그 가중치 매개변수의 손실 함수의 미분이란 '가중치 매개변수의 값을 아주 조금 변화시켰을 때, 손실 함수가 어떻게 변하나'라는 의미입니다. 만약 이 미분 값이 음수면 그 가중치 매개변수를 양의 방향으로 변화시켜 손실 함수의 값을 줄일 수 있습니다. 반대로, 미분 값이 양수면 가중치 매개변수를 음의 방향으로 변화시켜 손실 함수의 값을 줄일 수 있습니다. 그러나 미분 값이 0이면 가중치 매개변수를 어느 쪽으로 움직여도 손실 함수의 값은 줄어들지 않습니다. 그래서 가중치 매개변수의 갱신은 거기서 멈춥니다.

정확도를 지표로 삼아서는 안 되는 이유는 미분 값이 대부분의 장소에서 0이 되어 매개변수를 갱신할 수 없기 때문입니다. 자, 이야기가 좀 길어졌으니 지금까지의 설명을 정리하겠습니다.

> 신경망을 학습할 때 정확도를 지표로 삼아서는 안 된다. 정확도를 지표로 하면 매개변수의 미분이 대부분의 장소에서 0이 되기 때문이다.

정확도를 지표로 삼으면 매개변수의 미분이 대부분의 장소에서 0이 되는 이유는 무엇일까요? 구체적인 예를 보겠습니다. 한 신경망이 100장의 훈련 데이터 중 32장을 올바로 인식한다고 합니다. 그렇다면 정확도는 32%입니다. 만약 정확도가 지표였다면 가중치 매개변수의 값을 조금 바꾼다고 해도 정확도는 그대로 32%일 겁니다. 즉, 매개변수를 약간만 조정해서는 정확도가 개선되지 않고 일정하게 유지됩니다. 혹여 정확도가 개선된다 하더라도 그 값은 32.0123%와 같은 연속적인 변화보다는 33%나 34%처럼 불연속적인 띄엄띄엄한 값으로 바뀌어버립니다.

손실 함수를 지표로 삼았다면 어떨까요? 현재의 손실 함수의 값은 0.92543… 같은 수치로 나타납니다. 그리고 매개변수의 값이 조금 변하면 그에 반응하여 손실 함수의 값도 0.93432…처럼 연속적으로 변화합니다.

정확도는 매개변수의 미소한 변화에는 거의 반응을 보이지 않고, 반응이 있더라도 그 값이 불연속적으로 갑자기 변화합니다. 이는 '계단 함수'를 활성화 함수로 사용하지 않는 이유와도 들어맞습니다. 만약 활성화 함수로 계단 함수를 사용하면 지금까지 설명한 내용과 같은 이유로 신경망 학습이 잘 이뤄지지 않습니다. 계단 함수의 미분은 [그림 4-4]와 같이 대부분의 장소(0 이외의 곳)에서 0입니다. 그 결과 계단 함수를 이용하면 손실 함수를 지표로 삼는 게 아무 의미가 없게 됩니다. 매개변수의 작은 변화가 주는 파장을 계단 함수가 말살하여 손실 함수의 값에는 아무런 변화가 나타나지 않기 때문입니다.

그림 4-4 계단 함수와 시그모이드 함수: 계단 함수는 대부분의 장소에서 기울기가 0이지만, 시그모이드 함수의 기울기(접선)는 0이 아니다.

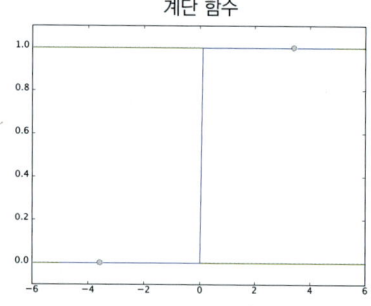
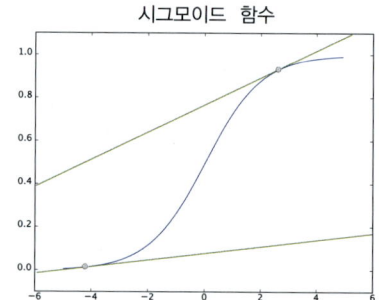

계단 함수는 한순간만 변화를 일으키지만, 시그모이드 함수의 미분(접선)은 [그림 4-4]와 같이 출력(세로축의 값)이 연속적으로 변하고 곡선의 기울기도 연속적으로 변합니다. 즉, 시그모이드 함수의 미분은 어느 장소라도 0이 되지는 않습니다. 이는 신경망 학습에서 중요한 성질로, 기울기가 0이 되지 않는 덕분에 신경망이 올바르게 학습할 수 있는 것입니다.

4.3 수치 미분

경사법에서는 기울기(경사) 값을 기준으로 나아갈 방향을 정합니다. 기울기란 무엇인지, 또 어떤 성질이 있는지를 설명하기에 앞서 이번 절에서는 학생 때 배운 '미분'부터 복습해보겠습니다.

4.3.1 미분

여러분이 마라톤 선수고 처음부터 10분에서 2km씩 달렸다고 해봅시다. 이때의 속도는 간단히 2 / 10 = 0.2 [km/분]이라고 계산할 수 있습니다. 즉 1분에 0.2km만큼의 속도(변화)로 뛰었다고 해석할 수 있습니다.

이 마라톤 예에서는 '달린 거리'가 '시간'에 대해서 얼마나 변화했는가를 계산했습니다. 다만 여기에서 10분에 2km를 뛰었다고 함은, 정확하게는 10분 동안의 '평균 속도'를 구한 것이죠. 미분은 '특정 순간'의 변화량을 뜻합니다. 그래서 10분이라는 시간을 가능한 한 줄여(직전 1분에 달린 거리, 직전 1초에 달린 거리, 직전 0.1초에 달린 거리와 같이 갈수록 간격을 줄여) 한순간의 변화량(어느 순간의 속도)을 얻는 것이죠.

이처럼 미분은 한순간의 변화량이며 수식으로 다음과 같습니다.

$$\frac{df(x)}{dx} = \lim_{h \to 0} \frac{f(x+h) - f(x)}{h}$$

[식 4.4]

[식 4.4]는 함수의 미분을 나타낸 식입니다. 좌변은 $f(x)$의 x에 대한 미분(x에 대한 $f(x)$의 변화량)을 나타내는 기호입니다. 결국 x의 '작은 변화'가 함수 $f(x)$를 얼마나 변화시키느냐를 의미합니다. 이때 시간의 작은 변화, 즉 시간을 뜻하는 h를 한없이 0에 가깝게 한다는 의미를 $\lim_{h \to 0}$로 나타납니다.

자, [식 4.4]를 참고하여 함수를 미분하는 계산을 파이썬으로 구현해봅시다. [식 4.4]를 곧이곧대로 구현하려면 h에 작은 값을 대입해 다음과 같이 계산할 수 있습니다.

```
# 나쁜 구현 예
def numerical_diff(f, x):
    h = 1e-50
    return (f(x + h) - f(x)) / h
```

함수의 이름은 수치 미분^{numerical differentiation}에서 따온 numerical_diff(f, x)로 했습니다. 이 함수는 '함수 f'와 '함수 f에 넘길 인수 x'라는 두 인수를 받습니다. 얼핏 보면 문제가 없어 보이지만 실제로는 개선해야 할 점이 2개 있습니다.

앞의 구현에서는 h에 가급적 작은 값을 대입하고 싶었기에(가능하다면 h를 0으로 무한히 가깝게 하고 싶으니) 1e-50이라는 작은 값을 이용했습니다. 이 값은 0.00…1 형태에서 소수점 아래 0이 50개라는 의미죠. 그러나 이 방식은 반올림 오차^{rounding error} 문제를 일으킵니다. 반올림 오차는 작은 값(가령 소수점 8자리 이하)이 생략되어 최종 계산 결과에 오차가 생기게 합니다. 파이썬에서의 반올림 오차로는 다음과 같은 예가 있습니다.

```
>>> np.float32(1e-50)
0.0
```

이와 같이 1e-50을 float32형(32비트 부동소수점)으로 나타내면 0.0이 되어, 올바로 표현할 수 없습니다. 너무 작은 값을 이용하면 컴퓨터로 계산하는 데 문제가 됩니다. 여기가 첫 번째 개선 포인트입니다. 이 미세한 값 h로 10^{-4}을 이용해봅시다. 10^{-4} 정도의 값을 사용하면 좋은 결과를 얻는다고 알려져 있습니다.

두 번째는 함수 f의 차분*과 관련한 개선입니다. 앞의 구현에서는 x + h와 x 사이의 함수 f의 차분을 계산하고 있지만 애당초 이 계산에는 오차가 있다는 사실에 주의해야 합니다. [그림 4-5]와 같이 '진정한 미분'은 x 위치의 함수의 기울기(이를 접선이라 함)에 해당하나, 이번 구현에서의 미분은 $(x + h)$와 x 사이의 기울기에 해당합니다. 그래서 진정한 미분(진정한 접선)과 이번 구현의 값은 엄밀히는 일치하지 않습니다. 이 차이는 h를 무한히 0으로 좁히는 것이 불가능해 생기는 한계입니다.

---

* 옮긴이_ 임의 두 점에서의 함수 값들의 차이를 말합니다.

그림 4-5 진정한 미분(진정한 접선)과 수치 미분(근사로 구한 접선)의 값은 다르다.

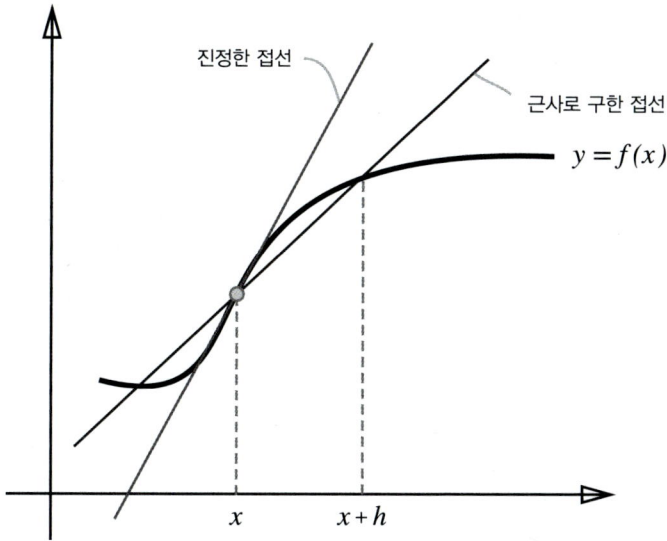

[그림 4-5]와 같이 수치 미분에는 오차가 포함됩니다. 이 오차를 줄이기 위해 $(x + h)$와 $(x - h)$일 때의 함수 f의 차분을 계산하는 방법을 쓰기도 합니다. 이 차분은 x를 중심으로 그 전후의 차분을 계산한다는 의미에서 **중심 차분** 혹은 **중앙 차분**이라 합니다(한편, $(x + h)$와 x의 차분은 **전방 차분**이라 합니다).

그럼 이상의 두 개선점을 적용해 수치 미분을 다시 구현해봅시다.

```
def numerical_diff(f, x):
    h = 1e-4  # 0.0001
    return (f(x+h) - f(x-h)) / (2*h)
```
ch04/gradient_1d.py

> NOTE_ 여기에서처럼 아주 작은 차분으로 미분하는 것을 **수치 미분**이라 합니다. 한편, 수식을 전개해 미분하는 것은 **해석적**analytic이라는 말을 이용하여 '해석적 해' 혹은 '해석적으로 미분하다' 등으로 표현합니다. 가령 $y = x^2$의 미분은 해석적으로는 $\frac{dy}{dx} = 2x$로 풀어낼 수 있습니다. 그래서 $x = 2$일 때 y의 미분은 4가 됩니다. 해석적 미분은 오차를 포함하지 않는 '진정한 미분' 값을 구해줍니다.*

---

* 옮긴이_ 설명이 좀 어려운데, 간단히 말해 '해석적 미분'은 우리가 수학 시간에 배운 바로 그 미분이고, '수치 미분'은 이를 '근사치'로 계산하는 방법입니다.

4.3.2 수치 미분의 예

앞 절의 수치 미분을 사용하여 간단한 함수를 미분해봅시다. 우선 다음과 같은 2차 함수입니다.

$$y = 0.01x^2 + 0.1x \qquad \text{[식 4.5]}$$

[식 4.5]를 파이썬으로 구현하면 다음과 같이 됩니다.

```
ch04/gradient_1d.py
def function_1(x):
    return 0.01*x**2 + 0.1*x
```

이어서 이 함수를 그려봅시다.

```
ch04/gradient_1d.py
import numpy as np
import matplotlib.pylab as plt

x = np.arange(0.0, 20.0, 0.1) # 0에서 20까지 0.1 간격의 배열 x를 만든다(20은 미포함).
y = function_1(x)
plt.xlabel("x")
plt.ylabel("f(x)")
plt.plot(x, y)
plt.show()
```

그림 4-6 식 $f(x) = 0.01x^2 + 0.1x$의 그래프

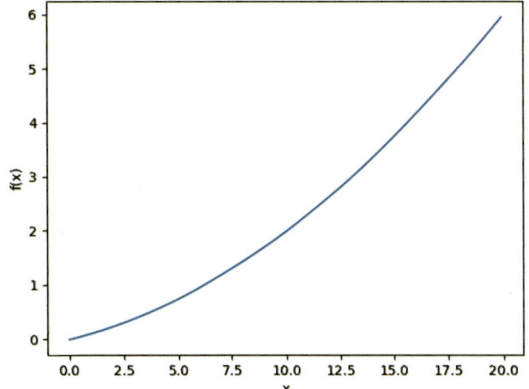

그럼 x = 5일 때와 10일 때 이 함수의 미분을 계산해봅시다.

```
>>> numerical_diff(function_1, 5)
0.1999999999990898
>>> numerical_diff(function_1, 10)
0.2999999999986347
```

이렇게 계산한 미분 값이 x에 대한 $f(x)$의 변화량입니다. 즉, 함수의 기울기에 해당합니다. 또한 $f(x) = 0.01x^2 + 0.1x$의 해석적 해는 $\frac{df(x)}{dx} = 0.02x + 0.1$ 입니다. 그래서 x가 5와 10일 때의 '진정한 미분'은 차례로 0.2와 0.3입니다. 앞의 수치 미분과 결과를 비교하면 그 오차가 매우 작음을 알 수 있습니다. 실제로 거의 같은 값이라고 해도 될 만큼 작은 오차입니다.

이제 앞에서 구한 수치 미분 값을 기울기로 하는 직선을 그려보겠습니다. 결과는 [그림 4-7]과 같이 되어, 함수의 접선에 해당함을 확인할 수 있습니다(ch04/gradient_1d.py).

그림 4-7 $x = 5$, $x = 10$에서의 접선: 직선의 기울기는 수치 미분에서 구한 값을 사용하였다.

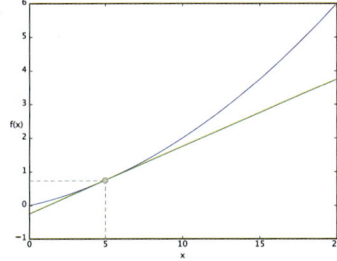 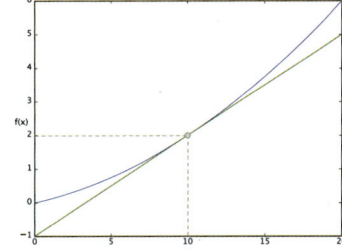

4.3.3 편미분

이어서 [식 4.6]의 함수를 살펴보죠. 인수들의 제곱 합을 계산하는 단순한 식이지만 앞의 예와 달리 변수가 2개라는 점에 주의해야 합니다.

$$f(x_0, x_1) = x_0^2 + x_1^2 \qquad \text{[식 4.6]}$$

이 식은 파이썬으로 다음과 같이 구현할 수 있습니다.

```
def function_2(x):
    return x[0]**2 + x[1]**2
    # 또는 return np.sum(x**2)
```

인수 x는 넘파이 배열이라고 가정합니다. 이 코드는 넘파이 배열의 각 원소를 제곱하고 그 합을 구할 뿐인 간단한 구현입니다(또는 np.sum(x**2) 형태로 구현할 수 있습니다). 자, 이 함수를 그래프로 그려볼까요? 결과는 [그림 4-8]처럼 3차원으로 그려집니다.

그림 4-8 $f(x_0, x_1) = x_0^2 + x_1^2$의 그래프

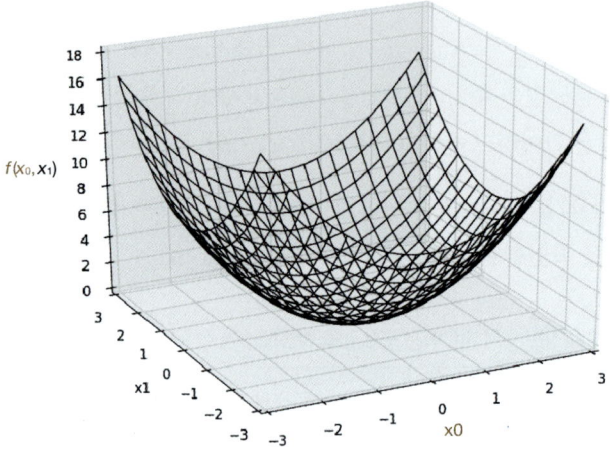

그림 [식 4.6]을 미분해보죠. 여기서 주의할 점은 [식 4.6]에는 변수가 2개라는 것입니다. 그래서 '어느 변수에 대한 미분이냐', 즉 x_0와 x_1 중 어느 변수에 대한 미분이냐를 구별해야 합니다. 덧붙여 이와 같이 변수가 여럿인 함수에 대한 미분을 **편미분**이라고 합니다. 이 편미분을 수식으로는 $\frac{\partial f}{\partial x_0}$ 나 $\frac{\partial f}{\partial x_1}$ 처럼 씁니다.

편미분은 어떻게 구할까요? 연습 삼아 다음 두 편미분 문제를 풀어보죠.

문제 1: $x_0 = 3$, $x_1 = 4$일 때, x_0에 대한 편미분 $\frac{\partial f}{\partial x_0}$ 를 구하라.

```
>>> def function_tmp1(x0):
...     return x0*x0 + 4.0**2.0
...
>>> numerical_diff(function_tmp1, 3.0)
6.00000000000378
```

문제 2: $x_0 = 3$, $x_1 = 4$일 때, x_1에 대한 편미분 $\frac{\partial f}{\partial x_1}$ 를 구하라.

```
>>> def function_tmp2(x1):
...     return 3.0**2.0 + x1*x1
...
>>> numerical_diff(function_tmp2, 4.0)
7.999999999999119
```

이 문제들은 변수가 하나인 함수를 정의하고 그 함수를 미분하는 형태로 구현하여 풀었습니다. 예를 들어 문제 1에서는 $x_1 = 4$로 고정된 새로운 함수를 정의하고, 변수가 x_0 하나뿐인 함수에 대해 수치 미분 함수를 적용하였습니다. 이렇게 구한 문제 1의 결과는 6.00000000000378, 문제 2의 결과는 7.999999999999119입니다. 보다시피 해석적 미분의 결과와 거의 같지요.

이처럼 편미분은 변수가 하나인 미분과 마찬가지로 특정 장소의 기울기를 구합니다. 단, 여러 변수 중 목표 변수 하나에 초점을 맞추고 다른 변수는 값을 고정합니다. 앞의 예에서는 목표 변수를 제외한 나머지를 특정 값에 고정하기 위해서 새로운 함수를 정의했지요. 그리고 그 새로 정의한 함수에 대해 그동안 사용한 수치 미분 함수를 적용하여 편미분을 구한 것입니다.

4.4 기울기

앞 절의 예에서는 x_0와 x_1의 편미분을 변수별로 따로 계산했습니다. 그럼 x_0와 x_1의 편미분을 동시에 계산하고 싶다면 어떻게 할까요? 가령 $x_0 = 3$, $x_1 = 4$일 때 (x_0, x_1) 양쪽의 편미분을 묶어서 $\left(\frac{\partial f}{\partial x_0}, \frac{\partial f}{\partial x_1}\right)$을 계산한다고 생각해봅시다. 이때 $\left(\frac{\partial f}{\partial x_0}, \frac{\partial f}{\partial x_1}\right)$처럼 모든 변수의 편미분을 벡터로 정리한 것을 **기울기**gradient라고 합니다. 기울기는 예를 들어 다음과 같이 구현할 수 있습니다.

```
def numerical_gradient(f, x):
    h = 1e-4 # 0.0001
    grad = np.zeros_like(x)   # x와 형상이 같은 배열을 생성

    for idx in range(x.size):
        tmp_val = x[idx]
```

```
        # f(x+h) 계산
        x[idx] = tmp_val + h
        fxh1 = f(x)

        # f(x-h) 계산
        x[idx] = tmp_val - h
        fxh2 = f(x)

        grad[idx] = (fxh1 - fxh2) / (2*h)
        x[idx] = tmp_val # 값 복원

    return grad
```

numerical_gradient(f, x) 함수의 구현은 좀 복잡하게 보이지만 동작 방식은 변수가 하나일 때의 수치 미분과 거의 같습니다. 참고로 np.zeros_like(x)는 x와 형상이 같고 그 원소가 모두 0인 배열을 만듭니다.

numerical_gradient(f, x) 함수의 인수인 f는 함수이고 x는 넘파이 배열이므로 넘파이 배열 x의 각 원소에 대해서 수치 미분을 구합니다. 그러면 이 함수를 사용해서 실제로 기울기를 계산해봅시다. 여기에서는 세 점 (3, 4), (0, 2), (3, 0)에서의 기울기를 구해보겠습니다.

```
>>> numerical_gradient(function_2, np.array([3.0, 4.0]))
array([ 6., 8.])*
>>> numerical_gradient(function_2, np.array([0.0, 2.0]))
array([ 0., 4.])
>>> numerical_gradient(function_2, np.array([3.0, 0.0]))
array([ 6., 0.])
```

이처럼 (x_0, x_1)의 각 점에서의 기울기를 계산할 수 있습니다. 앞의 예에서는 점 (3, 4)의 기울기는 (6, 8), 점 (0, 2)의 기울기는 (0, 4), 점 (3, 0)의 기울기는 (6, 0)이라는 결과를 얻었습니다. 그런데 이 기울기라는 게 의미하는 건 뭘까요? 그림으로 그려보면 이해가 될 겁니다. 다만 여기에서는 기울기의 결과에 마이너스를 붙인 벡터를 그려보겠습니다(ch04/gradient_2d.py).

---

[*] 실제로는 [6.0000000000037801, 7.9999999999991189]라는 값이 얻어지지만 [6., 8.]으로 출력됩니다. 이는 넘파이 배열을 출력할 때 수치를 '보기 쉽도록' 가공하기 때문입니다.

기울기 그림은 [그림 4-9]처럼 방향을 가진 벡터(화살표)로 그려집니다. 이 그림을 보면 기울기는 함수의 '가장 낮은 장소(최솟값)'를 가리키는 것 같습니다. 마치 나침반처럼 화살표들은 한 점을 향하고 있지요. 또 '가장 낮은 곳'에서 멀어질수록 화살표의 크기가 커짐을 알 수 있습니다.

그림 4-9 $f(x_0, x_1) = x_0^2 + x_1^2$의 기울기

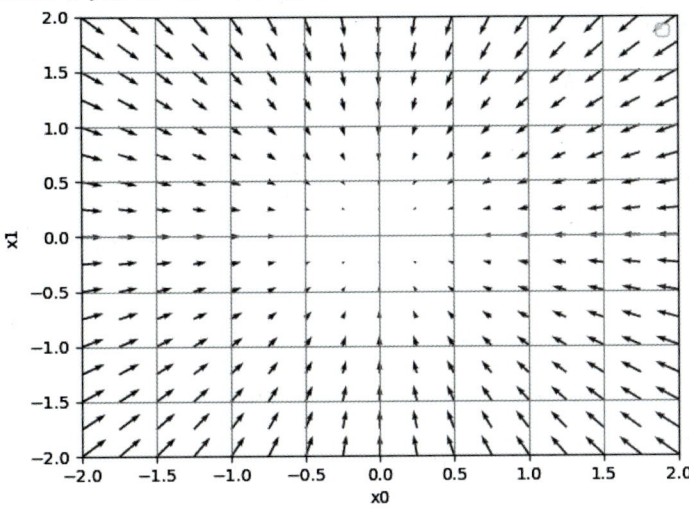

[그림 4-9]에서 기울기는 가장 낮은 장소를 가리키지만 실제는 반드시 그렇다고는 할 수 없습니다. 사실 기울기는 각 지점에서 낮아지는 방향을 가리킵니다. 더 정확히 말하자면 **기울기가 가리키는 쪽은 각 장소에서 함수의 출력 값을 가장 크게 줄이는 방향**입니다. 이건 중요한 포인트이니 꼭 기억하세요!

4.4.1 경사법(경사 하강법)

머신러닝 문제 대부분은 학습 단계에서 최적의 매개변수를 찾아냅니다. 신경망 역시 최적의 매개변수(가중치와 편향)를 학습 시에 찾아야 합니다. 여기에서 최적이란 손실 함수가 최솟값이 될 때의 매개변수 값입니다. 그러나 일반적인 문제의 손실 함수는 매우 복잡하죠. 매개변수 공간이 광대하여 어디가 최솟값이 되는 곳인지를 짐작할 수 없습니다. 이런 상황에서 기울기를 잘 이용해 함수의 최솟값(또는 가능한 한 작은 값)을 찾으려는 기법이 경사법입니다.

여기에서 주의할 점은 각 지점에서 함수의 값을 낮추는 방안을 제시하는 지표가 기울기라는 것입니다. 그러나 기울기가 가리키는 곳에 정말 함수의 최솟값이 있는지, 즉 그쪽이 정말로 나아갈 방향인지는 보장할 수 없습니다. 실제로 복잡한 함수에서는 기울기가 가리키는 방향에 최솟값이 없는 경우가 대부분입니다.

> **WARNING_** 함수가 극솟값, 최솟값, 또 **안장점**saddle point이 되는 장소에서는 기울기가 0입니다. 극솟값은 국소적인 최솟값, 즉 한정된 범위에서의 최솟값인 점입니다. 안장점은 어느 방향에서 보면 극댓값이고 다른 방향에서 보면 극솟값이 되는 점입니다.* 경사법은 기울기가 0인 장소를 찾지만 그곳이 반드시 최솟값이라고는 할 수 없습니다(극솟값이나 안장점일 가능성이 있습니다). 또, 복잡하고 찌그러진 모양의 함수라면 (대부분) 평평한 곳으로 파고들면서 **고원**(플래토plateau)이라 하는, 학습이 진행되지 않는 정체기에 빠질 수 있습니다.

기울어진 방향이 꼭 최솟값을 가리키는 것은 아니나, 그 방향으로 가야 함수의 값을 줄일 수 있습니다. 그래서 최솟값이 되는 장소를 찾는 문제(아니면 가능한 한 작은 값이 되는 장소를 찾는 문제)에서는 기울기 정보를 단서로 나아갈 방향을 정해야 합니다.

드디어 경사법이 등장할 차례입니다. 경사법은 현 위치에서 기울어진 방향으로 일정 거리만큼 이동합니다. 그런 다음 이동한 곳에서도 마찬가지로 기울기를 구하고, 또 그 기울어진 방향으로 나아가기를 반복합니다. 이렇게 해서 함수의 값을 점차 줄이는 기법이 **경사법**gradient method입니다. 경사법은 머신러닝 모델을 최적화하는 데 흔히 쓰는 기법입니다. 특히 신경망 학습에는 경사법을 많이 사용합니다.

> **NOTE_** 경사법은 최솟값을 찾느냐, 최댓값을 찾느냐에 따라 이름이 다릅니다. 전자를 **경사 하강법**gradient descent method, 후자를 **경사 상승법**gradient ascent method이라고 하죠. 다만 손실 함수의 부호를 반전시키면 최솟값을 찾는 문제와 최댓값을 찾는 문제는 결국 같아지니 하강이냐 상승이냐는 본질적으로는 중요하지 않습니다. 일반적으로 신경망(딥러닝) 분야에서의 경사법은 '경사 하강법'으로 등장할 때가 많습니다.

---

* 옮긴이_ 말 안장의 모양을 떠올려보세요.(그림 출처 : 위키백과)

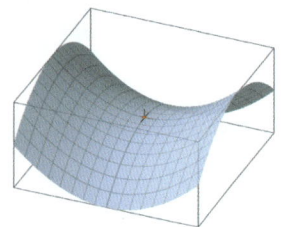

그럼, 경사법을 수식으로 나타내보겠습니다.

$$x_0 = x_0 - \eta \frac{\partial f}{\partial x_0}$$

$$x_1 = x_1 - \eta \frac{\partial f}{\partial x_1}$$

[식 4.7]

[식 4.7]의 η(에타^{eta}) 기호는 갱신하는 양을 나타냅니다. 이를 신경망 학습에서는 **학습률**$^{learning\ rate}$이라고 합니다. 한 번의 학습으로 얼마만큼 학습해야 할지, 즉 매개변수 값을 얼마나 갱신하느냐를 정하는 것이 학습률입니다.

[식 4.7]은 1회에 해당하는 갱신이고 이 단계를 반복합니다. 즉, [식 4.7]처럼 변수의 값을 갱신하는 단계를 여러 번 반복하면서 서서히 함수의 값을 줄이는 것입니다. 또, 여기에서는 변수가 2개인 경우를 보여줬지만 변수의 수가 늘어도 같은 식(각 변수의 편미분 값)으로 갱신하게 됩니다.

또한 학습률 값은 0.01이나 0.001 등 미리 특정 값으로 정해두어야 하는데요, 일반적으로 이 값이 너무 크거나 작으면 '좋은 장소'를 찾아갈 수 없습니다. 신경망 학습에서는 보통 이 학습률 값을 변경하면서 올바르게 학습하고 있는지를 확인하면서 진행합니다.

경사 하강법은 다음과 같이 간단하게 구현할 수 있습니다.

```python
def gradient_descent(f, init_x, lr=0.01, step_num=100):
    x = init_x

    for i in range(step_num):
        grad = numerical_gradient(f, x)
        x -= lr * grad
    return x
```

인수 f는 최적화하려는 함수, init_x는 초깃값, lr은 learning rate를 의미하는 학습률, step_num은 경사법에 따른 반복 횟수를 뜻합니다. 함수의 기울기는 numerical_gradient(f, x)로 구하고, 그 기울기에 학습률을 곱한 값으로 갱신하는 처리를 step_num번 반복합니다.

이 함수를 사용하면 함수의 극솟값을 구할 수 있고 잘하면 최솟값을 구할 수도 있습니다. 그럼 연습 삼아 다음 문제를 풀어볼까요?

문제: 경사법으로 $f(x_0, x_1) = x_0^2 + x_1^2$의 최솟값을 구하라.

```
>>> def function_2(x):
...     return x[0]**2 + x[1]**2
...
>>> init_x = np.array([-3.0, 4.0])
>>> gradient_descent(function_2, init_x=init_x, lr=0.1, step_num=100)
array([ -6.11110793e-10,   8.14814391e-10])
```

여기에서는 초깃값을 (-3.0, 4.0)으로 설정한 후 경사법을 사용해 최솟값 탐색을 시작합니다. 최종 결과는 (-6.1e-10, 8.1e-10)으로 거의 (0, 0)에 가까운 결과입니다. 실제로 진정한 최솟값은 (0, 0)이므로 경사법으로 거의 정확한 결과를 구해냈습니다.

경사법을 사용한 이 갱신 과정을 그림으로 나타내면 [그림 4-10]처럼 됩니다. 값이 가장 낮은 장소인 원점에 점차 가까워지고 있지요. 이 그림을 그려주는 소스 코드는 ch04/gradient_method.py에 있습니다(단, 이 코드에서는 등고선을 나타내는 점선은 표시하지 않습니다).

그림 4-10 경사법에 의한 $f(x_0, x_1) = x_0^2 + x_1^2$의 갱신 과정: 점선은 함수의 등고선을 나타낸다.

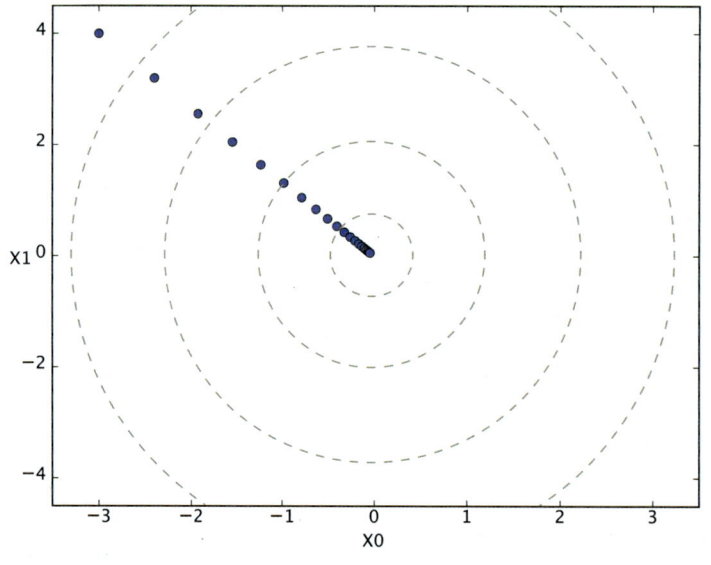

여기서 잠깐! 학습률이 너무 크거나 작으면 좋은 결과를 얻을 수 없다고 한 설명을 잊지 않았겠죠? 두 경우를 실험해보도록 하겠습니다.

```
# 학습률이 너무 큰 예: lr=10.0
>>> init_x = np.array([-3.0, 4.0])
>>> gradient_descent(function_2, init_x=init_x, lr=10.0, step_num=100)
array([ -2.58983747e+13, -1.29524862e+12])

# 학습률이 너무 작은 예: lr=1e-10
>>> init_x = np.array([-3.0, 4.0])
>>> gradient_descent(function_2, init_x=init_x, lr=1e-10, step_num=100)
array([-2.99999994, 3.99999992])
```

이 실험 결과와 같이 학습률이 너무 크면 큰 값으로 발산해버립니다. 반대로 너무 작으면 거의 갱신되지 않은 채 끝나버리네요. 이것으로 학습률을 적절히 설정하는 일이 왜 중요한지 아셨을 겁니다.

> **NOTE_** 학습률 같은 매개변수를 **하이퍼파라미터**hyper parameter(초매개변수)라고 합니다. 이는 가중치와 편향 같은 신경망의 매개변수와는 성질이 다른 매개변수입니다. 신경망의 가중치 매개변수는 훈련 데이터와 학습 알고리즘에 의해서 '자동'으로 획득되는 매개변수인 반면, 학습률 같은 하이퍼파라미터는 사람이 직접 설정해야 하는 매개변수인 것이죠. 일반적으로는 이 하이퍼파라미터들은 여러 후보 값 중에서 시험을 통해 가장 잘 학습하는 값을 찾는 과정을 거쳐야 합니다.

4.4.2 신경망에서의 기울기

신경망 학습에서도 기울기를 구해야 합니다. 여기서 말하는 기울기는 가중치 매개변수에 대한 손실 함수의 기울기입니다. 예를 들어 형상이 2×3, 가중치가 $\mathbf{W}$, 손실 함수가 L인 신경망을 생각해봅시다. 이 경우 경사는 $\frac{\partial L}{\partial \mathbf{W}}$ 로 나타낼 수 있습니다. 수식으로는 다음과 같습니다.

$$\mathbf{W} = \begin{pmatrix} w_{11} & w_{12} & w_{13} \\ w_{21} & w_{22} & w_{23} \end{pmatrix}$$

$$\frac{\partial L}{\partial \mathbf{W}} = \begin{pmatrix} \frac{\partial L}{\partial w_{11}} & \frac{\partial L}{\partial w_{12}} & \frac{\partial L}{\partial w_{13}} \\ \frac{\partial L}{\partial w_{21}} & \frac{\partial L}{\partial w_{22}} & \frac{\partial L}{\partial w_{23}} \end{pmatrix} \quad [\text{식 4.8}]$$

$\frac{\partial L}{\partial \mathbf{W}}$ 의 각 원소는 각각의 원소에 관한 편미분입니다. 예를 들어 1행 1번째 원소인 $\frac{\partial L}{\partial w_{11}}$ 은 w_{11} 을 조금 변경했을 때 손실 함수 L이 얼마나 변화하느냐를 나타냅니다. 여기서 중요한 점은

$\frac{\partial L}{\partial \mathbf{W}}$의 형상이 $\mathbf{W}$와 같다는 사실입니다. 실제로 [식 4.8]에서 $\mathbf{W}$와 $\frac{\partial L}{\partial \mathbf{W}}$의 형상은 모두 2×3입니다.

그럼 간단한 신경망을 예로 들어 실제로 기울기를 구하는 코드를 구현해보겠습니다. 먼저 simpleNet 클래스를 살펴보죠.

```python
import sys, os
sys.path.append(os.path.join(os.path.dirname(__file__), '..'))
import numpy as np
from common.functions import softmax, cross_entropy_error
from common.gradient import numerical_gradient


class simpleNet:
    def __init__(self):
        self.W = np.random.randn(2,3)  # 정규분포로 초기화

    def predict(self, x):
        return np.dot(x, self.W)

    def loss(self, self, x, t):
        z = self.predict(x)
        y = softmax(z)
        loss = cross_entropy_error(y, t)

        return loss
```

ch04/gradient_simplenet.py

여기에서는 common/functions.py에 정의한 softmax와 cross_entropy_error 메서드를 이용합니다. 그리고 common/gradient.py에 정의한 numerical_gradient 메서드도 이용합니다. 자, simpleNet 클래스는 형상이 2×3인 가중치 매개변수 하나를 인스턴스 변수로 갖습니다. 메서드는 2개인데 하나는 예측을 수행하는 predict(x)이고, 다른 하나는 손실 함수의 값을 구하는 loss(x, t)입니다. 여기에서 인수 x는 입력 데이터, t는 정답 레이블입니다. 그럼 simpleNet을 사용해 몇 가지 시험을 해봅시다.

```
>>> net = simpleNet()
>>> print(net.W)  # 가중치 매개변수
[[ 0.47355232  0.9977393   0.84668094]
 [ 0.85557411  0.03563661  0.69422093]]
```

```
>>> x = np.array([0.6, 0.9])
>>> p = net.predict(x)
>>> print(p)
[ 1.05414809 0.63071653 1.1328074]
>>> np.argmax(p)   # 최댓값의 인덱스
2

>>> t = np.array([0, 0, 1])  # 정답 레이블
>>> net.loss(x, t)
0.92806853663411326
```

이어서 기울기를 구해볼까요? 지금까지처럼 numerical_gradient(f, x)를 써서 구하면 됩니다(여기에서 정의한 f(W) 함수의 인수 W는 임의로 만든 더미^{dummy}입니다. numerical_gradient(f, x) 내부에서 f(x)를 실행하는데, 그와의 일관성을 위해 f(W)를 정의한 것입니다).

```
>>> def f(W):
...     return net.loss(x, t)
...
>>> dW = numerical_gradient(f, net.W)
>>> print(dW)
[[ 0.21924763  0.14356247 -0.36281009]
 [ 0.32887144  0.2153437  -0.54421514]]
```

numerical_gradient(f, x)의 인수 f는 함수, x는 함수 f의 인수입니다. 그래서 여기에서는 net.W를 인수로 받아 손실 함수를 계산하는 새로운 함수 f를 정의했습니다. 그리고 이 새로 정의한 함수를 numerical_gradient(f, x)에 넘깁니다.

dW는 numerical_gradient(f, net.W)의 결과로, 그 형상은 2×3의 2차원 배열입니다. dW의 내용을 보면, 예를 들어 $\frac{\partial L}{\partial \mathbf{W}}$의 $\frac{\partial L}{\partial w_{11}}$은 대략 0.2입니다. 이는 w_{11}을 h만큼 늘리면 손실 함수의 값은 $0.2h$만큼 증가한다는 의미죠. 마찬가지로 $\frac{\partial L}{\partial w_{23}}$은 대략 −0.5이니, w_{23}을 h만큼 늘리면 손실 함수의 값은 $0.5h$만큼 감소합니다. 그래서 손실 함수를 줄인다는 관점에서는 w_{23}은 양의 방향으로 갱신하고 w_{11}은 음의 방향으로 갱신해야 함을 알 수 있습니다. 또, 한 번에 갱신되는 양에는 w_{23}이 w_{11}보다 크게 기여한다는 사실도 알 수 있습니다.

참고로 이 구현에서는 새로운 함수를 정의하는 데 'def f(x):...' 문법을 썼는데, 파이썬에서는

간단한 함수라면 람다^{lambda} 기법을 쓰면 더 편합니다. 가령 lambda를 쓰면 다음과 같이 구현할 수 있습니다.

```
>>> f = lambda w: net.loss(x, t)
>>> dW = numerical_gradient(f, net.W)
```

신경망의 기울기를 구한 다음에는 경사법에 따라 가중치 매개변수를 갱신하기만 하면 됩니다. 다음 절에서는 2층 신경망을 대상으로 학습 과정 전체를 구현합니다.

> **NOTE_** 여기에서 사용한 numerical_gradient()는 가중치 매개변수 W가 다차원 배열을 처리할 수 있도록 앞의 구현에서 조금 수정했습니다. 다차원 배열 처리 외에는 수정하지 않았으니 설명은 생략하겠습니다. 자세히 알고 싶은 분은 소스 코드(common/gradient.py)를 참고하세요.

4.5 학습 알고리즘 구현하기

신경망 학습에 관한 기본적인 지식은 이만하면 충분합니다. '손실 함수', '미니배치', '기울기', '경사 하강법' 등의 중요한 키워드가 연달아 등장해서 숨 가쁘셨죠? 복습도 할 겸, 신경망 학습의 순서를 확인해보죠. 신경망 학습의 절차는 다음과 같습니다.

전제
신경망에는 적응 가능한 가중치와 편향이 있고, 이 가중치와 편향을 훈련 데이터에 적응하도록 조정하는 과정을 '학습'이라 합니다. 신경망 학습은 다음과 같이 4단계로 수행합니다.

1단계 - 미니배치
훈련 데이터 중 일부를 무작위로 가져옵니다. 이렇게 선별한 데이터를 미니배치라 하며, 그 미니배치의 손실 함수 값을 줄이는 것이 목표입니다.

2단계 - 기울기 산출
미니배치의 손실 함수 값을 줄이기 위해 각 가중치 매개변수의 기울기를 구합니다. 기울기는 손실 함수의 값을 가장 작게 하는 방향을 제시합니다.

3단계 - 매개변수 갱신
가중치 매개변수를 기울기 방향으로 아주 조금 갱신합니다.

4단계 - 반복
1~3단계를 반복합니다.

이것이 신경망 학습이 이뤄지는 순서입니다. 이는 경사 하강법으로 매개변수를 갱신하는 방법이며, 이때 데이터를 미니배치로 무작위로 선정하기 때문에 **확률적 경사 하강법**stochastic gradient descent (SGD)이라고 부릅니다. '확률적으로 무작위로 골라낸 데이터'에 대해 수행하는 경사 하강법이라는 의미죠. 대부분의 딥러닝 프레임워크는 확률적 경사 하강법의 영어 머리글자를 딴 **SGD**라는 함수로 이 기능을 구현하고 있습니다.

그럼 실제로 손글씨 숫자를 학습하는 신경망을 구현해봅시다. 여기에서는 2층 신경망(은닉층이 1개인 신경망)을 대상으로 MNIST 데이터셋을 사용하여 학습을 수행합니다.

4.5.1 2층 신경망 클래스 구현하기

처음에는 2층 신경망을 하나의 클래스로 구현하는 일부터 시작합니다. 이 클래스의 이름은 TwoLayerNet입니다.*

```python
                                                                ch04/two_layer_net.py
import sys, os
sys.path.append(os.path.join(os.path.dirname(__file__), '..'))
from common.functions import *
from common.gradient import numerical_gradient


class TwoLayerNet:
    def __init__(self, input_size, hidden_size, output_size,
                 weight_init_std=0.01):
        # 가중치 초기화
        self.params = {}
        self.params['W1'] = weight_init_std * \
                            np.random.randn(input_size, hidden_size)
        self.params['b1'] = np.zeros(hidden_size)
        self.params['W2'] = weight_init_std * \
                            np.random.randn(hidden_size, output_size)
        self.params['b2'] = np.zeros(output_size)

    def predict(self, x):
        W1, W2 = self.params['W1'], self.params['W2']
        b1, b2 = self.params['b1'], self.params['b2']

        a1 = np.dot(x, W1) + b1
```

---

* TwoLayerNet의 구현은 스탠퍼드 대학교의 CS231n 수업에서 제공한 파이썬 소스 코드를 참고했습니다.

```python
        z1 = sigmoid(a1)
        a2 = np.dot(z1, W2) + b2
        y = softmax(a2)

        return y

    # x: 입력 데이터, t: 정답 레이블
    def loss(self, x, t):
        y = self.predict(x)

        return cross_entropy_error(y, t)

    def accuracy(self, x, t):
        y = self.predict(x)
        y = np.argmax(y, axis=1)
        t = np.argmax(t, axis=1)

        accuracy = np.sum(y == t) / float(x.shape[0])
        return accuracy

    # x: 입력 데이터, t: 정답 레이블
    def numerical_gradient(self, x, t):
        loss_W = lambda W: self.loss(x, t)

        grads = {}
        grads['W1'] = numerical_gradient(loss_W, self.params['W1'])
        grads['b1'] = numerical_gradient(loss_W, self.params['b1'])
        grads['W2'] = numerical_gradient(loss_W, self.params['W2'])
        grads['b2'] = numerical_gradient(loss_W, self.params['b2'])

        return grads
```

코드가 좀 길어졌지만 앞에서 다룬 신경망의 순전파 처리 구현과 공통되는 부분이 많아 새로운 내용은 딱히 없습니다. 우선 이 클래스가 사용하는 변수와 메서드를 정리해보겠습니다. 중요한 변수를 선별하여 [표 4-1]에 정리했고, 메서드들은 모두를 [표 4-2]에 정리했습니다.

표 4-1 TwoLayerNet 클래스가 사용하는 변수

변수	설명
params	신경망의 매개변수를 보관하는 딕셔너리 변수(인스턴스 변수)
	params['W1']은 1번째 층의 가중치, params['b1']은 1번째 층의 편향
	params['W2']는 2번째 층의 가중치, params['b2']는 2번째 층의 편향
grads	기울기 보관하는 딕셔너리 변수(numerical_gradient() 메서드의 반환 값)
	grads['W1']은 1번째 층의 가중치의 기울기, grads['b1']은 1번째 층의 편향의 기울기
	grads['W2']는 2번째 층의 가중치의 기울기, grads['b2']는 2번째 층의 편향의 기울기

표 4-2 TwoLayerNet 클래스의 메서드

메서드	설명
__init__(self, input_size, hidden_size, output_size)	초기화를 수행한다. 인수는 순서대로 입력층의 뉴런 수, 은닉층의 뉴런 수, 출력층의 뉴런 수
predict(self, x)	예측(추론)을 수행한다. 인수 x는 이미지 데이터
loss(self, x, t)	손실 함수의 값을 구한다. 인수 x는 이미지 데이터, t는 정답 레이블(아래 칸의 세 메서드의 인수들도 마찬가지)
accuracy(self, x, t)	정확도를 구한다.
numerical_gradient(self, x, t)	가중치 매개변수의 기울기를 구한다.
gradient(self, x, t)	가중치 매개변수의 기울기를 구한다. numerical_gradient()의 성능 개선판! 구현은 다음 장에서...

TwoLayerNet 클래스는 딕셔너리인 params와 grads를 인스턴스 변수로 갖습니다. params 변수에는 가중치 매개변수가 저장되는데, 예를 들어 1번째 층의 가중치 매개변수는 params['W1'] 키에 넘파이 배열로 저장됩니다. 마찬가지로 1번째 층의 편향은 params['b1'] 키로 접근합니다. 예를 하나 볼까요?

```
net = TwoLayerNet(input_size=784, hidden_size=100, output_size=10)
net.params['W1'].shape  # (784, 100)
net.params['b1'].shape  # (100,)
net.params['W2'].shape  # (100, 10)
net.params['b2'].shape  # (10,)
```

이와 같이 params 변수에는 이 신경망에 필요한 매개변수가 모두 저장됩니다. 그리고 params 변수에 저장된 가중치 매개변수가 예측 처리(순방향 처리)에서 사용됩니다. 참고로 예측 처리는 다음과 같이 실행할 수 있습니다.

```python
x = np.random.rand(100, 784)  # 더미 입력 데이터(100장 분량)
y = net.predict(x)
```

grads 변수에는 params 변수에 대응하는 각 매개변수의 기울기가 저장됩니다. 예를 들어 다음과 같이 numerical_gradient() 메서드를 사용해 기울기를 계산하면 grads 변수에 기울기 정보가 저장됩니다.

```python
x = np.random.rand(100, 784)  # 더미 입력 데이터(100장 분량)
t = np.random.rand(100, 10)   # 더미 정답 레이블(100장 분량)

grads = net.numerical_gradient(x, t)  # 기울기 계산

grads['W1'].shape   # (784, 100)
grads['b1'].shape   # (100,)
grads['W2'].shape   # (100, 10)
grads['b2'].shape   # (10,)
```

이어서 TwoLayerNet의 메서드들을 살펴보죠. 우선 __init__(self, input_size, hidden_size, output_size) 메서드는 클래스를 초기화합니다(초기화 메서드는 TwoLayerNet을 생성할 때 불리는 메서드입니다). 인수는 순서대로 입력층의 뉴런 수, 은닉층의 뉴런 수, 출력층의 뉴런 수입니다. 예를 들어 손글씨 숫자 인식에서는 크기가 28×28인 입력 이미지가 총 784개이고, 출력은 10개가 됩니다. 따라서 input_size=784, output_size=10으로 지정하고 은닉층의 개수인 hidden_size는 적당한 값을 설정합니다.

이 초기화 메서드에서는 가중치 매개변수도 초기화합니다. 가중치 매개변수의 초깃값을 무엇으로 설정하냐가 신경망 학습의 성공을 좌우하기도 합니다. 가중치 매개변수 초기화에 대한 자세한 내용은 나중에 살펴볼 겁니다. 호기심은 잠시 접어두시고 당장은 정규분포를 따르는 난수로, 편향은 0으로 초기화한다고 이야기하고 넘어가겠습니다. predict(self, x)와 accuracy(self, x, t)의 구현은 앞에서 본 신경망의 추론 처리와 거의 같으니 이해되지 않는 점이 있다면 3.6.2절을 확인해보세요. loss(self, x, t)는 손실 함수의 값을 계산하는 메서드입

니다. 이 메서드는 predict()의 결과와 정답 레이블을 바탕으로 교차 엔트로피 오차를 구하도록 구현했습니다.

남은 numerical_gradient(self, x, t) 메서드는 각 매개변수의 기울기를 계산합니다. 수치 미분 방식으로 각 매개변수의 손실 함수에 대한 기울기를 계산하죠. 마지막 gradient(self, x, t)는 다음 장에서 구현할 메서드입니다. 이 메서드는 오차역전파법을 사용하여 기울기를 효율적이고 빠르게 계산합니다.

> **NOTE_** numerical_gradient(self, x, t)는 수치 미분 방식으로 매개변수의 기울기를 계산합니다. 다음 장에서는 이 기울기 계산을 고속으로 수행하는 기법을 설명합니다. 그 방법은 바로 오차역전파법입니다. 오차역전파법을 쓰면 수치 미분을 사용할 때와 거의 같은 결과를 훨씬 빠르게 얻을 수 있죠. 오차역전파법으로 기울기를 구하는 gradient(self, x, t) 메서드는 다음 장에서 구현합니다. 신경망 학습은 시간이 오래 걸리니, 시간을 절약하려면 numerical_gradient(self, x, t) 대신 gradient(self, x, t)를 쓰는 것이 좋습니다!

4.5.2 미니배치 학습 구현하기

신경망 학습 구현에는 앞에서 설명한 미니배치 학습을 활용하겠습니다. 미니배치 학습이란 훈련 데이터 중 일부를 무작위로 꺼내고(미니배치), 그 미니배치에 대해서 경사법으로 매개변수를 갱신합니다. 그럼 TwoLayerNet 클래스와 MNIST 데이터셋을 사용하여 학습을 수행해봅시다.

```python
import numpy as np
from dataset.mnist import load_mnist
from two_layer_net import TwoLayerNet

(x_train, t_train), (x_test, t_test) = \
    load_mnist(normalize=True, one_hot_label=True)

train_loss_list = []

# 하이퍼파라미터
iters_num = 10000  # 반복 횟수
train_size = x_train.shape[0]
batch_size = 100   # 미니배치 크기
learning_rate = 0.1
```

```python
network = TwoLayerNet(input_size=784, hidden_size=50, output_size=10)

for i in range(iters_num):
    # 미니배치 획득
    batch_mask = np.random.choice(train_size, batch_size)
    x_batch = x_train[batch_mask]
    t_batch = t_train[batch_mask]

    # 기울기 계산
    grad = network.numerical_gradient(x_batch, t_batch)
    # grad = network.gradient(x_batch, t_batch)  # 성능 개선판!

    # 매개변수 갱신
    for key in ('W1', 'b1', 'W2', 'b2'):
        network.params[key] -= learning_rate * grad[key]

    # 학습 경과 기록
    loss = network.loss(x_batch, t_batch)
    train_loss_list.append(loss)
```

여기에서는 미니배치 크기를 100으로 했습니다. 즉 매번 60,000개의 훈련 데이터에서 임의로 100개의 데이터(이미지 데이터와 정답 레이블 데이터)를 추려냅니다. 그리고 그 100개의 미니배치를 대상으로 확률적 경사 하강법을 수행해 매개변수를 갱신합니다. 경사법에 의한 갱신 횟수(반복 횟수)를 10,000번으로 설정하고 갱신할 때마다 훈련 데이터에 대한 손실 함수를 계산하여 그 값을 배열에 추가합니다. 이 손실 함수의 값이 변화하는 추이를 그래프로 나타내면 [그림 4-11]처럼 됩니다.

그림 4-11 손실 함수 값의 추이: 왼쪽은 10,000회 반복까지의 추이, 오른쪽은 1,000회 반복까지의 추이

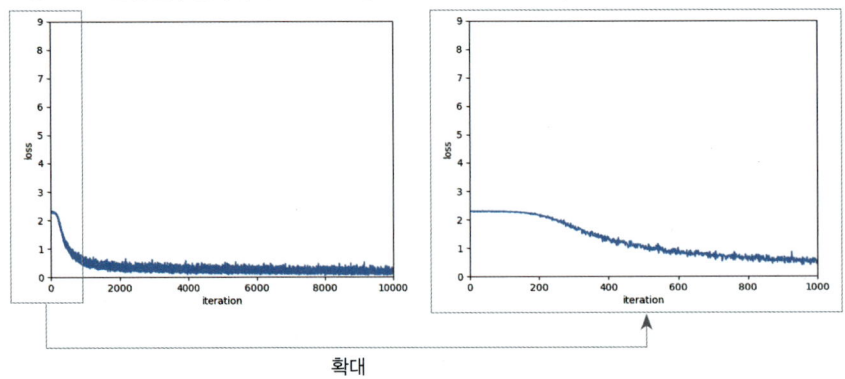

[그림 4-11]을 보면 학습 횟수가 늘어가면서 손실 함수의 값이 줄어듭니다. 이는 학습이 잘 되고 있다는 뜻으로, 신경망의 가중치 매개변수가 서서히 데이터에 적응하고 있음을 의미합니다. 바로 신경망이 학습하고 있는 것이죠. 다시 말해 데이터를 반복해서 학습함으로써 최적 가중치 매개변수로 서서히 다가서고 있습니다!

4.5.3 시험 데이터로 평가하기

[그림 4-11]의 결과에서 학습을 반복함으로써 손실 함수의 값이 서서히 내려가는 모습을 확인하셨나요? 이때의 손실 함수의 값이란, 정확히는 '훈련 데이터의 미니배치에 대한 손실 함수'의 값입니다. 훈련 데이터의 손실 함수 값이 작아지는 것은 신경망이 잘 학습하고 있다는 방증이지만, 이 결과만으로는 다른 데이터셋에도 비슷한 실력을 발휘할지는 확실하지 않습니다.

신경망 학습에서는 훈련 데이터 외의 데이터를 올바르게 인식하는지를 확인해야 합니다. 다른 말로 '과대적합'을 일으키지 않는지 확인해야 합니다. 과대적합되었다는 것은 예를 들어 훈련 데이터에 포함된 이미지만 제대로 구분하고, 그렇지 않은 이미지는 식별할 수 없다는 뜻입니다.

신경망 학습의 원래 목표는 범용적인 능력을 익히는 것입니다. 범용 능력을 평가하려면 훈련 데이터에 포함되지 않은 데이터를 사용해 평가해봐야 하겠죠? 이를 위해 다음 구현에서는 학습 도중 정기적으로 훈련 데이터와 시험 데이터를 대상으로 정확도를 기록합니다. 여기에서는 1에포크별로 훈련 데이터와 시험 데이터에 대한 정확도를 기록합니다.

> **NOTE_ 에포크**epoch는 하나의 단위입니다. 1에포크는 학습에서 훈련 데이터를 모두 소진했을 때의 횟수에 해당합니다. 예컨대 훈련 데이터 10,000개를 100개의 미니배치로 학습할 경우, 확률적 경사 하강법을 100회 반복하면 모든 훈련 데이터를 '소진'한 게 됩니다. 이 경우 100회가 1에포크가 됩니다.

그럼 평가가 제대로 이뤄질 수 있도록 앞의 구현으로부터 조금만 수정해보겠습니다. 이전 구현에서 달라진 부분은 굵게 표시했습니다.

```
import numpy as np
from dataset.mnist import load_mnist
from two_layer_net import TwoLayerNet
```

```python
(x_train, t_train), (x_test, t_test) = \
    load_mnist(normalize=True, one_hot_label=True)

network = TwoLayerNet(input_size=784, hidden_size=50, output_size=10)

# 하이퍼파라미터
iters_num = 10000  # 반복 횟수를 적절히 설정한다.
train_size = x_train.shape[0]
batch_size = 100   # 미니배치 크기
learning_rate = 0.1

train_loss_list = []
train_acc_list = []
test_acc_list = []

# 1에포크당 반복 수
iter_per_epoch = max(train_size / batch_size, 1)

for i in range(iters_num):
    # 미니배치 획득
    batch_mask = np.random.choice(train_size, batch_size)
    x_batch = x_train[batch_mask]
    t_batch = t_train[batch_mask]
    
    # 기울기 계산
    grad = network.numerical_gradient(x_batch, t_batch)
    #grad = network.gradient(x_batch, t_batch)  # 성능 개선판!
    
    # 매개변수 갱신
    for key in ('W1', 'b1', 'W2', 'b2'):
        network.params[key] -= learning_rate * grad[key]
    
    # 학습 경과 기록
    loss = network.loss(x_batch, t_batch)
    train_loss_list.append(loss)
    
    # 1에포크당 정확도 계산
    if i % iter_per_epoch == 0:
        train_acc = network.accuracy(x_train, t_train)
        test_acc = network.accuracy(x_test, t_test)
        train_acc_list.append(train_acc)
        test_acc_list.append(test_acc)
        print("train acc, test acc | "
            + str(train_acc) + ", " + str(test_acc))
```

이 예에서는 1에포크마다 모든 훈련 데이터와 시험 데이터에 대한 정확도를 계산하고, 그 결과를 기록합니다. 정확도를 1에포크마다 계산하는 이유는 for 문 안에서 매번 계산하기에는 시간이 오래 걸리고, 또 그렇게까지 자주 기록할 필요도 없기 때문이죠. 더 큰 관점에서 그 추이를 알 수 있으면 충분합니다.

그럼 앞의 코드로 얻은 결과를 그래프로 그려봅시다.

그림 4-12 훈련 데이터와 시험 데이터에 대한 정확도 추이

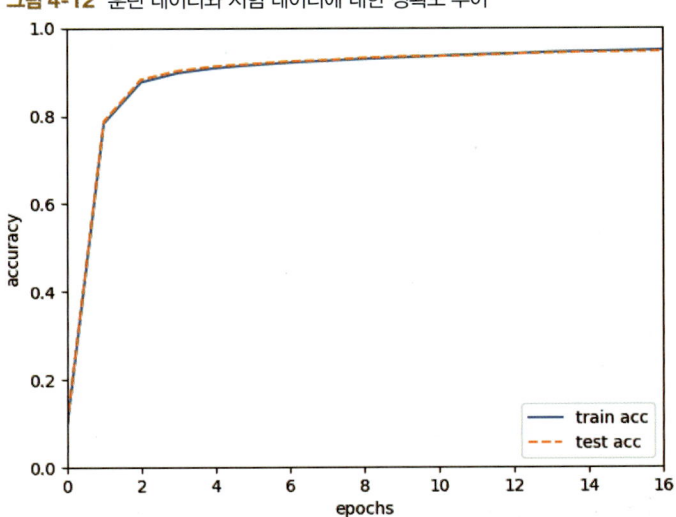

[그림 4-12]에서는 훈련 데이터에 대한 정확도를 실선으로, 시험 데이터에 대한 정확도를 점선으로 그렸습니다. 보다시피 에포크가 진행될수록(학습이 진행될수록) 훈련 데이터와 시험 데이터를 사용하고 평가한 정확도가 모두 좋아지고 있습니다. 또, 두 정확도에는 차이가 없음을 알 수 있죠(두 선이 거의 겹쳐 있습니다). 다시 말해 이번 학습에서는 과대적합이 일어나지 않았습니다.*

---

* 옮긴이_ 만약 과대적합이 일어난다면 이 모습은 어떻게 달라질까요? 훈련이란 훈련 데이터에 대한 정확도를 높이는 방향으로 학습하는 것이니 그 정확도는 에포크를 반복할 수록 높아집니다. 반면 훈련 데이터에 지나치게 적응하면, 즉 과대적합되면 훈련 데이터와는 다른 데이터를 보면 잘못된 판단을 하기 시작합니다. 어느 순간부터 시험 데이터에 대한 정확도가 점차 떨어지기 시작한다는 뜻입니다. 이 순간이 과대적합이 시작되는 순간입니다. 여기서 중요한 인사이트! 이 순간을 포착해 학습을 중단하면 과대적합을 효과적으로 예방할 수 있겠죠? 이 기법을 조기 종료(early stopping)라 하며, '6.4 바른 학습을 위해'에서 살펴볼 '가중치 감소', '드롭아웃'과 함께 대표적인 과대적합 예방법입니다.

4.6 정리

이번 장에서는 신경망 학습에 대해서 설명했습니다. 가장 먼저 신경망이 학습을 수행할 수 있도록 손실 함수라는 '지표'를 도입했습니다. 이 손실 함수를 기준으로 그 값이 가장 작아지는 가중치 매개변수 값을 찾아내는 것이 신경망 학습의 목표입니다. 또, 가능한 한 작은 손실 함수의 값을 찾는 수법으로 경사법을 소개했습니다. 경사법은 함수의 기울기를 이용하는 방법입니다.

이번 장에서 배운 내용
- 머신러닝에서 사용하는 데이터셋은 훈련 데이터와 시험 데이터로 나눠 사용한다.
- 훈련 데이터로 학습한 모델의 범용 능력을 시험 데이터로 평가한다.
- 신경망 학습은 손실 함수를 지표로, 손실 함수의 값이 작아지는 방향으로 가중치 매개변수를 갱신한다.
- 가중치 매개변수를 갱신할 때는 가중치 매개변수의 기울기를 이용하고, 기울어진 방향으로 가중치의 값을 갱신하는 작업을 반복한다.
- 아주 작은 값을 주었을 때의 차분으로 미분하는 것을 수치 미분이라고 한다.
- 수치 미분을 이용해 가중치 매개변수의 기울기를 구할 수 있다.
- 수치 미분을 이용한 계산에는 시간이 걸리지만 구현은 간단하다. 한편, 다음 장에서 구현하는 (다소 복잡한) 오차역전파법은 기울기를 고속으로 구할 수 있다.

CHAPTER 5

오차역전파법

앞 장에서는 신경망 학습에 대해서 설명했습니다. 신경망의 가중치 매개변수의 기울기(정확히는 가중치 매개변수에 대한 손실 함수의 기울기)를 수치 미분을 사용해 구했습니다. 수치 미분은 단순하고 구현하기도 쉽지만 계산 시간이 오래 걸린다는 게 단점입니다. 이번 장에서는 가중치 매개변수의 기울기를 효율적으로 계산하는 '오차역전파법backpropagation'을 배워보겠습니다.*

오차역전파법을 제대로 이해하는 방법은 두 가지가 있을 것입니다. 하나는 수식을 통한 방법이고, 다른 하나는 계산 그래프를 통한 방법입니다. 전자 쪽이 일반적인 방법으로, 특히 머신러닝을 다루는 책 대부분은 수식을 중심으로 이야기를 전개합니다. 확실히 수식을 사용한 설명은 정확하고 간결하므로 올바른 방법이라 할 수 있겠죠. 하지만 졸업 후 너무 오랜만에 수식을 중심으로 생각하다 보면 본질을 놓치거나, 수많은 수식에 당황하는 일이 벌어지기도 합니다. 그래서 이번 장에서는 계산 그래프를 사용해서 '시각적'으로 이해하도록 설명합니다. 그런 다음 실제로 코드를 작성해보면 '과연!'이란 탄성과 함께 더 깊이 깨닫게 될 것입니다.

오차역전파법을 계산 그래프로 설명한다는 생각은 안드레 카패시Andrej Karpathy의 블로그[4], 또 그와 페이페이 리Fei-Fei Li 교수가 진행한 스탠퍼드 대학교의 딥러닝 수업 CS231n[5]을 참고했음을 밝힙니다.

----

* 옮긴이_ 오차역전파법을 풀어쓰면 '오차를 역(반대 방향)으로 전파하는 방법(backward propagation of errors)'입니다. 너무 길고 쓸데없이 어려운 느낌이라 줄여서 '역전파법' 혹은 그냥 '역전파'라고 쓰기도 합니다.

5.1 계산 그래프

계산 그래프computational graph는 이름 그대로 계산 과정을 표현한 그래프입니다. 여기에서의 그래프는 우리가 잘 아는 그래프 자료구조로, 복수의 노드node와 에지edge로 표현됩니다(노드 사이의 직선을 '에지'라고 합니다). 이번 절에서는 계산 그래프에 친숙해지기 위한 간단한 문제를 풀어보려 합니다. 간단한 문제에서부터 한 단계씩 나아가면서 마지막에는 오차역전파법에 도달할 예정입니다.

5.1.1 계산 그래프로 풀다

그럼 간단한 문제를 계산 그래프를 사용해서 풀어봅시다. 곧 보게 될 문제는 암산으로도 풀 정도로 간단하지만 지금의 목적은 계산 그래프에 익숙해지는 것입니다. 계산 그래프는 뒤에 나올 복잡한 계산에서 진짜 위력을 발휘하므로, 지금 기회에 꼭 그 사용법을 익혀두길 권합니다.

> 문제 1: 현빈 군은 슈퍼에서 1개에 100원인 사과를 2개 샀습니다. 이때 지불 금액을 구하세요. 단, 소비세가 10% 부과됩니다.

계산 그래프는 계산 과정을 노드와 화살표로 표현합니다. 노드는 원(○)으로 표기하고 원 안에 연산 내용을 적습니다. 또, 계산 결과를 화살표 위에 적어 각 노드의 계산 결과가 왼쪽에서 오른쪽으로 전해지게 합니다. 문제 1을 계산 그래프로 풀면 [그림 5-1]처럼 됩니다.

그림 5-1 계산 그래프로 풀어본 문제 1의 답

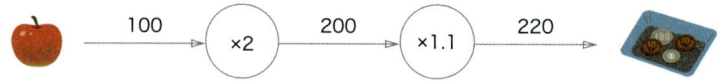

[그림 5-1]과 같이 처음에 사과의 100원이 '×2' 노드로 흐르고, 200원이 되어 다음 노드로 전달됩니다. 이제 200원이 '×1.1' 노드를 거쳐 220원이 됩니다. 따라서 이 계산 그래프에 따르면 최종 답은 220원이 됩니다.

또한 [그림 5-1]에서는 '×2'와 '×1.1'을 각각 하나의 연산으로 취급해 원 안에 표기했지만, 곱셈인 '×'만을 연산으로 생각할 수도 있습니다. 이렇게 하면 [그림 5-2]처럼 '2'와 '1.1'은 각각 '사과의 개수'와 '소비세' 변수가 되어 원 밖에 표기하게 됩니다.

그림 5-2 계산 그래프로 풀어본 문제 1의 답: '사과의 개수'와 '소비세'를 변수로 취급해 원 밖에 표기

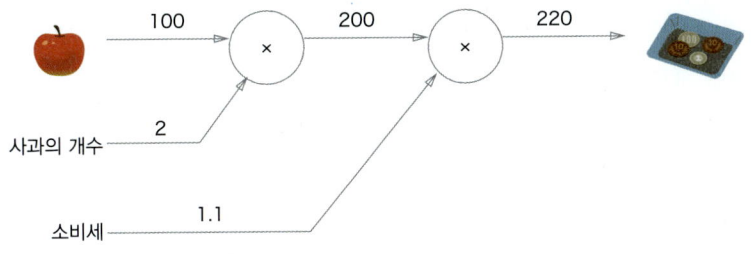

그럼 다음 문제입니다.

> 문제 2: 현빈 군은 슈퍼에서 사과를 2개, 귤을 3개 샀습니다. 사과는 1개에 100원, 귤은 1개 150원입니다. 소비세가 10%일 때 지불 금액을 구하세요.

문제 2도 문제 1과 같이 계산 그래프로 풀겠습니다. 이때의 계산 그래프는 [그림 5-3]처럼 됩니다.

그림 5-3 계산 그래프로 풀어본 문제 2의 답

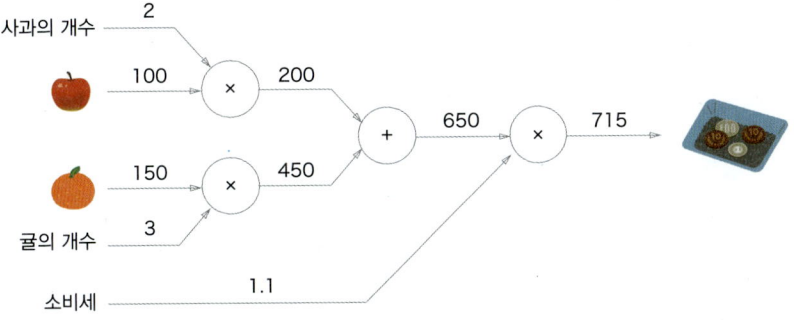

이 문제에는 덧셈 노드인 '+'가 새로 등장하여 사과와 귤의 금액을 합산합니다. 계산 그래프는 왼쪽에서 오른쪽으로 계산을 진행합니다. 회로에 전류가 흐르듯 계산 결과가 왼쪽에서 오른쪽으로 전달된다고 생각하면 됩니다. 계산 결과가 오른쪽 끝에 도착하면 거기서 끝! 그래서 [그림 5-3]에서의 답은 715원입니다.

지금까지 살펴본 것처럼 계산 그래프를 이용한 문제풀이는 다음 흐름으로 진행합니다.

1. 계산 그래프를 구성한다.
2. 그래프에서 계산을 왼쪽에서 오른쪽으로 진행한다.

여기서 2번째 '계산을 왼쪽에서 오른쪽으로 진행'하는 단계를 순전파 forward propagation라고 합니다. 순전파는 계산 그래프의 출발점부터 종착점으로의 전파입니다. 순전파라는 이름이 있다면 반대 방향(그림에서 말하면 오른쪽에서 왼쪽)의 전파도 가능할까요? 네! 그것을 역전파 backward propagation라고 합니다. 역전파는 이후에 미분을 계산할 때 중요한 역할을 합니다.

5.1.2 국소적 계산

계산 그래프의 특징은 '국소적 계산'을 전파함으로써 최종 결과를 얻는다는 점에 있습니다. 국소적이란 '자신과 직접 관계된 작은 범위'라는 뜻이죠. 그래서 국소적 계산은 결국 전체에서 어떤 일이 벌어지든 상관없이 자신과 관계된 정보만으로 결과를 출력합니다.

구체적인 예를 들어 설명하겠습니다. 가령 슈퍼마켓에서 사과 2개를 포함한 여러 식품을 구입하는 경우를 생각해보세요. 이를 [그림 5-4]와 같은 계산 그래프로 나타낼 수 있을 겁니다.

그림 5-4 사과 2개를 포함해 여러 식품을 구입하는 예

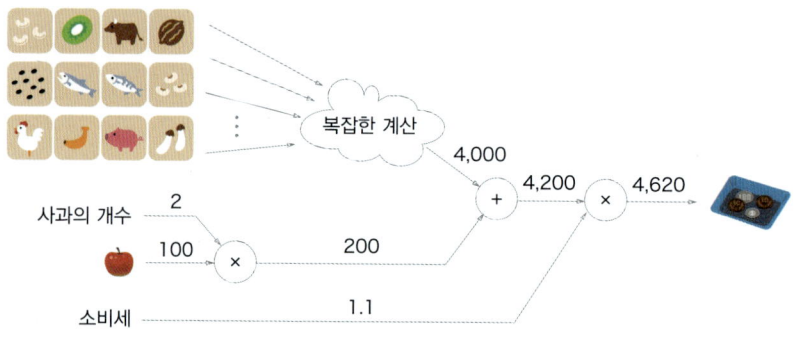

[그림 5-4]에서는 여러 식품을 구입하여 (복잡한 계산을 거쳐) 총금액이 4,000원이 되었습니다. 여기에서 핵심은 각 노드에서의 계산은 국소적 계산이라는 점입니다. 가령 사과와 그 외의 물품 값을 더하는 계산(4,000 + 200 → 4,200)은 4,000이라는 숫자가 어떻게 계산되었느냐와는 상관없이 단지 두 숫자를 더하면 된다는 뜻이죠. 각 노드는 자신과 관련한 계산(이 예에서는 입력된 두 숫자의 덧셈) 외에는 아무것도 신경 쓸 게 없습니다.

이처럼 계산 그래프는 국소적 계산에 집중합니다. 전체 계산이 제아무리 복잡하더라도 각 단계에서 하는 일은 해당 노드의 '국소적 계산'입니다. 국소적인 계산은 단순하지만 그 결과를 전달함으로써 전체를 구성하는 복잡한 계산을 해낼 수 있습니다.

> **NOTE_** 비유하자면 복잡한 자동차 조립은 일반적으로 '조립 라인 작업'에 의한 분업으로 행해집니다. 각 담당자(담당 기계)는 단순화된 일만 수행하며 그 일의 결과가 다음 담당자로 전달되어 최종적으로 차를 완성합니다. 계산 그래프도 복잡한 계산을 '단순하고 국소적 계산'으로 분할하고 조립 라인 작업을 수행하며 계산 결과를 다음 노드로 전달합니다. 복잡한 계산도 분해하면 단순한 계산으로 구성된다는 점은 자동차 조립과 마찬가지인 것이죠.

5.1.3 왜 계산 그래프로 푸는가?

지금까지 계산 그래프를 써서 두 문제를 풀어봤습니다. 자, 계산 그래프의 이점은 무엇인가요? 이점 하나는 방금 설명한 '국소적 계산'입니다. 전체가 아무리 복잡해도 각 노드에서는 단순한 계산에 집중하여 문제를 단순화할 수 있습니다. 또 다른 이점으로, 계산 그래프는 중간 계산 결과를 모두 보관할 수 있습니다. 예를 들어 사과 2개까지 계산했을 때의 금액은 200원, 소비세를 더하기 전의 금액은 650원인 식이죠. 그러나 이 정도만으로는 계산 그래프를 사용하는 이유가 충분히 와 닿지 않을지도 모릅니다. 이것이 전부가 아닙니다. 실제 계산 그래프를 사용하는 가장 큰 이유는 역전파를 통해 '미분'을 효율적으로 계산할 수 있는 점에 있습니다.

계산 그래프의 역전파를 설명하기 위해 문제 1을 다시 꺼내보겠습니다. 문제 1은 사과를 2개 사서 소비세를 포함한 최종 금액을 구하는 것이었죠. 여기서 가령 사과 가격이 오르면 최종 금액에 어떤 영향을 끼치는지를 알고 싶다고 합시다. 이는 '사과 가격에 대한 지불 금액의 미분'을 구하는 문제에 해당합니다. 기호로 나타낸다면 사과 값을 x, 지불 금액을 L이라 했을 때 $\frac{\partial L}{\partial x}$을 구하는 것이죠. 이 미분 값은 사과 값이 '아주 조금' 올랐을 때의 최종 지불 금액 증가량입니다.

앞에서 말했듯이 '사과 가격에 대한 지불 금액의 미분' 같은 값은 계산 그래프에서 역전파를 하면 구할 수 있습니다. 먼저 결과만을 나타내면 [그림 5-5]처럼 계산 그래프 상의 역전파에 의해서 미분을 구할 수 있습니다(역전파가 어떻게 이뤄지느냐는 곧 설명합니다).

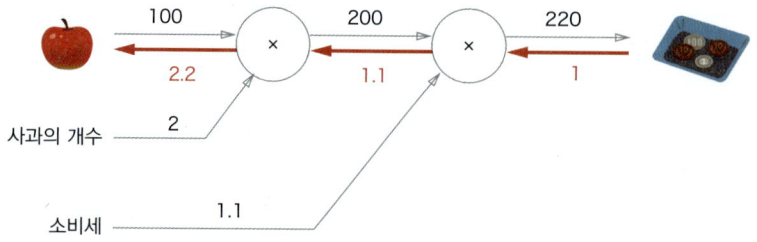

그림 5-5 역전파에 의한 미분 값의 전달

[그림 5-5]와 같이 역전파는 순전파와는 반대 방향의 화살표(굵은 선)로 그립니다. 이 전파는 '국소적 미분'을 전달하고 그 미분 값은 화살표의 아래에 적습니다. 이 예에서 역전파는 오른쪽에서 왼쪽으로 '1 → 1.1 → 2.2' 순으로 미분 값을 전달합니다. 이 결과로부터 '사과 가격에 대한 지불 금액의 미분' 값은 2.2라 할 수 있습니다. 사과가 1원 오르면 최종 금액은 2.2원 오른다는 뜻이죠(정확히는 사과 값이 아주 조금 오르면 최종 금액은 그 아주 작은 값의 2.2배만큼 오른다는 뜻입니다).

여기에서는 사과 가격에 대한 미분만 구했지만, '소비세에 대한 지불 금액의 미분'이나 '사과 개수에 대한 지불 금액의 미분'도 같은 순서로 구할 수 있습니다. 그리고 그때는 중간까지 구한 미분 결과를 공유할 수 있어서 다수의 미분을 효율적으로 계산할 수 있습니다. 이처럼 계산 그래프의 이점은 순전파와 역전파를 활용해서 각 변수의 미분을 효율적으로 구할 수 있다는 것입니다.

5.2 연쇄법칙

그동안 해온 계산 그래프의 순전파는 계산 결과를 왼쪽에서 오른쪽으로 전달했습니다. 이 순서는 평소 하는 방식이니 자연스럽게 느껴졌을 것입니다. 한편 역전파는 '국소적인 미분'을 순방향과는 반대인 오른쪽에서 왼쪽으로 전달합니다(처음 보면 당황할지도 모릅니다). 또한, 이 '국소적 미분'을 전달하는 원리는 **연쇄법칙**chain rule에 따른 것입니다. 이번 절에서는 연쇄법칙을 설명하고 그것이 계산 그래프 상의 역전파와 같다는 사실을 밝히겠습니다.

5.2.1 계산 그래프의 역전파

서둘러 계산 그래프를 사용한 역전파의 예를 하나 살펴봅시다. $y = f(x)$라는 계산의 역전파를 [그림 5-6]로 그려봤습니다.

그림 5-6 계산 그래프의 역전파: 순방향과는 반대 방향으로 국소적 미분을 곱한다.

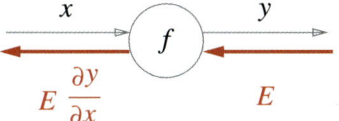

[그림 5-6]과 같이 신호 E에 노드의 국소적 미분($\frac{\partial y}{\partial x}$)을 곱한 후 다음 노드로 전달하여 역전파를 계산합니다. 여기에서 말하는 국소적 미분은 순전파 때의 $y = f(x)$ 계산의 미분을 구한다는 뜻이며, 이는 x에 대한 y의 미분($\frac{\partial y}{\partial x}$)을 구한다는 뜻입니다. 가령 $y = f(x) = x^2$이라면 $\frac{\partial y}{\partial x} = 2x$가 됩니다. 그리고 이 국소적인 미분을 상류에서 전달된 값(이 예에서는 E)에 곱해 앞쪽 노드로 전달하는 것입니다.

이것이 역전파의 계산 순서인데, 이러한 방식을 따르면 목표로 하는 미분 값을 효율적으로 구할 수 있다는 점이 이 전파의 핵심입니다. 왜 그런 일이 가능한가는 연쇄법칙의 원리로 설명할 수 있습니다. 그럼 이쯤에서 연쇄법칙을 설명해야겠지요?

5.2.2 연쇄법칙이란?

연쇄법칙을 설명하려면 우선 합성 함수 이야기부터 시작해야 합니다. **합성 함수**란 여러 함수로 구성된 함수입니다. 예를 들어 $z = (x + y)^2$이라는 식은 [식 5.1]처럼 두 개의 식으로 구성됩니다.

$$z = t^2$$
$$t = x + y \qquad \text{[식 5.1]}$$

연쇄법칙은 합성 함수의 미분에 대한 성질이며, 다음과 같이 정의됩니다.

합성 함수의 미분은 합성 함수를 구성하는 각 함수의 미분의 곱으로 나타낼 수 있다.

이것이 연쇄법칙의 원리입니다. 언뜻 어렵게 보일지도 모르지만 간단한 성질입니다. [식 5.1]

을 예로 설명하면 $\frac{\partial z}{\partial x}$ (x에 대한 z의 미분)은 $\frac{\partial z}{\partial t}$ (t에 대한 z의 미분)과 $\frac{\partial t}{\partial x}$ (x에 대한 t의 미분)의 곱으로 나타낼 수 있다는 것이죠. 수식으로는 [식 5.2]처럼 쓸 수 있습니다.

$$\frac{\partial z}{\partial x} = \frac{\partial z}{\partial t}\frac{\partial t}{\partial x}$$ [식 5.2]

[식 5.2]는 마침 다음과 같이 ∂t를 서로 지울 수 있습니다.

$$\frac{\partial z}{\partial x} = \frac{\partial z}{\cancel{\partial t}}\frac{\cancel{\partial t}}{\partial x}$$

그럼 연쇄법칙을 써서 [식 5.2]의 미분 $\frac{\partial z}{\partial x}$를 구해봅시다. 가장 먼저 [식 5.1]의 국소적 미분(편미분)을 구합니다.

$$\frac{\partial z}{\partial t} = 2t$$
$$\frac{\partial t}{\partial x} = 1$$ [식 5.3]

[식 5.3]과 같이 $\frac{\partial z}{\partial t}$는 $2t$이고, $\frac{\partial t}{\partial x}$는 1입니다. 이는 미분 공식에서 해석적으로 구한 결과입니다. 그리고 최종적으로 구하고 싶은 $\frac{\partial z}{\partial x}$는 [식 5.3]에서 구한 두 미분을 곱해 계산합니다.

$$\frac{\partial z}{\partial x} = \frac{\partial z}{\partial t}\frac{\partial t}{\partial x} = 2t \cdot 1 = 2(x+y)$$ [식 5.4]

5.2.3 연쇄법칙과 계산 그래프

그럼 [식 5.4]의 연쇄법칙 계산을 계산 그래프로 나타내봅시다. 2제곱 계산을 '**2' 노드로 나타내면 [그림 5-7]처럼 그릴 수 있습니다.

그림 5-7 [식 5.4]의 계산 그래프: 순전파와는 반대 방향으로 국소적 미분을 곱하여 전달한다.

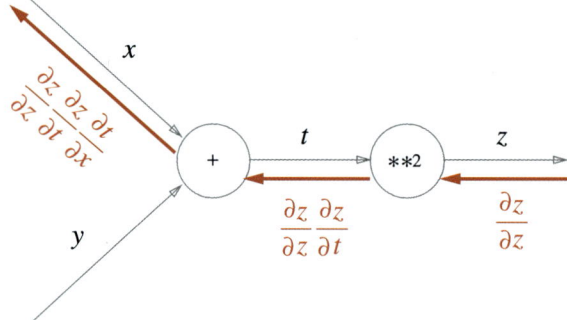

[그림 5-7]과 같이 계산 그래프의 역전파는 오른쪽에서 왼쪽으로 신호를 전파합니다. 역전파의 계산 절차에서는 노드로 들어온 입력 신호에 그 노드의 국소적 미분(편미분)을 곱한 후 다음 노드로 전달합니다. 예를 들어 '**2' 노드에서의 역전파를 보죠. 입력은 $\frac{\partial z}{\partial z}$이며, 이에 국소적 미분인 $\frac{\partial z}{\partial t}$(순전파 시에는 입력이 t이고 출력이 z이므로 이 노드에서 (국소적) 미분은 $\frac{\partial z}{\partial t}$입니다)를 곱하고 다음 노드로 넘깁니다. 참고로 [그림 5-7]에서 역전파의 첫 신호인 $\frac{\partial z}{\partial z}$의 값은 결국 1이라서 앞의 수식에서는 언급하지 않았습니다.

그런데 [그림 5-7]에서 주목할 점은 맨 왼쪽 역전파입니다. 이 계산은 연쇄법칙에 따르면 $\frac{\partial z}{\partial z}\frac{\partial z}{\partial t}\frac{\partial t}{\partial x} = \frac{\partial z}{\partial t}\frac{\partial t}{\partial x} = \frac{\partial z}{\partial x}$가 성립되어 '$x$에 대한 z의 미분'이 됩니다. 즉, 역전파가 하는 일은 연쇄법칙의 원리와 같다는 것이죠.

[그림 5-7]에 [식 5.3]의 결과를 대입하면 [그림 5-8]이 되며, $\frac{\partial z}{\partial x}$는 $2(x+y)$임을 구할 수 있습니다.

그림 5-8 계산 그래프의 역전파 결과에 따르면 $\frac{\partial z}{\partial x}$는 $2(x+y)$가 된다.

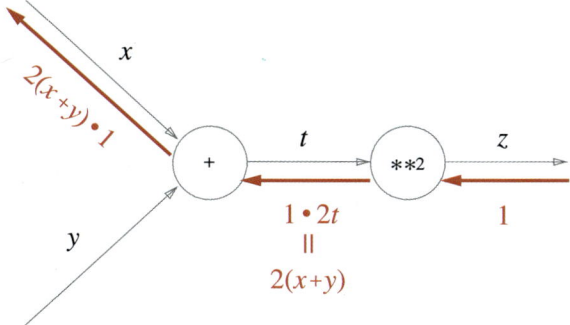

5.3 역전파

앞 절에서는 계산 그래프의 역전파가 연쇄법칙에 따라 진행되는 모습을 설명했습니다. 이번 절에서는 '+'와 '×' 등의 연산을 예로 들어 역전파의 구조를 설명합니다.

5.3.1 덧셈 노드의 역전파

먼저 덧셈 노드의 역전파입니다. 여기에서는 $z = x + y$라는 식을 대상으로 그 역전파를 살펴보겠습니다. 우선 $z = x + y$의 미분은 다음과 같이 해석적으로 계산할 수 있습니다.

$$\frac{\partial z}{\partial x} = 1$$

$$\frac{\partial z}{\partial y} = 1 \qquad \text{[식 5.5]}$$

[식 5.5]에서와 같이 $\frac{\partial z}{\partial x}$ 와 $\frac{\partial z}{\partial y}$ 는 모두 1이 됩니다. 이를 계산 그래프로는 [그림 5-9]처럼 그릴 수 있습니다.

그림 5-9 덧셈 노드의 역전파: 왼쪽이 순전파, 오른쪽이 역전파다. 덧셈 노드의 역전파는 입력 값을 그대로 흘려보낸다.

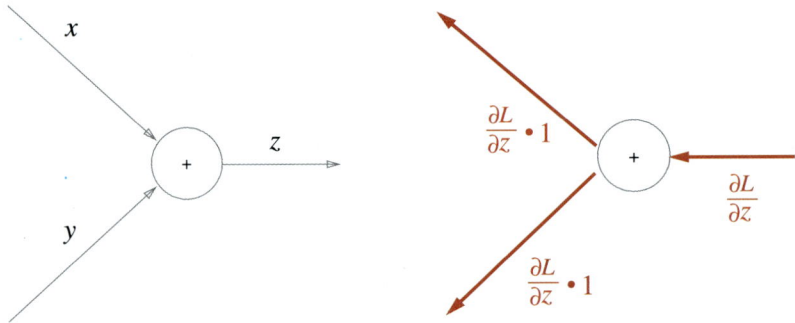

[그림 5-9]와 같이 역전파 때는 상류에서 전해진 미분(이 예에서는 $\frac{\partial L}{\partial z}$)에 1을 곱하여 하류로 흘립니다. 즉, 덧셈 노드의 역전파는 1을 곱하기만 할 뿐이므로 입력된 값을 그대로 다음 노드로 보내게 됩니다.

이 예에서는 상류에서 전해진 미분 값을 $\frac{\partial L}{\partial z}$ 이라 했는데, 이는 [그림 5-10]과 같이 최종적으로 L이라는 값을 출력하는 큰 계산 그래프를 가정하기 때문입니다. $z = x + y$ 계산은 그 큰 계산 그래프의 중간 어딘가에 존재하고, 상류로부터 $\frac{\partial L}{\partial z}$ 값이 전해진 것입니다. 그리고 다시 하류로는 $\frac{\partial L}{\partial x}$ 과 $\frac{\partial L}{\partial y}$ 값을 전달하는 것이죠.

그림 5-10 최종 출력으로 가는 계산의 중간에 덧셈 노드가 존재한다. 역전파에서는 국소적 미분이 가장 오른쪽의 출력에서 시작하여 노드를 타고 역방향(왼쪽)으로 전파된다.

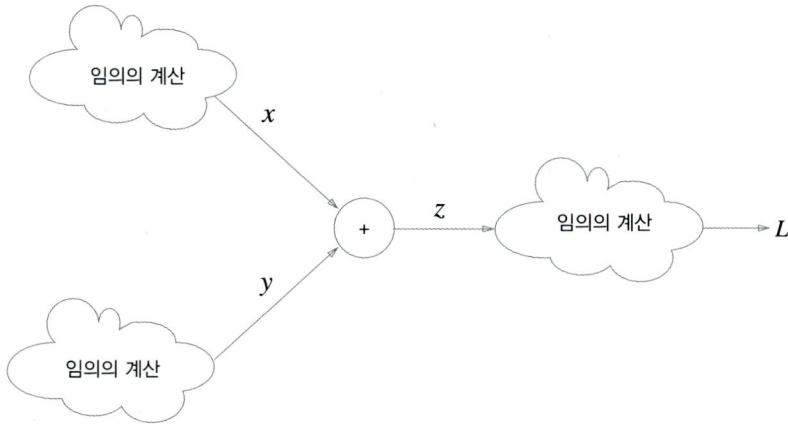

이제 구체적인 예를 하나 살펴봅시다. 가령 '10 + 5 = 15'라는 계산이 있고, 상류에서 1.3이라는 값이 흘러옵니다. 이를 계산 그래프로 그리면 [그림 5-11]처럼 됩니다.

그림 5-11 덧셈 노드 역전파의 구체적인 예

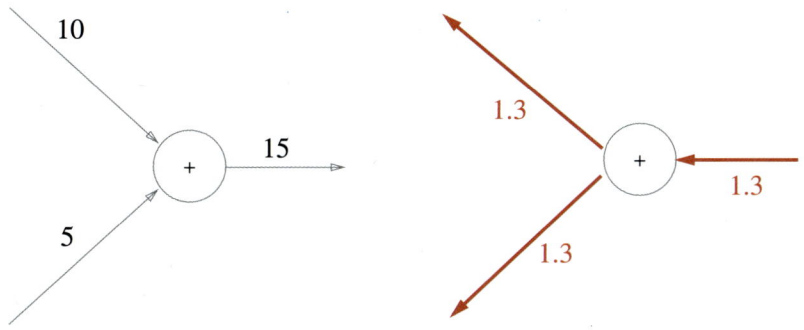

덧셈 노드 역전파는 입력 신호를 다음 노드로 출력할 뿐이므로 [그림 5-11]처럼 1.3을 그대로 다음 노드로 전달합니다.

5.3.2 곱셈 노드의 역전파

이어서 곱셈 노드의 역전파를 설명하겠습니다. $z = xy$라는 식을 생각해보죠. 이 식의 미분은 다음과 같습니다.

$$\frac{\partial z}{\partial x} = y$$

$$\frac{\partial z}{\partial y} = x \qquad \text{[식 5.6]}$$

[식 5.6]에서 계산 그래프는 다음과 같이 그릴 수 있습니다.

그림 5-12 곱셈 노드의 역전파: 왼쪽이 순전파, 오른쪽이 역전파다.

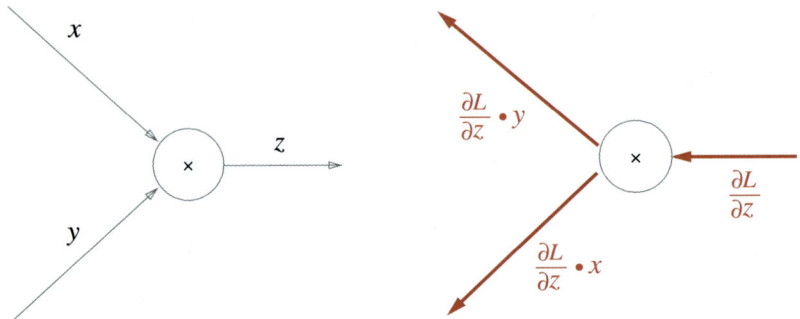

곱셈 노드 역전파는 상류의 값에 순전파 때의 입력 신호들을 '서로 바꾼 값'을 곱해서 하류로 보냅니다. 서로 바꾼 값이란 [그림 5-12]처럼 순전파 때 x였다면 역전파에서는 y, 순전파 때 y였다면 역전파에서는 x로 바꾼다는 의미입니다.

그럼 구체적인 예를 하나 봅시다. 가령 '10 × 5 = 50'이라는 계산이 있고, 역전파 때 상류에서 1.3 값이 흘러온다고 합시다. 이를 계산 그래프로 그리면 [그림 5-13]처럼 됩니다.

그림 5-13 곱셈 노드 역전파의 구체적인 예

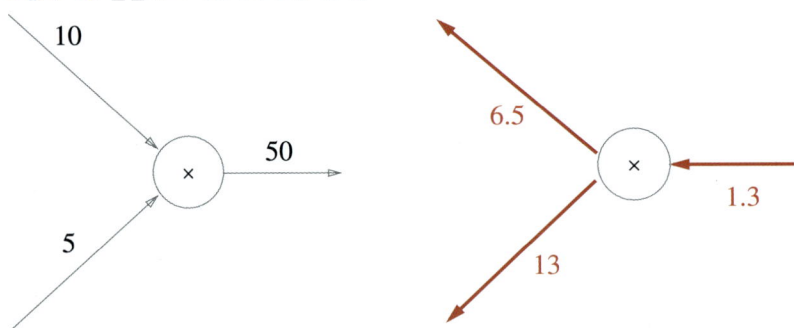

곱셈의 역전파에서는 입력 신호를 바꾼 값을 곱하여 하나는 1.3 × 5 = 6.5, 다른 하나는 1.3 × 10 = 13이 됩니다. 덧셈의 역전파에서는 상류의 값을 그대로 흘려보내서 순방향 입력 신호의 값은 필요하지 않았습니다만, 곱셈의 역전파는 순방향 입력 신호의 값이 필요합니다. 그래서 곱셈 노드를 구현할 때는 순전파의 입력 신호를 변수에 저장해둡니다.

5.3.3 사과 쇼핑의 예

이번 장을 시작할 때 본 사과 쇼핑 예를 다시 살펴보겠습니다. 이 문제에서는 사과의 가격, 사과의 개수, 소비세라는 세 변수 각각이 최종 금액에 어떻게 영향을 주느냐를 풀고자 합니다. 이는 '사과 가격에 대한 지불 금액의 미분', '사과 개수에 대한 지불 금액의 미분', '소비세에 대한 지불 금액의 미분'을 구하는 것에 해당하죠. 이를 계산 그래프의 역전파를 사용해서 풀면 [그림 5-14]처럼 됩니다.

그림 5-14 사과 쇼핑의 역전파 예

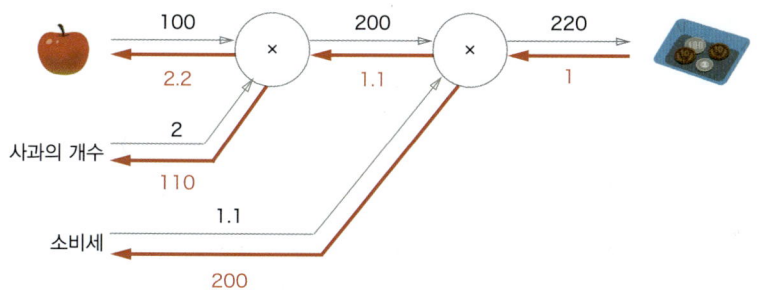

지금까지 설명한 바와 같이 곱셈 노드의 역전파에서는 입력 신호를 서로 바꿔서 하류로 흘립니다. [그림 5-14]의 결과를 보면 사과 가격의 미분은 2.2, 사과 개수의 미분은 110, 소비세의 미분은 200입니다. 이는 소비세와 사과 가격이 같은 양만큼 오르면 최종 금액에는 소비세가 200의 크기로, 사과 가격이 2.2 크기로 영향을 준다고 해석할 수 있습니다. 단, 이 예에서 소비세와 사과 가격은 단위가 다르니 주의해야 합니다(소비세 1은 100%, 사과 가격 1은 1원).

정리할 겸 마지막으로 '사과와 귤 쇼핑'의 역전파를 풀어볼까요? [그림 5-15]의 빈 상자에 적당한 숫자를 넣어 각 변수의 미분을 구해보세요(답은 몇 페이지 뒤에 있습니다).

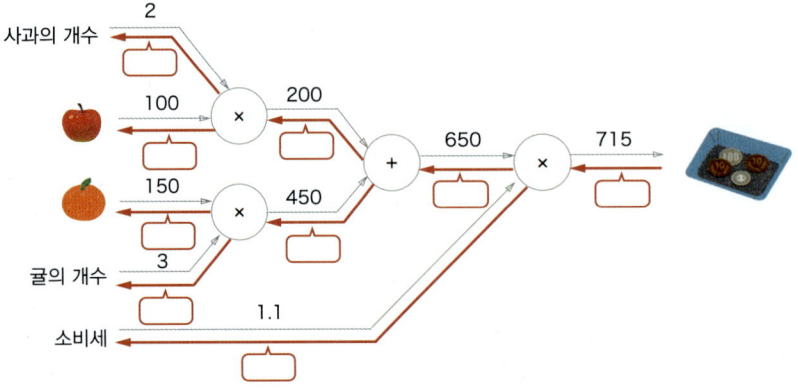

그림 5-15 사과와 귤 쇼핑의 역전파 예: 빈 상자 안에 적절한 숫자를 넣어 역전파를 완성하시오.

5.4 단순한 계층 구현하기

이번 절에서는 지금까지 보아온 '사과 쇼핑' 예를 파이썬으로 구현합니다. 여기에서는 계산 그래프의 곱셈 노드를 'MulLayer', 덧셈 노드를 'AddLayer'라는 이름으로 구현합니다.

> NOTE_ 다음 절에서는 신경망을 구성하는 '계층' 각각을 하나의 클래스로 구현합니다. 여기에서 말하는 '계층'이란 신경망의 기능 단위입니다. 예를 들어 시그모이드 함수를 위한 Sigmoid, 행렬 곱을 위한 Affine 등의 기능을 계층 단위로 구현합니다. 그래서 이번 절에서도 곱셈 노드와 덧셈 노드를 '계층' 단위로 구현합니다.

5.4.1 곱셈 계층

모든 계층은 forward()와 backward()라는 공통의 메서드(인터페이스)를 갖도록 구현할 것입니다. forward()는 순전파, backward()은 역전파를 처리합니다.

그림 먼저 곱셈 계층을 구현해보죠. 곱셈 계층은 MulLayer라는 이름의 클래스로 다음과 같이 구현할 수 있습니다.

```
class MulLayer:
    def __init__(self):
        self.x = None
        self.y = None

    def forward(self, x, y):
        self.x = x
        self.y = y
        out = x * y

        return out

    def backward(self, dout):
        dx = dout * self.y  # x와 y를 바꾼다.
        dy = dout * self.x

        return dx, dy
```

__init__()에서는 인스턴스 변수인 x와 y를 초기화합니다. 이 두 변수는 순전파 시의 입력 값을 유지하기 위해서 사용합니다. forward()에서는 x와 y를 인수로 받고 두 값을 곱해서 반환합니다. 반면 backward()에서는 상류에서 넘어온 미분(dout)에 순전파 때의 값을 '서로 바꿔' 곱한 후 하류로 흘립니다.

이상이 MulLayer의 구현입니다. 이 MulLayer를 사용해서 앞에서 본 '사과 쇼핑'을 구현해봅시다. 앞 절에서는 계산 그래프의 순전파와 역전파를 써서 [그림 5-16]과 같이 계산할 수 있었습니다.

그림 5-16 사과 2개 구입

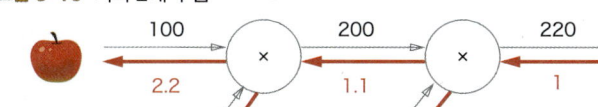

MulLayer를 사용하여 [그림 5-16]의 순전파를 다음과 같이 구현할 수 있습니다.

ch05/buy_apple.py
```python
apple = 100
apple_num = 2
tax = 1.1

# 계층들
mul_apple_layer = MulLayer()
mul_tax_layer = MulLayer()

# 순전파
apple_price = mul_apple_layer.forward(apple, apple_num)
price = mul_tax_layer.forward(apple_price, tax)

print(price)  # 220
```

또, 각 변수에 대한 미분은 backward()에서 구할 수 있습니다.

ch05/buy_apple.py
```python
# 역전파
dprice= 1
dapple_price, dtax = mul_tax_layer.backward(dprice)
dapple, dapple_num = mul_apple_layer.backward(dapple_price)

print(dapple, dapple_num, dtax)  # 2.2 110 200
```

backward() 호출 순서는 forward() 때와는 반대입니다. 또, backward()가 받는 인수는 '순전파의 출력에 대한 미분'임에 주의하세요. 가령 mul_apple_layer라는 곱셈 계층은 순전파 때는 apple_price를 출력합니다만, 역전파 때는 apple_price의 미분 값인 dapple_price를 인수로 받습니다. 마지막으로, 이 코드를 실행한 결과는 [그림 5-16]의 결과와 일치합니다.

5.4.2 덧셈 계층

이어서 덧셈 노드인 덧셈 계층을 구현하겠습니다. 덧셈 계층은 다음과 같이 구현할 수 있습니다.

ch05/layer_naive.py

```python
class AddLayer:
    def __init__(self):
        pass

    def forward(self, x, y):
        out = x + y
        return out

    def backward(self, dout):
        dx = dout * 1
        dy = dout * 1
        return dx, dy
```

덧셈 계층에서는 초기화가 필요 없으니 __init__()에서는 아무 일도 하지 않습니다(pass가 '아무것도 하지 말라'는 명령입니다). 덧셈 계층의 forward()에서는 입력받은 두 인수 x, y를 더해서 반환합니다. backward()에서는 상류에서 내려온 미분(dout)을 그대로 하류로 흘릴 뿐입니다.

이상의 덧셈 계층과 곱셈 계층을 사용하여 사과 2개와 귤 3개를 사는 [그림 5-17]의 상황을 구현해보죠.

그림 5-17 사과 2개와 귤 3개 구입

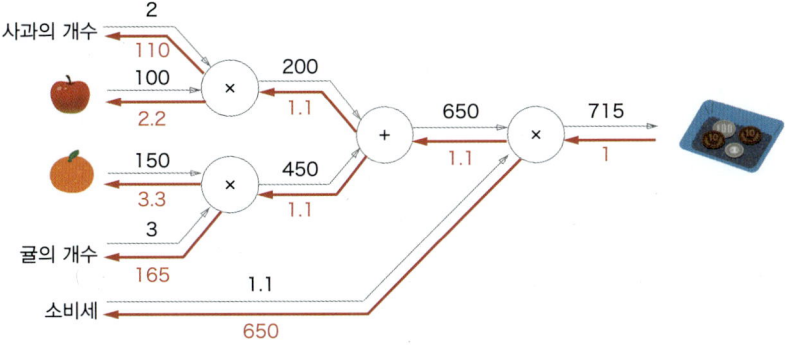

[그림 5-17]의 계산 그래프를 파이썬으로 구현하면 다음과 같습니다.

```
                                                         ch05/buy_apple_orange.py
apple = 100
apple_num = 2
orange = 150
orange_num = 3
tax = 1.1

# 계층들
mul_apple_layer = MulLayer()
mul_orange_layer = MulLayer()
add_apple_orange_layer = AddLayer()
mul_tax_layer = MulLayer()

# 순전파
apple_price = mul_apple_layer.forward(apple, apple_num)                # ❶
orange_price = mul_orange_layer.forward(orange, orange_num)            # ❷
all_price = add_apple_orange_layer.forward(apple_price, orange_price)  # ❸
price = mul_tax_layer.forward(all_price, tax)                          # ❹

# 역전파
dprice = 1
dall_price, dtax = mul_tax_layer.backward(dprice)                             # ❹
dapple_price, dorange_price = add_apple_orange_layer.backward(dall_price)     # ❸
dorange, dorange_num = mul_orange_layer.backward(dorange_price)               # ❷
dapple, dapple_num = mul_apple_layer.backward(dapple_price)                   # ❶

print(price)  # 715
print(dapple_num, dapple, dorange, dorange_num, dtax)  # 110 2.2 3.3 165 650
```

코드가 다소 길어졌지만 하나하나의 명령은 단순합니다. 필요한 계층을 만들어 순전파 메서드인 forward()를 적절한 순서로 호출합니다. 그런 다음 순전파와 반대 순서로 역전파 메서드인 backward()를 호출하면 원하는 미분이 나옵니다.

이처럼 계산 그래프에서의 계층(여기에서는 곱셈과 덧셈)은 쉽게 구현할 수 있으며, 이를 사용해 복잡한 미분도 계산할 수 있습니다. 다음 절에서는 신경망에서 사용하는 계층을 구현하겠습니다.

5.5 활성화 함수 계층 구현하기

드디어 계산 그래프를 신경망에 적용할 때가 왔습니다. 여기에서는 신경망을 구성하는 층(계층) 각각을 클래스 하나로 구현합니다. 우선은 활성화 함수인 ReLU와 Sigmoid 계층을 구현하겠습니다.

5.5.1 ReLU 계층

활성화 함수로 사용되는 ReLU의 수식은 다음과 같습니다.

$$y = \begin{cases} x & (x > 0) \\ 0 & (x \leq 0) \end{cases}$$ [식 5.7]

[식 5.7]에서 x에 대한 y의 미분은 [식 5.8]처럼 구합니다.

$$\frac{\partial y}{\partial x} = \begin{cases} 1 & (x > 0) \\ 0 & (x \leq 0) \end{cases}$$ [식 5.8]

[식 5.8]에서와 같이 순전파 때의 입력인 x가 0보다 크면 역전파는 상류의 값을 그대로 하류로 흘립니다. 반면, 순전파 때 x가 0 이하면 역전파 때는 하류로 신호를 보내지 않습니다(0을 보냅니다). 계산 그래프로는 [그림 5-18]처럼 그릴 수 있습니다.

그림 5-18 ReLU 계층의 계산 그래프

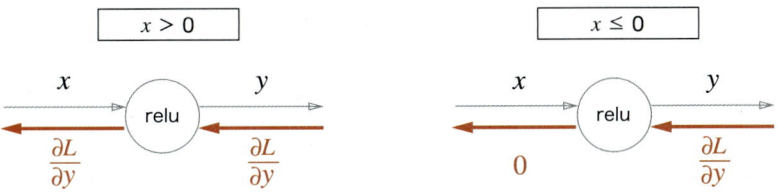

이제 이 ReLU 계층을 구현해볼까요? 신경망 계층의 forward()와 backward() 함수는 넘파이 배열을 인수로 받는다고 가정합니다.

```
                                                          common/layers.py
    class Relu:
        def __init__(self):
            self.mask = None

        def forward(self, x):
            self.mask = (x <= 0)
            out = x.copy()
            out[self.mask] = 0

            return out

        def backward(self, dout):
            dout[self.mask] = 0
            dx = dout

            return dx
```

Relu 클래스는 mask라는 인스턴스 변수를 가집니다. mask는 True/False로 구성된 넘파이 배열로, 순전파의 입력인 x의 원소 값이 0 이하인 인덱스는 True, 그 외(0보다 큰 원소)는 False로 유지합니다. 예컨대 mask 변수는 다음 예와 같이 True/False로 구성된 넘파이 배열을 유지합니다.

```
>>> x = np.array( [[1.0, -0.5], [-2.0, 3.0]] )
>>> print(x)
[[ 1.  -0.5]
 [-2.   3. ]]
>>> mask = (x <= 0)
>>> print(mask)
[[False  True]
 [ True False]]
```

[그림 5-18]과 같이 순전파 때의 입력 값이 0 이하면 역전파 때의 값은 0이 돼야 합니다. 그래서 역전파 때는 순전파 때 만들어둔 mask를 써서 mask의 원소가 True인 곳에는 상류에서 전파된 dout을 0으로 설정합니다.

> **NOTE_** ReLU 계층은 전기 회로의 '스위치'에 비유할 수 있습니다. 순전파 때 전류가 흐르고 있으면 스위치를 ON으로 하고, 흐르지 않으면 OFF로 합니다. 역전파 때는 스위치가 ON이라면 전류가 그대로 흐르고, OFF면 더 이상 흐르지 않습니다.

5.5.2 Sigmoid 계층

다음은 시그모이드 함수 차례입니다. 시그모이드 함수는 다음 식을 의미하는 함수입니다.

$$y = \frac{1}{1 + \exp(-x)}$$ [식 5.9]

[식 5.9]를 계산 그래프로 그리면 [그림 5-19]처럼 됩니다.

그림 5-19 Sigmoid 계층의 계산 그래프(순전파)

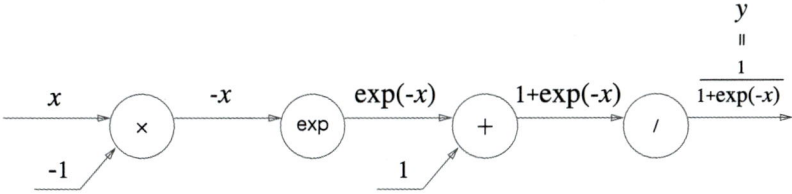

[그림 5-19]에는 '×'와 '+' 노드 말고도 'exp'와 '/' 노드가 새롭게 등장했습니다. 'exp' 노드는 $y = \exp(x)$ 계산을 수행하고 '/' 노드는 $y = \frac{1}{x}$ 계산을 수행합니다.*

[그림 5-19]와 같이 [식 5.9]의 계산은 국소적 계산의 전파로 이뤄집니다. 이제 [그림 5-19]의 역전파를 알아볼 차례입니다. 여기에서는 (그동안의 정리도 겸해) 역전파의 흐름을 오른쪽에서 왼쪽으로 한 단계씩 짚어보겠습니다.

1단계

'/' 노드, 즉 $y = \frac{1}{x}$ 을 미분하면 다음 식이 됩니다.

$$\frac{\partial y}{\partial x} = -\frac{1}{x^2}$$

$$= -y^2$$ [식 5.10]

[식 5.10]에 따르면 역전파 때는 상류에서 흘러온 값에 $-y^2$(순전파의 출력을 제곱한 후 마이너스를 붙인 값)을 곱해서 하류로 전달합니다. 계산 그래프에서는 다음과 같습니다.

---

* 옮긴이_ [그림 5-19]와 비교하며 읽으면 헷갈릴 수도 있는데, 본 설명글(not 그림)에서의 x는 함수의 입력을 추상화해 표기할 때 가장 흔히 쓰는 기호인 x입니다. 예를 들어 [그림 5-19]의 '/' 노드의 입력 1+exp(-x) 전체를 x 하나로 치환하면 설명글과 잘 들어맞는 걸 알 수 있습니다.

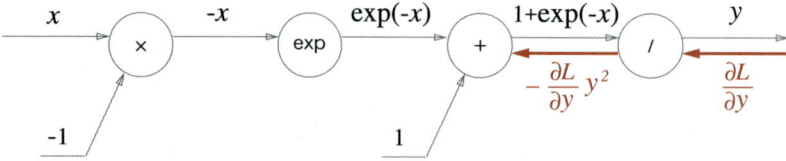

2단계

'+' 노드는 상류의 값을 여과 없이 하류로 내보내는 게 다입니다. 계산 그래프에서는 다음과 같습니다.

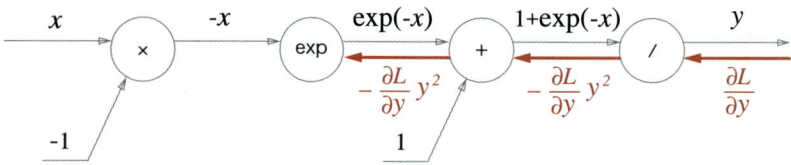

3단계

'exp' 노드는 $y = \exp(x)$ 연산을 수행하며, 그 미분은 다음과 같습니다.

$$\frac{\partial y}{\partial x} = \exp(x)$$

[식 5.11]

계산 그래프에서는 상류의 값에 순전파 때의 출력(이 예에서는 $\exp(-x)$)을 곱해 하류로 전파합니다.

4단계

'×' 노드는 순전파 때의 값을 '서로 바꿔' 곱합니다. 이 예에서는 −1을 곱하면 되겠습니다.

그림 5-20 Sigmoid 계층의 계산 그래프

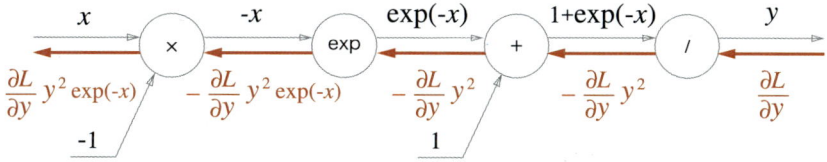

이상으로 [그림 5-20]과 같이 Sigmoid 계층의 역전파를 계산 그래프로 완성했습니다. [그림 5-20]에서 보듯이 역전파의 최종 출력인 $\frac{\partial L}{\partial y}y^2\exp(-x)$ 값이 하류 노드로 전파됩니다. 여기에서 $\frac{\partial L}{\partial y}y^2\exp(-x)$를 순전파의 입력 x와 출력 y만으로 계산할 수 있다는 사실을 눈치채셨나요? 그래서 [그림 5-20]의 계산 그래프의 중간 과정을 모두 묶어 [그림 5-21]처럼 단순한 'sigmoid' 노드 하나로 대체할 수 있습니다.

그림 5-21 Sigmoid 계층의 계산 그래프(간소화 버전)

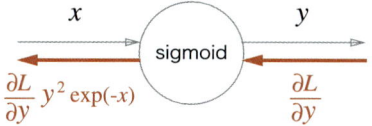

[그림 5-20]의 계산 그래프와 [그림 5-21]의 간소화 버전의 결과는 똑같습니다. 그러나 간소화 버전은 역전파 과정의 중간 계산들을 생략할 수 있어 더 효율적인 계산이라 말할 수 있지요. 또, 노드를 그룹화하여 Sigmoid 계층의 세세한 내용을 노출하지 않고 입력과 출력에만 집중할 수 있다는 것도 중요한 포인트입니다.

또한, $\frac{\partial L}{\partial y}y^2\exp(-x)$는 다음처럼 정리해서 쓸 수 있습니다.

$$\begin{aligned}\frac{\partial L}{\partial y}y^2\exp(-x) &= \frac{\partial L}{\partial y}\frac{1}{(1+\exp(-x))^2}\exp(-x) \\ &= \frac{\partial L}{\partial y}\frac{1}{1+\exp(-x)}\frac{\exp(-x)}{1+\exp(-x)} \\ &= \frac{\partial L}{\partial y}y(1-y)\end{aligned}$$

[식 5.12]

이처럼 Sigmoid 계층의 역전파는 순전파의 출력(y)만으로 계산할 수 있습니다.

그림 5-22 Sigmoid 계층의 계산 그래프: 순전파의 출력 y만으로 역전파를 계산할 수 있다.

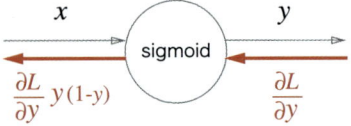

그럼 Sigmoid 계층을 파이썬으로는 어떻게 구현할까요? [그림 5-22]를 참고해 다음과 같이 구현할 수 있습니다.

```
                                                  common/layers.py
class Sigmoid:
    def __init__(self):
        self.out = None

    def forward(self, x):
        out = 1 / (1 + np.exp(-x))
        self.out = out

        return out

    def backward(self, dout):
        dx = dout * (1.0 - self.out) * self.out

        return dx
```

이 구현에서는 순전파의 출력을 인스턴스 변수 out에 보관했다가, 역전파 계산 때 그 값을 사용합니다.

5.6 Affine/Softmax 계층 구현하기

5.6.1 Affine 계층

신경망의 순전파에서는 가중치 신호의 총합을 계산하기 때문에 행렬의 곱(넘파이에서는 np.dot())을 사용했습니다('3.3 다차원 배열의 계산' 참고). 예를 들어 파이썬으로 다음과 같이 구현한 것을 기억하나요?

```
>>> X = np.random.rand(2)      # 입력
>>> W = np.random.rand(2,3)    # 가중치
>>> B = np.random.rand(3)      # 편향

>>> X.shape  # (2,)
>>> W.shape  # (2, 3)
>>> B.shape  # (3,)

>>> Y = np.dot(X, W) + B
```

여기에서 X, W, B는 각각 형상이 (2,), (2, 3), (3,)인 다차원 배열입니다. 그러면 뉴런의 가중치 합은 Y = np.dot(X, W) + B처럼 계산합니다. 그리고 이 Y를 활성화 함수로 변환해 다음 층으로 전파하는 것이 신경망 순전파의 흐름이었습니다. 복습을 조금 더 해보면, 행렬의 곱 계산은 대응하는 차원의 원소 수를 일치시키는 게 핵심입니다. 예를 들어 X와 W의 곱은 [그림 5-23]처럼 대응하는 차원의 원소 수를 일치시켜야 합니다. 지금 와서 밝히기엔 좀 새삼스럽지만, 이 책에서 행렬의 형상을 (2, 3)처럼 괄호로 표기하는 이유는 넘파이의 shape 함수의 출력과 형태를 통일하기 위해서입니다.

그림 5-23 행렬의 곱에서는 대응하는 차원의 원소 수를 일치시킨다.

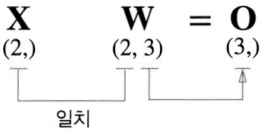

> **NOTE_** 신경망의 순전파 때 수행하는 행렬의 곱은 기하학에서는 **어파인 변환**affine transformation이라고 합니다. 그래서 이 책에서는 어파인 변환을 수행하는 처리를 'Affine 계층'이라는 이름으로 구현합니다.

그림 앞에서 수행한 계산(행렬의 곱과 편향의 합)을 계산 그래프로 그려보죠. 곱을 계산하는 노드를 'dot'이라 하면 np.dot(X, W) + B 계산은 [그림 5-24]처럼 그려집니다. 또한, 각 변수의 이름 위에 그 변수의 형상도 표기합니다. 예를 들어 [그림 5-24]에서는 **X**의 형상은 (2,), **X · W**의 형상은 (3,)임을 표기했습니다.

그림 5-24 Affine 계층의 계산 그래프: 변수가 행렬임에 주의. 각 변수의 형상을 변수명 위에 표기했다.

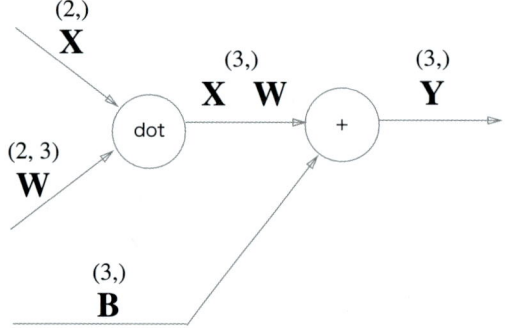

[그림 5-24]는 비교적 단순한 계산 그래프입니다. 단, **X**, **W**, **B**가 행렬(다차원 배열)이라는 점에 주의하세요. 지금까지의 계산 그래프는 노드 사이에 '스칼라값'이 흘렀는 데 반해, 이 예에서는 '행렬'이 흐르고 있는 것이죠.

이제 [그림 5-24]의 역전파에 대해 생각해볼까요? 행렬을 사용한 역전파도 행렬의 원소마다 전개해보면 스칼라값을 사용한 지금까지의 계산 그래프와 같은 순서로 생각할 수 있습니다. 실제로 전개해보면 다음 식이 도출됩니다([식 5.13]으로 이끄는 과정은 생략합니다).

$$\frac{\partial L}{\partial \mathbf{X}} = \frac{\partial L}{\partial \mathbf{Y}} \cdot \mathbf{W}^\mathrm{T}$$

$$\frac{\partial L}{\partial \mathbf{W}} = \mathbf{X}^\mathrm{T} \cdot \frac{\partial L}{\partial \mathbf{Y}}$$

[식 5.13]

[식 5.13]에서 $\mathbf{W}^\mathrm{T}$의 T는 전치행렬을 뜻합니다. 전치행렬은 $\mathbf{W}$의 (i, j) 위치의 원소를 (j, i) 위치로 바꾼 것을 말합니다. 수식으로는 다음과 같이 쓸 수 있습니다.

$$\mathbf{W} = \begin{pmatrix} w_{11} & w_{12} & w_{13} \\ w_{21} & w_{22} & w_{23} \end{pmatrix}$$

$$\mathbf{W}^\mathrm{T} = \begin{pmatrix} w_{11} & w_{21} \\ w_{12} & w_{22} \\ w_{13} & w_{23} \end{pmatrix}$$

[식 5.14]

[식 5.14]와 같이 **W**의 형상이 (2, 3)이었다면 전치행렬 $\mathbf{W}^\mathrm{T}$의 형상은 (3, 2)가 됩니다.

그림 [식 5.13]을 바탕으로 계산 그래프의 역전파를 구해봅시다. 결과는 [그림 5-25]처럼 됩니다.

그림 5-25 Affine 계층의 역전파: 변수가 다차원 배열임에 주의. 역전파에서의 변수 형상은 해당 변수명 아래에 표기했다.

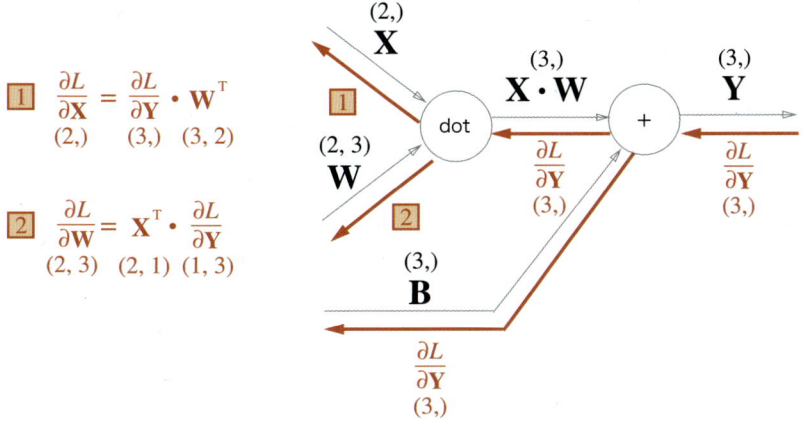

[그림 5-25]의 계산 그래프에서는 각 변수의 형상에 주의해서 살펴봅시다. 특히 $\mathbf{X}$와 $\frac{\partial L}{\partial \mathbf{X}}$은 같은 형상이고, $\mathbf{W}$와 $\frac{\partial L}{\partial \mathbf{W}}$도 같은 형상임을 기억하세요. $\mathbf{X}$와 $\frac{\partial L}{\partial \mathbf{X}}$의 형상이 같다는 사실은 다음 식을 보면 명확해집니다.

$$\mathbf{X} = (x_0, x_1, \cdots, x_n)$$
$$\frac{\partial L}{\partial \mathbf{X}} = \left(\frac{\partial L}{\partial x_0}, \frac{\partial L}{\partial x_1}, \cdots, \frac{\partial L}{\partial x_n} \right) \quad \text{[식 5.15]}$$

왜 행렬의 형상에 주의해야 할까요? 행렬의 곱에서는 대응하는 차원의 원소 수를 일치시켜야 하는데, 이를 위해서는 [식 5.13]을 동원해야 할 수도 있기 때문입니다. 예를 들어 $\frac{\partial L}{\partial \mathbf{Y}}$의 형상이 (3,)이고 $\mathbf{W}$의 형상이 (2, 3)일 때, $\frac{\partial L}{\partial \mathbf{X}}$의 형상이 (2,)가 되는 $\frac{\partial L}{\partial \mathbf{Y}}$과 $\mathbf{W}$의 곱을 생각해보세요(그림 5-26). 그러면 자연히 [식 5.13]이 유도될 것입니다.

그림 5-26 행렬 곱('dot' 노드)의 역전파는 행렬의 대응하는 차원의 원소 수가 일치하도록 곱을 조립하여 구할 수 있다.

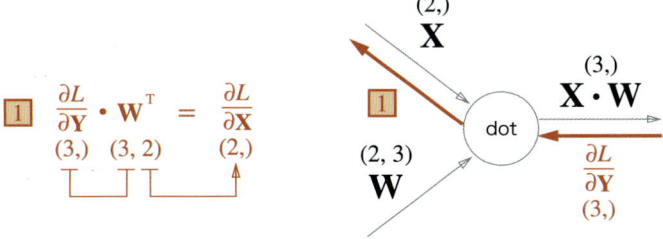

5.6.2 배치용 Affine 계층

지금까지 설명한 Affine 계층은 입력 데이터로 **X** 하나만을 고려했습니다. 이번 절에서는 데이터 N개를 묶어 순전파하는 경우, 즉 배치용 Affine 계층을 생각해보겠습니다(묶은 데이터를 '배치'라고 부릅니다).

그럼 당장 배치용 Affine 계층을 계산 그래프로 그려보죠(그림 5-27).

그림 5-27 배치용 Affine 계층의 계산 그래프

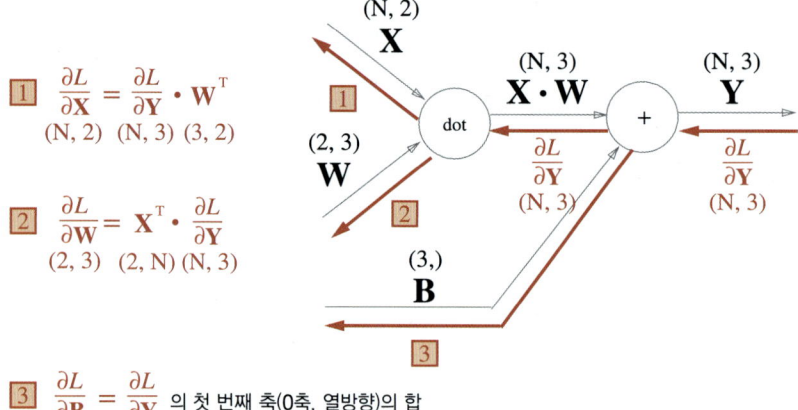

기존과 다른 부분은 입력인 **X**의 형상이 (N, 2)가 된 것뿐입니다. 그 뒤로는 지금까지와 같이 계산 그래프의 순서를 따라 순순히 행렬 계산을 하게 됩니다. 또, 역전파 때는 행렬의 형상에 주의하면 $\frac{\partial L}{\partial \mathbf{X}}$ 과 $\frac{\partial L}{\partial \mathbf{W}}$ 은 이전과 같이 도출할 수 있습니다.

편향을 더할 때도 주의해야 합니다. 순전파 때의 편향 덧셈은 **X** · **W**에 대한 편향이 각 데이터에 더해집니다. 예를 들어 N = 2(데이터가 2개)로 한 경우, 편향은 그 두 데이터 각각에(각각의 계산 결과에) 더해집니다. 구체적인 예를 살펴보죠.

```
>>> X_dot_W = np.array([[0, 0, 0], [10, 10, 10]])
>>> B = np.array([1, 2, 3])

>>> X_dot_W
array([[ 0,  0,  0],
       [10, 10, 10]])
>>> X_dot_W + B
```

```
array([[ 1,  2,  3],
       [11, 12, 13]])
```

순전파의 편향 덧셈은 각각의 데이터(1번째 데이터, 2번째 데이터…)에 더해집니다. 그래서 역전파 때는 각 데이터의 역전파 값이 편향의 원소에 모여야 합니다. 코드로는 다음과 같습니다.

```
>>> dY = np.array([[1, 2, 3], [4, 5, 6]])
>>> dY
array([[1, 2, 3],
       [4, 5, 6]])

>>> dB = np.sum(dY, axis=0)
>>> dB
array([5, 7, 9])
```

이 예에서는 데이터가 2개(N = 2)라고 가정합니다. 편향의 역전파는 그 두 데이터에 대한 미분을 데이터마다 더해서 구합니다. 그래서 np.sum()에서 0번째 축(데이터를 단위로 한 축)에 대해서 (axis=0)의 총합을 구하는 것입니다.

이상의 Affine 구현은 다음과 같습니다. 참고로, common/layers.py 파일의 Affine 구현은 입력 데이터가 텐서(4차원 데이터)인 경우도 고려했기 때문에 다음 구현과는 약간 차이가 있습니다.

```python
class Affine:
    def __init__(self, W, b):
        self.W = W
        self.b = b
        self.x = None
        self.dW = None
        self.db = None

    def forward(self, x):
        self.x = x
        out = np.dot(x, self.W) + self.b

        return out
```

```
def backward(self, dout):
    dx = np.dot(dout, self.W.T)
    self.dW = np.dot(self.x.T, dout)
    self.db = np.sum(dout, axis=0)

    return dx
```

5.6.3 Softmax-with-Loss 계층

마지막으로 출력층에서 사용하는 소프트맥스 함수에 관해 설명하겠습니다. 앞에서 말했듯이 소프트맥스 함수는 입력 값을 정규화하여 출력합니다. 예를 들어 손글씨 숫자 인식에서의 Softmax 계층의 출력은 [그림 5-28]처럼 됩니다.

그림 5-28 입력 이미지가 Affine 계층과 ReLU 계층을 통과하며 변환되고, 마지막 Softmax 계층에 의해서 10개의 입력이 정규화된다. 이 그림에서는 숫자 '0'의 점수는 5.3이며, 이것이 Softmax 계층에 의해서 0.008(0.8%)로 변환된다. 또, '2'의 점수는 10.1에서 0.991(99.1%)로 변환된다.

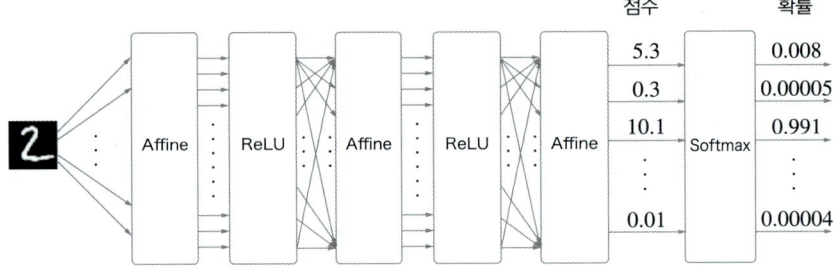

[그림 5-28]과 같이 Softmax 계층은 입력 값을 정규화(출력의 합이 1이 되도록 변형)하여 출력합니다. 또한, 손글씨 숫자는 가짓수가 10개(10클래스 분류)이므로 Softmax 계층의 입력은 10개가 됩니다.

> **NOTE_** 신경망에서 수행하는 작업은 **학습**과 **추론** 두 가지입니다. 추론할 때는 일반적으로 Softmax 계층을 사용하지 않습니다. 예컨대 [그림 5-28]의 신경망은 추론할 때는 마지막 Affine 계층의 출력을 인식 결과로 이용합니다. 또한, 신경망에서 정규화하지 않는 출력 결과([그림 5-28]에서는 Softmax 앞의 Affine 계층의 출력)를 **점수**score라 합니다. 즉, 신경망 추론에서 답을 하나만 내는 경우에는 가장 높은 점수만 알면 되니 Softmax 계층은 필요 없습니다. 반면, 신경망을 학습할 때는 Softmax 계층이 필요합니다.

이제 소프트맥스 계층을 구현할 텐데, 손실 함수인 교차 엔트로피 오차도 포함하여 'Softmax-with-Loss 계층'이라는 이름으로 구현합니다. 먼저 Softmax-with-Loss 계층의 계산 그래프를 살펴보죠.

그림 5-29 Softmax-with-Loss 계층의 계산 그래프

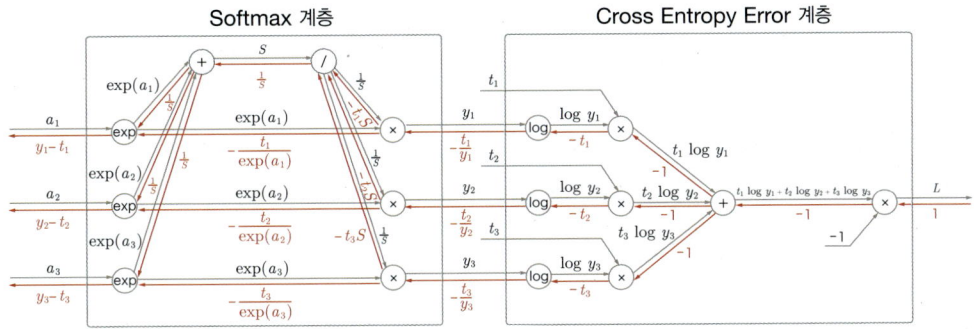

보다시피 Softmax-with-Loss 계층은 다소 복잡합니다. 여기에서는 결과만 제시할 테니 그 도출 과정이 궁금한 분은 '부록 A. Softmax-with-Loss 계층의 계산 그래프'를 참고하세요.

[그림 5-29]의 계산 그래프는 [그림 5-30]처럼 간소화할 수 있습니다.

그림 5-30 '간소화한' Softmax-with-Loss 계층의 계산 그래프

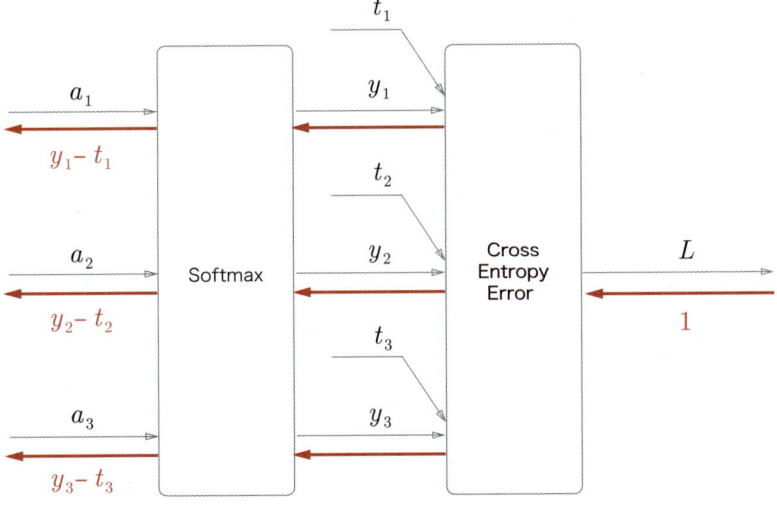

[그림 5-30]의 계산 그래프에서 소프트맥스 함수는 'Softmax' 계층으로, 교차 엔트로피 오차는 'Cross Entropy Error' 계층으로 표기했습니다. 여기에서는 3클래스 분류를 가정하고 이전 계층에서 3개의 입력(점수)을 받습니다. 그림과 같이 Softmax 계층은 입력 (a_1, a_2, a_3)를 정규화하여 (y_1, y_2, y_3)를 출력합니다. Cross Entropy Error 계층은 Softmax의 출력 (y_1, y_2, y_3)와 정답 레이블 (t_1, t_2, t_3)를 받고, 이 데이터들로부터 손실 L을 출력합니다.

[그림 5-30]에서 주목할 부분은 역전파의 결과입니다. Softmax 계층의 역전파는 $(y_1 - t_1, y_2 - t_2, y_3 - t_3)$라는 '말끔한' 결과를 내놓고 있습니다. (y_1, y_2, y_3)는 Softmax 계층의 출력이고 (t_1, t_2, t_3)는 정답 레이블이므로 $(y_1 - t_1, y_2 - t_2, y_3 - t_3)$는 Softmax 계층의 출력과 정답 레이블의 차분인 것이죠. 신경망의 역전파에서는 이 차이인 오차가 앞 계층에 전해집니다. 이 점이 신경망 학습의 중요한 성질입니다.

그런데 신경망 학습의 목적은 신경망의 출력(Softmax의 출력)이 정답 레이블과 가까워지도록 가중치 매개변수의 값을 조정하는 것이었습니다. 그래서 신경망의 출력과 정답 레이블의 오차를 효율적으로 앞 계층에 전달해야 합니다. 앞의 $(y_1 - t_1, y_2 - t_2, y_3 - t_3)$라는 결과는 바로 Softmax 계층의 출력과 정답 레이블의 차이로, 신경망의 현재 출력과 정답 레이블의 오차를 있는 그대로 드러내는 것입니다.

> **NOTE_** '소프트맥스 함수'의 손실 함수로 '교차 엔트로피 오차'를 사용하니 역전파가 $(y_1 - t_1, y_2 - t_2, y_3 - t_3)$로 말끔히 떨어집니다. 사실 이런 말끔함은 우연이 아니라 교차 엔트로피 오차라는 함수가 그렇게 설계되었기 때문입니다. 또, 회귀의 출력층에서 사용하는 '항등 함수'의 손실 함수로 '오차제곱합'을 이용('3.5 출력층 설계하기' 참고)하는 이유도 이와 같습니다. 즉, '항등 함수'의 손실 함수로 '오차제곱합'을 사용하면 역전파의 결과가 $(y_1 - t_1, y_2 - t_2, y_3 - t_3)$로 말끔히 떨어집니다.

이쯤에서 구체적인 예를 하나 보는 게 좋겠네요. 가령 정답 레이블이 $(0, 1, 0)$일 때 Softmax 계층이 $(0.3, 0.2, 0.5)$를 출력했다고 해볼까요? 정답 레이블을 보면 정답의 인덱스는 1입니다. 그런데 출력에서는 이때의 확률이 겨우 $0.2(20\%)$라서, 이 시점의 신경망은 제대로 인식하지 못하고 있습니다. 이 경우 Softmax 계층의 역전파는 $(0.3, -0.8, 0.5)$라는 커다란 오차를 전파합니다. 결과적으로 Softmax 계층의 앞 계층들은 그 큰 오차로부터 큰 깨달음을 얻게 됩니다.

이번에 살펴볼 예는 정답 레이블이 똑같이 $(0, 1, 0)$일 때 Softmax 계층이 $(0.01, 0.99, 0)$

을 출력한 경우입니다(이 신경망은 꽤 정확히 인식하고 있군요). 이 경우 Softmax 계층의 역전파가 보내는 오차는 비교적 작은 (0.01, -0.01, 0)입니다. 이번에는 앞 계층으로 전달된 오차가 작으므로 학습하는 정도도 작아집니다.

그럼 Softmax-with-Loss 계층을 구현한 코드를 보겠습니다.

```python
                                                                common/layers.py
class SoftmaxWithLoss:
    def __init__(self):
        self.loss = None    # 손실함수
        self.y = None       # softmax의 출력
        self.t = None       # 정답 레이블(원-핫 벡터)

    def forward(self, x, t):
        self.t = t
        self.y = softmax(x)
        self.loss = cross_entropy_error(self.y, self.t)

        return self.loss

    def backward(self, self, dout=1):
        batch_size = self.t.shape[0]
        dx = (self.y - self.t) / batch_size

        return dx
```

이 구현에서는 '3.5.2 소프트맥스 함수 구현 시 주의점'과 '4.2.4 (배치용) 교차 엔트로피 오차 구현하기'에서 구현한 함수인 softmax()와 cross_entropy_error()를 이용했습니다. 그 덕분에 이번 구현은 매우 간단합니다. 또, 역전파 때는 전파하는 값을 배치의 수(batch_size)로 나눠서 데이터 1개당 오차를 앞 계층으로 전파하는 점에 주의하세요.

5.7 오차역전파법 구현하기

앞 절에서 구현한 계층을 조합하면 마치 레고 블록을 조합하듯 신경망을 구축할 수 있습니다. 이번 절에서는 지금까지 구현한 계층을 조합해서 신경망을 구축해보겠습니다.

5.7.1 신경망 학습의 전체 그림

이야기가 조금 길어졌으니, 구체적인 구현에 들어가기 전에 신경망 학습의 전체 그림을 복습해보겠습니다. 다음은 신경망 학습의 순서입니다.*

전제
신경망에는 적응 가능한 가중치와 편향이 있고, 이 가중치와 편향을 훈련 데이터에 적응하도록 조정하는 과정을 '학습'이라 합니다. 신경망 학습은 다음과 같이 4단계로 수행합니다.

1단계 - 미니배치
훈련 데이터 중 일부를 무작위로 가져옵니다. 이렇게 선별한 데이터를 미니배치라 하며, 그 미니배치의 손실 함수 값을 줄이는 것이 목표입니다.

2단계 - 기울기 산출
미니배치의 손실 함수 값을 줄이기 위해 각 가중치 매개변수의 기울기를 구합니다. 기울기는 손실 함수의 값을 가장 작게 하는 방향을 제시합니다.

3단계 - 매개변수 갱신
가중치 매개변수를 기울기 방향으로 아주 조금 갱신합니다.

4단계 - 반복
1~3단계를 반복합니다.

지금까지 설명한 오차역전파법이 등장하는 단계는 두 번째인 '기울기 산출'입니다. 앞 장에서는 이 기울기를 구하기 위해서 수치 미분을 사용했지요. 그런데 수치 미분은 구현하기는 쉽지만 계산이 오래 걸렸습니다. 오차역전파법을 이용하면 느린 수치 미분과 달리 기울기를 효율적이고 빠르게 구할 수 있습니다.

5.7.2 오차역전파법을 적용한 신경망 구현하기

드디어 본격적인 구현입니다. 여기에서는 2층 신경망을 TwoLayerNet 클래스로 구현합니다. 우선은 이 클래스의 인스턴스 변수와 메서드를 정리한 [표 5-1]과 [표 5-2]를 살펴봅시다.

---
* 옮긴이_ 4.5절에서 본 순서입니다.

표 5-1 TwoLayerNet 클래스의 인스턴스 변수

인스턴스 변수	설명
params	딕셔너리 변수로, 신경망의 매개변수를 보관
	params['W1']은 1번째 층의 가중치, params['b1']은 1번째 층의 편향
	params['W2']는 2번째 층의 가중치, params['b2']는 2번째 층의 편향
layers	순서가 있는 딕셔너리 변수로, 신경망의 계층을 보관
	layers['Affine1'], layers['Relu1'], layers['Affine2']와 같이 각 계층을 순서대로 유지
lastLayer	신경망의 마지막 계층
	이 예에서는 SoftmaxWithLoss 계층

표 5-2 TwoLayerNet 클래스의 메서드

메서드	설명
__init__(self, input_size, hidden_size, output_size, weight_init_std)	초기화를 수행한다.
	인수는 앞에서부터 입력층 뉴런 수, 은닉층 뉴런 수, 출력층 뉴런 수, 가중치 초기화 시 정규분포의 스케일
predict(self, x)	예측(추론)을 수행한다.
	인수 x는 이미지 데이터
loss(self, x, t)	손실 함수의 값을 구한다.
	인수 x는 이미지 데이터, t는 정답 레이블
accuracy(self, x, t)	정확도를 구한다.
numerical_gradient(self, x, t)	가중치 매개변수의 기울기를 수치 미분 방식으로 구한다(앞 장과 같음).
gradient(self, x, t)	가중치 매개변수의 기울기를 오차역전파법으로 구한다.

이 클래스의 구현은 좀 긴 건 사실이지만, 그 내용은 '4.5 학습 알고리즘 구현하기'와 공통되는 부분이 많습니다. 앞 장과 크게 다른 부분은 계층을 사용한다는 점입니다. 계층을 사용함으로써 인식 결과를 얻는 처리(predict())와 기울기를 구하는 처리(gradient()) 계층의 전파만으로 동작이 이루어지는 것입니다. 그럼 코드를 볼까요?

```
import sys, os
sys.path.append(os.path.join(os.path.dirname(__file__), '..'))
import numpy as np
```

```python
from common.layers import *
from common.gradient import numerical_gradient
from collections import OrderedDict

class TwoLayerNet:
    def __init__(self, input_size, hidden_size, output_size,
                 weight_init_std=0.01):
        # 가중치 초기화
        self.params = {}
        self.params['W1'] = weight_init_std * \
                            np.random.randn(input_size, hidden_size)
        self.params['b1'] = np.zeros(hidden_size)
        self.params['W2'] = weight_init_std * \
                            np.random.randn(hidden_size, output_size)
        self.params['b2'] = np.zeros(output_size)

        # 계층 생성
        self.layers = OrderedDict()  # ❶
        self.layers['Affine1'] = \
            Affine(self.params['W1'], self.params['b1'])
        self.layers['Relu1'] = Relu()
        self.layers['Affine2'] = \
            Affine(self.params['W2'], self.params['b2'])

        self.lastLayer = SoftmaxWithLoss()

    def predict(self, x):
        for layer in self.layers.values():  # ❷
            x = layer.forward(x)

        return x

    # x: 입력 데이터, t: 정답 레이블
    def loss(self, x, t):
        y = self.predict(x)
        return self.lastLayer.forward(y, t)

    def accuracy(self, self, x, t):
        y = self.predict(x)
        y = np.argmax(y, axis=1)
        if t.ndim != 1 : t = np.argmax(t, axis=1)

        accuracy = np.sum(y == t) / float(x.shape[0])
```

```python
        return accuracy

    # x: 입력 데이터, t: 정답 레이블
    def numerical_gradient(self, x, t):
        loss_W = lambda W: self.loss(x, t)

        grads = {}
        grads['W1'] = numerical_gradient(loss_W, self.params['W1'])
        grads['b1'] = numerical_gradient(loss_W, self.params['b1'])
        grads['W2'] = numerical_gradient(loss_W, self.params['W2'])
        grads['b2'] = numerical_gradient(loss_W, self.params['b2'])

        return grads

    def gradient(self, x, t):
        # 순전파
        self.loss(x, t)

        # 역전파
        dout = 1
        dout = self.lastLayer.backward(dout)

        layers = list(self.layers.values())
        layers.reverse()  # ❸
        for layer in layers:
            dout = layer.backward(dout)

        # 결과 저장
        grads = {}
        grads['W1'] = self.layers['Affine1'].dW
        grads['b1'] = self.layers['Affine1'].db
        grads['W2'] = self.layers['Affine2'].dW
        grads['b2'] = self.layers['Affine2'].db

        return grads
```

이 구현에서는 굵은 글씨들을 집중해서 살펴보세요. ❶ 특히 신경망의 계층을 OrderedDict에 보관하는 점이 중요합니다. OrderedDict은 순서가 있는 딕셔너리입니다. '순서가 있는'이란 딕셔너리에 추가한 순서를 기억한다는 뜻이죠. 그래서 ❷ 순전파 때는 추가한 순서대로 각 계층의 forward() 메서드를 호출하기만 하면 처리가 완료됩니다. 마찬가지로 ❸ 역전파 때는 계층을 반대 순서로 호출하기만 하면 됩니다. Affine 계층과 ReLU 계층이 각자의 내부에서 순전파와 역전파를 제대로 처리하고 있으니, 여기에서는 그냥 계층을 올바른 순서로 연결한 다음 순서대로(혹은 역순으로) 호출해주면 끝입니다.

이처럼 신경망의 구성 요소를 '계층'으로 구현한 덕분에 신경망을 쉽게 구축할 수 있었습니다. '계층'으로 모듈화해서 구현한 효과는 아주 큽니다. 예컨대 5층, 10층, 20층 등 깊은 신경망을 만들고 싶다면, 단순히 필요한 만큼 계층을 더 추가하면 되니까요(마치 레고 블록을 조립하듯).

이어서 다음 절에서는 각 계층 내부에 구현된 순전파와 역전파를 활용해 인식 처리와 학습에 필요한 기울기를 정확하게 구해보겠습니다.

5.7.3 오차역전파법으로 구한 기울기 검증하기

지금까지 기울기를 구하는 방법을 두 가지 설명했습니다. 하나는 수치 미분을 써서 구하는 방법, 또 하나는 해석적으로 수식을 풀어 구하는 방법입니다. 후자인 해석적 방법은 오차역전파법을 이용하여 매개변수가 많아도 효율적으로 계산할 수 있었습니다. 그러니 이제부터는 느린 수치 미분 대신 오차역전파법을 사용하기로 합시다.

수치 미분은 느립니다. 그리고 오차역전파법을 제대로 구현해두면 수치 미분은 더 이상 필요 없습니다. 그렇다면 수치 미분은 정말 아무런 쓸모가 없을까요? 사실은 수치 미분은 오차역전파법을 정확히 구현했는지 확인하기 위해 필요합니다.

수치 미분의 이점은 구현하기 쉽다는 것입니다. 그래서 수치 미분의 구현에는 버그가 숨어 있기 어려운 반면, 오차역전파법은 구현하기 복잡해서 종종 실수를 하곤 합니다. 그래서 수치 미분의 결과와 오차역전파법의 결과를 비교하여 오차역전파법을 제대로 구현했는지 검증하곤 한답니다. 이처럼 두 방식으로 구한 기울기가 일치함(엄밀히 말하면 거의 같음)을 확인하는 작업을 **기울기 확인**gradient check이라고 합니다. 기울기 확인은 다음과 같이 구현합니다.

```
                                                              ch05/gradient_check.py
import sys, os
sys.path.append(os.path.join(os.path.dirname(__file__), '..'))
import numpy as np
from dataset.mnist import load_mnist
from two_layer_net import TwoLayerNet
```

```python
# 데이터 읽기
(x_train, t_train), (x_test, t_test) = \
    load_mnist(normalize=True, one_hot_label=True)

network = TwoLayerNet(input_size=784, hidden_size=50, output_size=10)

x_batch = x_train[:3]
t_batch = t_train[:3]

grad_numerical = network.numerical_gradient(x_batch, t_batch)
grad_backprop = network.gradient(x_batch, t_batch)

# 각 가중치의 차이의 절댓값을 구한 후, 그 절댓값들의 평균을 낸다.
for key in grad_numerical.keys():
    diff = np.average( np.abs(grad_backprop[key] - grad_numerical[key]) )
    print(key + ":" + str(diff))
```

언제나처럼 가장 먼저 MNIST 데이터셋을 읽습니다. 그리고 훈련 데이터 일부를 수치 미분으로 구한 기울기와 오차역전파법으로 구한 기울기의 오차를 확인합니다. 여기에서는 각 가중치 매개변수의 차이의 절댓값을 구하고, 이를 평균한 값이 오차가 됩니다. 이 코드의 실행 결과는 다음과 같습니다.

```
b1:9.70418809871e-13
W2:8.41139039497e-13
b2:1.1945999745e-10
W1:2.2232446644e-13
```

이 결과는 수치 미분과 오차역전파법으로 구한 기울기의 차이가 매우 작다고 말해줍니다. 가령 1번째 층의 편향 오차는 9.7e-13(0.00000000000097)입니다. 이로써 오차역전파법으로 구한 기울기도 올바름이 드러나면서 실수 없이 구현했다는 믿음이 커지는 것이죠.

> **NOTE_** 수치 미분과 오차역전파법의 결과 오차가 0이 되는 일은 드뭅니다. 이는 컴퓨터가 할 수 있는 계산의 정밀도가 유한하기 때문입니다(가령 32비트 부동소수점). 이 정밀도의 한계 때문에 오차는 대부분 0이 되지는 않지만, 올바르게 구현했다면 0에 아주 가까운 작은 값이 됩니다. 만약 그 값이 크면 오차역전파법을 잘못 구현했다고 의심해봐야 하겠죠.

5.7.4 오차역전파법을 사용한 학습 구현하기

마지막으로 오차역전파법을 사용한 신경망 학습을 구현해보겠습니다. 지금까지와 다른 부분은 기울기를 오차역전파법으로 구한다는 점뿐입니다. 간단한 수정이니 코드만 보여드리고 설명은 생략하겠습니다.

ch05/train_neuralnet.py

```python
import sys, os
sys.path.append(os.path.join(os.path.dirname(__file__), '..'))
import numpy as np
from dataset.mnist import load_mnist
from two_layer_net import TwoLayerNet

# 데이터 읽기
(x_train, t_train), (x_test, t_test) = \
    load_mnist(normalize=True, one_hot_label=True)
network = TwoLayerNet(input_size=784, hidden_size=50, output_size=10)

iters_num = 10000
train_size = x_train.shape[0]
batch_size = 100
learning_rate = 0.1

train_loss_list = []
train_acc_list = []
test_acc_list = []

iter_per_epoch = max(train_size / batch_size, 1)

for i in range(iters_num):
    batch_mask = np.random.choice(train_size, batch_size)
    x_batch = x_train[batch_mask]
    t_batch = t_train[batch_mask]
    
    # 오차역전파법으로 기울기를 구한다.
    grad = network.gradient(x_batch, t_batch)
    
    # 갱신
    for key in ('W1', 'b1', 'W2', 'b2'):
        network.params[key] -= learning_rate * grad[key]
    
    loss = network.loss(x_batch, t_batch)
```

```
        train_loss_list.append(loss)
        
        if i % iter_per_epoch == 0:
            train_acc = network.accuracy(x_train, t_train)
            test_acc = network.accuracy(x_test, t_test)
            train_acc_list.append(train_acc)
            test_acc_list.append(test_acc)
            print(train_acc, test_acc)
```

5.8 정리

이번 장에서는 계산 과정을 시각적으로 보여주는 방법인 계산 그래프를 배웠습니다. 계산 그래프를 이용하여 신경망의 동작과 오차역전파법을 설명하고, 그 처리 과정을 계층이라는 단위로 구현했습니다. 예를 들어 ReLU 계층, Softmax-with-Loss 계층, Affine 계층, Softmax 계층 등입니다. 모든 계층에서 forward와 backward라는 메서드를 구현합니다. 전자는 데이터를 순방향으로 전파하고, 후자는 역방향으로 전파함으로써 가중치 매개변수의 기울기를 효율적으로 구할 수 있습니다. 이처럼 동작을 계층으로 모듈화한 덕분에, 신경망의 계층을 자유롭게 조합하여 원하는 신경망을 쉽게 만들 수 있습니다.

> **이번 장에서 배운 내용**
> - 계산 그래프를 이용하면 계산 과정을 시각적으로 파악할 수 있다.
> - 계산 그래프의 노드는 국소적 계산으로 구성된다. 국소적 계산을 조합해 전체 계산을 구성한다.
> - 계산 그래프의 순전파는 통상의 계산을 수행한다. 한편, 계산 그래프의 역전파로는 각 노드의 미분을 구할 수 있다.
> - 신경망의 구성 요소를 계층으로 구현하여 기울기를 효율적으로 계산할 수 있다(오차역전파법).
> - 수치 미분과 오차역전파법의 결과를 비교하면 오차역전파법의 구현에 잘못이 없는지 확인할 수 있다(기울기 확인).

CHAPTER 6

학습 관련 기술들

이번 장에서는 신경망 학습의 핵심 개념들을 만나봅니다. 이번 장에서 다룰 주제는 가중치 매개변수의 최적값을 탐색하는 최적화 방법, 가중치 매개변수 초깃값, 하이퍼파라미터 설정 방법 등, 모두가 신경망 학습에서 중요한 주제입니다. 과대적합의 대응책인 가중치 감소와 드롭아웃 등의 정규화 방법도 간략히 설명하고 구현해봅니다. 마지막으로 많은 연구에서 사용하는 배치 정규화도 짧게 알아봅니다. 이번 장에서 설명하는 기법을 이용하면 신경망(딥러닝) 학습의 효율과 정확도를 높일 수 있습니다. 그럼 본론으로 들어가 볼까요?

6.1 매개변수 갱신

신경망 학습의 목적은 손실 함수의 값을 가능한 한 낮추는 매개변수를 찾는 것이었죠. 이는 곧 매개변수의 최적값을 찾는 문제이며, 이러한 문제를 푸는 작업을 **최적화**optimization라 합니다. 안타깝게도 신경망 최적화는 굉장히 어려운 문제입니다. 매개변수 공간은 매우 넓고 복잡해서 최적의 솔루션은 쉽게 못 찾으니까요. 수식을 풀어 순식간에 최솟값을 구하는 방법 같은 것은 없습니다. 게다가 심층 신경망에서는 매개변수의 수가 엄청나게 많아져서 사태는 더욱 심각해집니다.

우리는 지금까지 최적의 매개변수 값을 찾는 단서로 매개변수의 기울기(미분)를 이용했습니다. 매개변수의 기울기를 구해, 기울어진 방향으로 매개변수 값을 갱신하는 일을 몇 번이고 반복해서 점점 최적의 값에 다가갔습니다. 이것이 **확률적 경사 하강법**(SGD)이란 단순한 방법인데

(비록 이름은 어렵지만), 매개변수 공간을 무작정 찾는 것보다 '똑똑한' 방법입니다. SGD는 단순하지만 (문제에 따라서는) SGD보다 똑똑한 방법도 있답니다. 지금부터 SGD의 단점을 알아본 후 SGD와는 다른 최적화 기법을 소개하려 합니다.

6.1.1 모험가 이야기

본론으로 들어가기 전에 최적화를 해야 하는 우리의 상황을 모험가 이야기에 비유해보겠습니다.

> 색다른 모험가가 있습니다. 광활한 메마른 산맥을 여행하면서 날마다 깊은 골짜기를 찾아 발걸음을 옮깁니다. 그는 전설에 나오는 세상에서 가장 깊고 낮은 골짜기, '깊은 곳'을 찾아가려 합니다. 그것이 그의 여행 목적이죠. 게다가 그는 엄격한 '제약' 2개로 자신을 옭아맸습니다. 하나는 지도를 보지 않을 것, 또 하나는 눈가리개를 쓰는 것입니다. 지도도 없고 보이지도 않으니 가장 낮은 골짜기가 광대한 땅 어디에 있는지 알 도리가 없죠. 그런 혹독한 조건에서 이 모험가는 어떻게 '깊은 곳'을 찾을 수 있을까요? 어떻게 걸음을 옮겨야 효율적으로 '깊은 곳'을 찾아낼 수 있을까요?

최적 매개변수를 탐색하는 우리도 이 모험가와 같은 어둠의 세계를 탐험하게 됩니다. 광대하고 복잡한 지형을 지도도 없이 눈을 가린 채로 '깊은 곳'을 찾지 않으면 안 됩니다. 척 봐도 어려운 문제임이 느껴지지 않나요?

이 어려운 상황에서 중요한 단서가 바로 땅의 '기울기'입니다. 모험가는 주위 경치는 볼 수 없지만 지금 서 있는 땅의 기울기는 알 수 있습니다. 발바닥으로 전해지죠. 그래서 지금 서 있는 장소에서 가장 크게 기울어진 방향으로 가자는 것이 SGD의 전략입니다. 이 일을 반복하면 언젠가 '깊은 곳'에 찾아갈 수 있을지도 모르죠. 적어도 용감한 모험가는 그렇게 생각할지도 모릅니다.

6.1.2 확률적 경사 하강법(SGD)

최적화 문제의 어려움을 되새기고자 먼저 SGD를 복습해보겠습니다. SGD는 수식으로는 다음과 같이 쓸 수 있습니다.

$$\mathbf{W} \leftarrow \mathbf{W} - \eta \frac{\partial L}{\partial \mathbf{W}}$$

[식 6.1]

여기에서 $\mathbf{W}$는 갱신할 가중치 매개변수고 $\frac{\partial L}{\partial \mathbf{W}}$은 $\mathbf{W}$에 대한 손실 함수의 기울기입니다. η는 학습률을 의미하는데, 실제로는 0.01이나 0.001과 같은 값을 미리 정해서 사용합니다. 또, ←는 우변의 값으로 좌변의 값을 갱신한다는 뜻입니다. [식 6.1]에서 보듯 SGD는 기울어진 방향으로 일정 거리만 가겠다는 단순한 방법입니다. 그러면 이 SGD를 파이썬 클래스로 구현해보죠(나중에 사용하기 편하도록 클래스 이름도 SGD로 했습니다).

```
                                                    common/optimizer.py
class SGD:
    def __init__(self, lr=0.01):
        self.lr = lr

    def update(self, params, grads):
        for key in params.keys():
            params[key] -= self.lr * grads[key]
```

초기화 때 받는 인수인 lr은 learning rate(학습률)를 뜻합니다. 이 학습률을 인스턴스 변수로 유지합니다. update(params, grads) 메서드는 SGD 과정에서 반복해서 불립니다. 인수인 params와 grads는 (지금까지의 신경망 구현과 마찬가지로) 딕셔너리 변수입니다. params['W1'], grads['W1'] 등과 같이 각각 가중치 매개변수와 기울기를 저장하고 있습니다.

SGD 클래스를 사용하면 신경망 매개변수의 진행을 다음과 같이 수행할 수 있습니다(다음 코드는 실제로는 동작하지 않는 의사 코드입니다).

```
network = TwoLayerNet(...)
optimizer = SGD()

for i in range(10000):
    ...
    x_batch, t_batch = get_mini_batch(...) # 미니배치
    grads = network.gradient(x_batch, t_batch)
    params = network.params
    optimizer.update(params, grads)
    ...
```

optimizer는 '최적화를 행하는 자'라는 뜻의 단어입니다. 이 코드에서는 SGD가 그 역할을 합

니다. 매개변수 갱신은 optimizer가 책임지고 수행하니 우리는 optimizer에 매개변수와 기울기 정보만 넘겨주면 되는 것이죠.

이처럼 최적화를 담당하는 클래스를 분리해 구현하면 기능을 모듈화하기 좋습니다. 예를 들어 곧이어 소개할 모멘텀이라는 최적화 기법 역시 update(params, grads)라는 공통의 메서드를 갖도록 구현합니다. 그래서 optimizer = SGD() 문장을 optimizer = Momentum()으로만 변경하는 간단한 작업만으로 SGD를 모멘텀으로 손쉽게 바꿀 수 있습니다.

> **NOTE_** 대부분의 딥러닝 프레임워크는 다양한 최적화 기법을 구현해 제공하며, 원하는 기법으로 쉽게 바꿀 수 있는 구조로 되어 있습니다. 예를 들어 Lasagne이라는 딥러닝 프레임워크는 다양한 최적화 기법을 구현해 updates.py* 파일에 함수로 정리해두었습니다. 사용자는 그중 쓰고 싶은 기법을 선택할 수 있습니다.

6.1.3 SGD의 단점

SGD는 단순하고 구현도 쉽지만, 문제에 따라서는 비효율적일 때가 있습니다. 이번 절에서는 SGD의 단점을 알아보고자 다음 함수의 최솟값을 구하는 문제를 생각해보겠습니다.

$$f(x,y) = \frac{1}{20}x^2 + y^2 \quad \text{[식 6.2]}$$

이 함수는 [그림 6-1]의 왼쪽과 같이 '밥그릇'을 x축 방향으로 늘인 듯한 모습이고, 실제로 그 등고선은 오른쪽과 같이 x축 방향으로 늘인 타원으로 되어 있습니다.

그림 6-1 $f(x,y) = \frac{1}{20}x^2 + y^2$의 그래프(왼쪽)와 그 등고선(오른쪽)

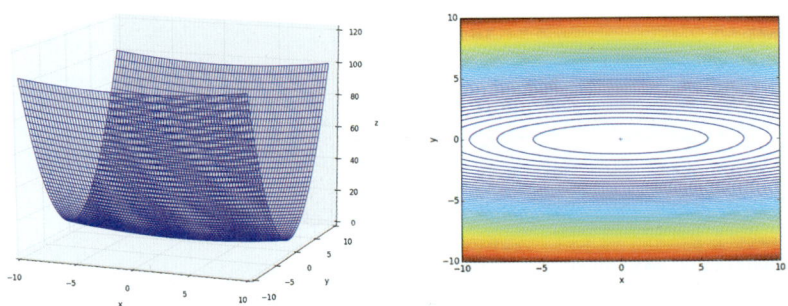

---

* https://github.com/Lasagne/Lasagne/blob/master/lasagne/updates.py

[식 6.2] 함수의 기울기를 그려보면 [그림 6-2]처럼 됩니다. 이 기울기는 y축 방향은 크고 x축 방향은 작다는 특징이 있습니다. 말하자면 y축 방향은 가파른데 x축 방향은 완만합니다. 또, 여기에서 주의할 점으로는 [식 6.2]가 최솟값이 되는 장소는 $(x, y) = (0, 0)$이지만, [그림 6-2]가 보여주는 기울기 대부분은 $(0, 0)$ 방향을 가리키지 않는다는 것입니다.

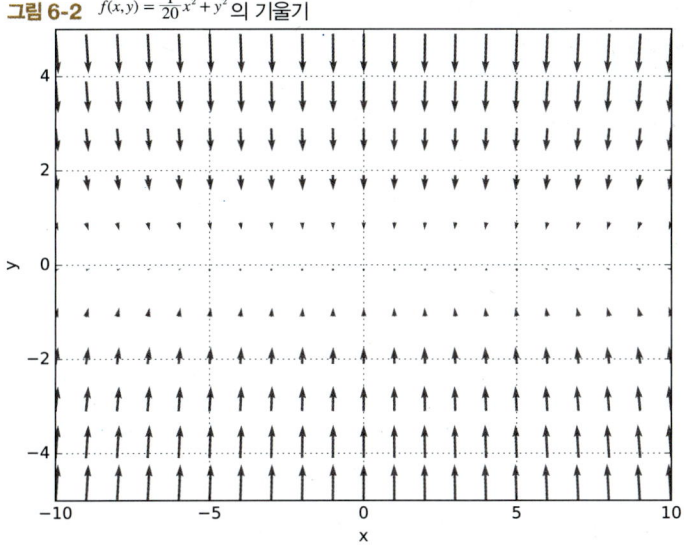

그림 6-2 $f(x,y) = \frac{1}{20}x^2 + y^2$의 기울기

이제 [그림 6-1]의 함수에 SGD를 적용해볼까요? 탐색을 시작하는 장소(초깃값)는 $(x, y) = (-7.0, 2.0)$으로 하겠습니다. 결과는 [그림 6-3]처럼 됩니다.

그림 6-3 SGD에 의한 최적화 갱신 경로: 최솟값인 (0, 0)까지 지그재그로 이동하니 비효율적이다.

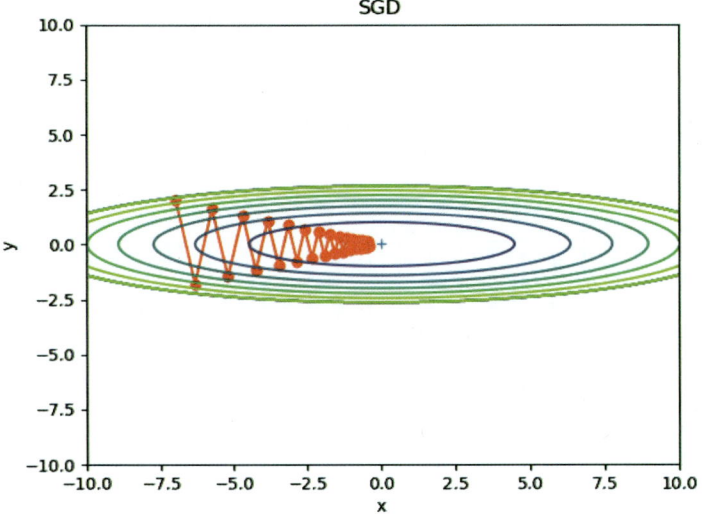

SGD는 [그림 6-3]과 같은 심하게 굽이진 움직임을 보여주죠. 상당히 비효율적인 움직임입니다. 즉, SGD의 단점은 비등방성anisotropy 함수(방향에 따라 성질, 즉 여기에서는 기울기가 달라지는 함수)에서는 탐색 경로가 비효율적이라는 뜻입니다. 이럴 때는 SGD 같이 무작정 기울어진 방향으로 진행하는 단순한 방식보다 더 영리한 묘안이 간절해집니다. 또한, SGD가 지그재그로 탐색하는 근본 원인은 기울어진 방향이 본래의 최솟값과 다른 방향을 가리켜서라는 점도 생각해볼 필요가 있습니다.

이제부터 SGD의 이러한 단점을 개선해주는 모멘텀, AdaGrad, Adam이라는 세 방법을 소개할 겁니다. 이들은 모두 SGD를 대체하는 기법이며 각각을 간단히 설명하면서 수식과 파이썬 구현을 살펴보겠습니다.

6.1.4 모멘텀

모멘텀Momentum은 '운동량'을 뜻하는 단어로, 물리와 관계가 있습니다. 모멘텀 기법은 수식으로는 다음과 같이 쓸 수 있습니다.

$$\mathbf{v} \leftarrow \alpha\mathbf{v} - \eta\frac{\partial L}{\partial \mathbf{W}} \qquad \text{[식 6.3]}$$

$$\mathbf{W} \leftarrow \mathbf{W} + \mathbf{v} \qquad \text{[식 6.4]}$$

[식 6.1]의 SGD처럼 여기에서도 $\mathbf{W}$는 갱신할 가중치 매개변수, $\frac{\partial L}{\partial \mathbf{W}}$은 $\mathbf{W}$에 대한 손실 함수의 기울기, η는 학습률입니다. $\mathbf{v}$라는 변수가 새로 나오는데, 이는 물리에서 말하는 속도^{velocity}에 해당합니다. [식 6.3]은 기울기 방향으로 힘을 받아 물체가 가속된다는 물리 법칙을 나타냅니다. 모멘텀은 [그림 6-4]와 같이 공이 그릇의 바닥을 구르는 듯한 움직임을 보여줍니다.

그림 6-4 모멘텀의 이미지: 공이 그릇의 곡면(기울기)을 따라 구르듯 움직인다.

또, [식 6.3]의 $\alpha\mathbf{v}$ 항은 물체가 아무런 힘을 받지 않을 때 서서히 하강시키는 역할을 합니다 (α는 0.9 등의 값으로 설정합니다). 물리에서의 지면 마찰이나 공기 저항에 해당하죠. 다음은 모멘텀의 구현입니다.

```python
class Momentum:
    def __init__(self, lr=0.01, momentum=0.9):
        self.lr = lr
        self.momentum = momentum
        self.v = None
        
    def update(self, params, grads):
        if self.v is None:
            self.v = {}
            for key, val in params.items():
                self.v[key] = np.zeros_like(val)
        
        for key in params.keys():
            self.v[key] = self.momentum*self.v[key] - self.lr*grads[key]
            params[key] += self.v[key]
```
common/optimizer.py

인스턴스 변수 v가 물체의 속도입니다. v는 초기화 때는 아무 값도 담지 않고, 대신 update()가 처음 호출될 때 매개변수와 같은 구조의 데이터를 딕셔너리 변수로 저장합니다. 나머지 부분은 [식 6.3]과 [식 6.4]를 간단히 코드로 옮겼을 뿐입니다.

이제 모멘텀을 사용해서 [식 6.2]의 최적화 문제를 풀어봅시다. 결과는 [그림 6-5]처럼 됩니다.

그림 6-5 모멘텀에 의한 최적화 갱신 경로

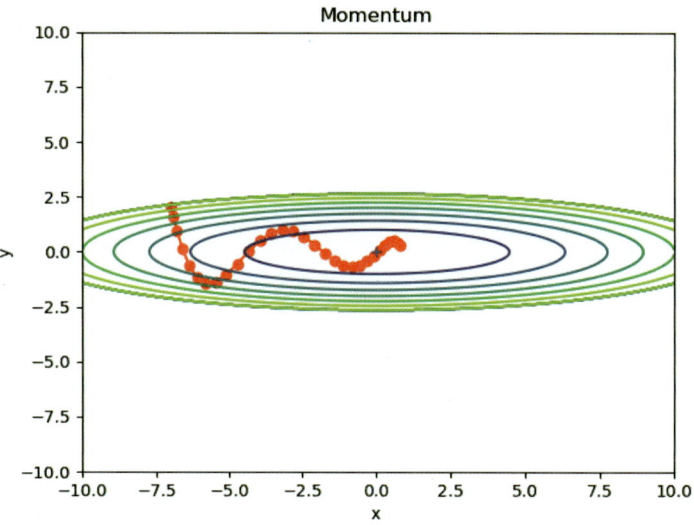

그림에서 보듯 모멘텀의 갱신 경로는 공이 그릇 바닥을 구르듯 움직입니다. SGD와 비교하면 '지그재그 정도'가 덜함을 알 수 있죠. 이는 x축의 힘은 아주 작지만 방향은 변하지 않아서 한 방향으로 일정하게 가속하기 때문입니다. 거꾸로 y축의 힘은 크지만 위아래로 번갈아 받아서 상충하여 y축 방향의 속도는 안정적이지 않습니다. 전체적으로는 SGD보다 x축 방향으로 빠르게 다가가 지그재그 움직임이 줄어듭니다.

6.1.5 AdaGrad

신경망 학습에서는 학습률(수식에서는 η로 표기) 값이 중요합니다. 이 값이 너무 작으면 학습 시간이 너무 길어지고, 반대로 너무 크면 발산하여 학습이 제대로 이뤄지지 않습니다.

이 학습률을 정하는 효과적 기술로 **학습률 감소**learning rate decay가 있습니다. 이는 학습을 진행하면서 학습률을 점차 줄여가는 방법입니다. 처음에는 크게 학습하다가 조금씩 작게 학습한다는 얘기로, 실제 신경망 학습에 자주 쓰입니다.

학습률을 서서히 낮추는 가장 간단한 방법은 매개변수 '전체'의 학습률 값을 일괄적으로 낮추는 것이겠죠. 이를 더욱 발전시킨 기법이 AdaGrad[6]입니다. AdaGrad는 '각각의' 매개변수에 '맞춤형' 값을 만들어줍니다.

AdaGrad는 개별 매개변수에 적응적으로^{adaptive} 학습률을 조정하면서 학습을 진행합니다. AdaGrad의 갱신 방법은 수식으로는 다음과 같습니다.

$$\mathbf{h} \leftarrow \mathbf{h} + \frac{\partial L}{\partial \mathbf{W}} \odot \frac{\partial L}{\partial \mathbf{W}} \quad \text{[식 6.5]}$$

$$\mathbf{W} \leftarrow \mathbf{W} - \eta \frac{1}{\sqrt{\mathbf{h}}} \frac{\partial L}{\partial \mathbf{W}} \quad \text{[식 6.6]}$$

마찬가지로 $\mathbf{W}$는 갱신할 가중치 매개변수, $\frac{\partial L}{\partial \mathbf{W}}$은 $\mathbf{W}$에 대한 손실 함수의 기울기, η는 학습률을 뜻합니다. 여기에서는 새로 $\mathbf{h}$라는 변수가 등장합니다. $\mathbf{h}$는 [식 6.5]에서 보듯 기존 기울기 값을 제곱하여 계속 더해줍니다([식 6.5]의 $\odot$기호는 행렬의 원소별 곱셈을 의미합니다). 그리고 매개변수를 갱신할 때 $\frac{1}{\sqrt{\mathbf{h}}}$ 을 곱해 학습률을 조정합니다. 매개변수의 원소 중에서 많이 움직인(크게 갱신된) 원소는 학습률이 낮아진다는 뜻인데, 다시 말해 학습률 감소가 매개변수의 원소마다 다르게 적용됨을 뜻하죠.

> **NOTE_** AdaGrad는 과거의 기울기를 제곱하여 계속 더해갑니다. 그래서 학습을 진행할수록 갱신 강도가 약해집니다. 실제로 무한히 계속 학습한다면 어느 순간 갱신량이 0이 되어 전혀 갱신되지 않게 되죠. 이 문제를 개선한 기법으로서 RMSProp[7]이라는 방법이 있습니다. RMSProp은 과거의 모든 기울기를 균일하게 더해가는 것이 아니라, 먼 과거의 기울기는 서서히 잊고 새로운 기울기 정보를 크게 반영합니다. 이를 **지수이동평균**$^{Exponential\ Moving\ Average}$(EMA)이라 하여, 과거 기울기의 반영 규모를 기하급수적으로 감소시킵니다.

그럼 AdaGrad의 구현을 살펴보겠습니다.

common/optimizer.py

```python
class AdaGrad:
    def __init__(self, lr=0.01):
        self.lr = lr
        self.h = None

    def update(self, params, grads):
        if self.h is None:
            self.h = {}
            for key, val in params.items():
```

```
        self.h[key] = np.zeros_like(val)

    for key in params.keys():
        self.h[key] += grads[key] * grads[key]
        params[key] -= self.lr * grads[key] / (np.sqrt(self.h[key]) + 1e-7)
```

여기에서 주의할 것은 마지막 줄에서 1e-7이라는 작은 값을 더하는 부분입니다. 이 작은 값은 self.h[key]에 0이 담겨 있다 해도 0으로 나누는 사태를 막아줍니다. 대부분의 딥러닝 프레임워크에서는 이 값도 인수로 설정할 수 있습니다.

그림 AdaGrad를 사용해서 [식 6.2]의 최적화 문제를 풀어보겠습니다. 결과는 [그림 6-6]처럼 됩니다.

그림 6-6 AdaGrad에 의한 최적화 갱신 경로

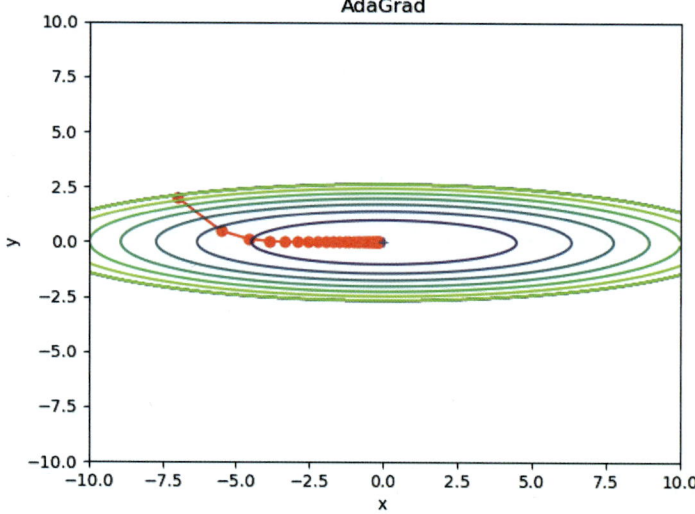

[그림 6-6]을 보면 최솟값을 향해 훨씬 효율적으로 움직이는 모습을 확인할 수 있습니다. y축 방향은 기울기가 커서 처음에는 크게 움직이지만, 그 큰 움직임에 비례해 갱신 정도도 큰 폭으로 작아지도록 조정됩니다. 그래서 y축 방향으로 갱신 강도가 빠르게 약해지고, 지그재그 움직임이 줄어듭니다.

6.1.6 Adam

모멘텀은 공이 그릇 바닥을 구르는 듯한 움직임을 보였습니다. AdaGrad는 매개변수의 원소마다 적응적으로 갱신 정도를 조정했습니다. 그럼 혹시 이 두 기법을 융합하면 어떻게 될까요? 이런 생각에서 출발한 기법이 바로 Adam[6]입니다.*

Adam은 2015년에 제안된 새로운 방법입니다. 그 이론은 다소 복잡하지만 직관적으로는 모멘텀과 AdaGrad를 융합한 듯한 방법입니다. 이 두 방법의 이점을 조합했다면 매개변수 공간을 효율적으로 탐색해줄 것으로 기대해도 좋겠죠? 또, 하이퍼파라미터의 '편향 보정'이 진행된다는 점도 Adam의 특징입니다. 여기에서는 더 깊게 파고들진 않겠습니다. 궁금한 분은 논문[8]을 참고해주세요. 또한 common/optimizer.py에 Adam 클래스를 구현해두었으니 함께 보면 도움이 될 겁니다.

그럼 Adam을 사용하여 [식 6.2]의 최적화 문제를 풀어보겠습니다. 결과는 [그림 6-7]과 같습니다.

그림 6-7 Adam에 의한 최적화 갱신 경로

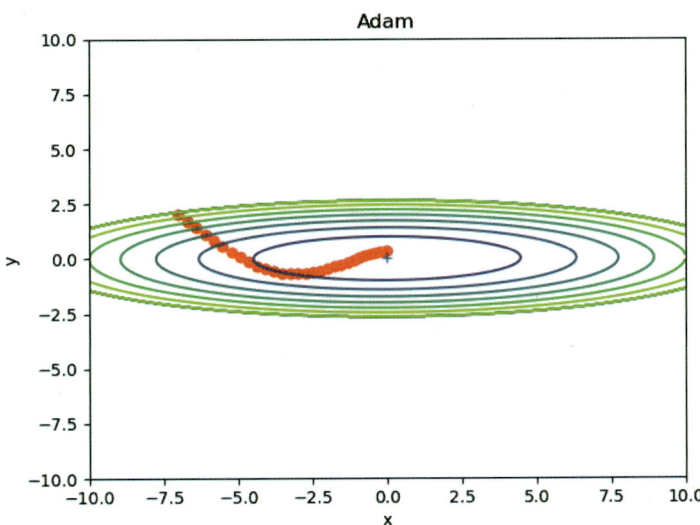

---
* 이 책은 Adam을 이해하기 쉽도록 직관적으로 설명하여, 완전히 정확하지는 않습니다. 자세한 내용은 원논문을 참고하세요.

[그림 6-7]과 같이 Adam 갱신 과정도 그릇 바닥을 구르듯 움직임입니다. 모멘텀과 비슷한 패턴인데, 모멘텀 때보다 공의 좌우 흔들림이 적습니다. 이는 학습의 갱신 강도를 적응적으로 조정해서 얻는 혜택입니다.

> **NOTE_** Adam은 하이퍼파라미터를 3개 설정합니다. 하나는 지금까지의 학습률(논문에서는 α로 등장), 나머지 두 개는 일차 모멘텀용 계수 β_1과 이차 모멘텀용 계수 β_2입니다. 논문에 따르면 기본 설정값은 β_1은 0.9, β_2는 0.999이며, 이 값이면 많은 경우에 좋은 결과를 얻을 수 있습니다.

6.1.7 어느 갱신 방법을 이용할 것인가?

지금까지 매개변수의 갱신 방법을 4개 살펴봤습니다. 이번 절에서는 이들 네 기법의 결과를 비교해보겠습니다(ch06/optimizer_compare_naive.py).

그림 6-8 최적화 기법 비교: SGD, 모멘텀, AdaGrad, Adam

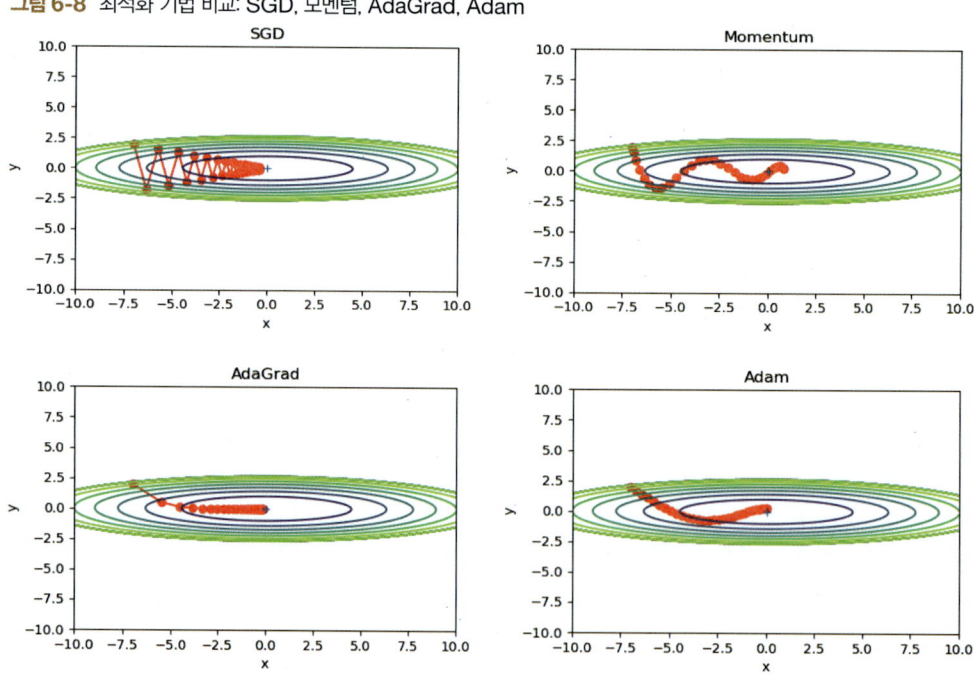

[그림 6-8]과 같이 사용한 기법에 따라 갱신 경로가 다릅니다. 이 그림만 보면 AdaGrad가 가장 나은 것 같은데, 사실 그 결과는 풀어야 할 문제가 무엇이냐에 따라 달라지므로 주의해야 합니다. 또, 당연하지만 학습률 등의 하이퍼파라미터를 어떻게 설정하느냐에 따라서도 결과가 바뀝니다.

SGD, 모멘텀, AdaGrad, Adam의 네 후보 중 어느 것을 채택하면 될까요? 유감스럽게도 모든 문제에서 항상 뛰어난 기법은 (아직까진) 없습니다. 각자의 장단이 있어 잘 푸는 문제와 서툰 문제가 있죠.

지금도 많은 연구에서 SGD를 사용하고 있습니다. 모멘텀과 AdaGrad도 시도해볼 만한 가치가 충분합니다. 요즘에는 많은 분이 Adam에 만족해하며 쓰는 것 같습니다. 이 책에서는 주로 SGD와 Adam을 사용하지만 여러분은 각자의 상황을 고려해 여러 가지로 시도해보세요.

6.1.8 MNIST 데이터셋으로 본 갱신 방법 비교

손글씨 숫자 인식을 대상으로 지금까지 설명한 네 기법을 비교해봅시다. 각 방법의 학습 진도가 얼마나 다른지를 [그림 6-9]에 그려보았습니다(ch06/optimizer_compare_mnist.py).

그림 6-9 MNIST 데이터셋에 대한 학습 진도 비교

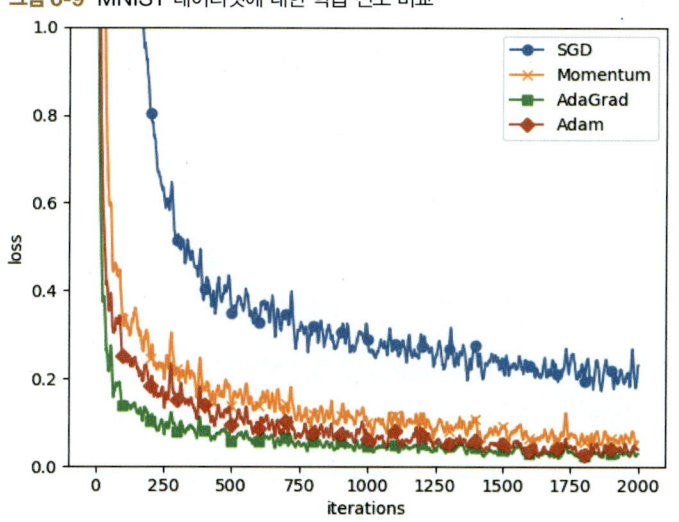

이 실험은 각 층이 100개의 뉴런으로 구성된 5층 신경망에서 ReLU를 활성화 함수로는 사용해 측정했습니다.

[그림 6-9]의 결과를 보면 SGD의 학습 진도가 가장 느리군요. 나머지 세 기법의 진도는 비슷한데, 잘 보면 AdaGrad가 조금 더 빠른 것 같습니다. 이 실험에서 주의할 점은 하이퍼파라미터인 학습률과 신경망의 구조(층 깊이 등)에 따라 결과가 달라진다는 사실입니다. 다만 일반적으로 SGD보다 다른 세 기법이 빠르게 학습하고, 때로는 최종 정확도도 높게 나타납니다.

6.2 가중치의 초깃값

신경망 학습에서는 가중치의 초깃값이 특히 중요합니다. 가중치의 초깃값을 무엇으로 설정하느냐가 신경망 학습의 성패가 가르는 일이 실제로 자주 있습니다. 이번 절에서는 권장 초깃값에 대해서 설명하고 실험을 통해 실제로 신경망 학습이 신속하게 이뤄지는 모습을 확인하겠습니다.

6.2.1 초깃값을 0으로 하면?

이제부터 과대적합을 억제해 범용 성능을 높이는 테크닉인 가중치 감소 weight decay 기법을 소개하려 합니다. 가중치 감소는 간단히 말하자면 가중치 매개변수의 값이 작아지도록 학습하는 방법입니다. 가중치 값을 작게 하여 과대적합이 일어나지 않게 하는 것이죠.

가중치를 작게 만들고 싶으면 초깃값도 최대한 작은 값에서 시작하는 것이 정공법입니다. 사실 지금까지 가중치의 초깃값은 0.01 * np.random.randn(10, 100)처럼 정규분포에서 생성되는 값을 0.01배 한 작은 값(표준편차가 0.01인 정규분포)을 사용했습니다.

그렇다면 가중치의 초깃값을 모두 0으로 설정하면 어떨까요? 답부터 얘기하면, 이는 나쁜 아이디어입니다. 실제로 가중치 초깃값을 0으로 하면 학습이 올바로 이뤄지지 않습니다.

초깃값을 모두 0으로 해서는 안 되는 이유는 뭘까요? (정확히는 가중치를 균일한 값으로 설정해서는 안 됩니다.) 그 이유는 바로 오차역전파법에서 모든 가중치의 값이 똑같이 갱신되기 때문입니다. 예를 들어 2층 신경망에서 첫 번째와 두 번째 층의 가중치가 0이라고 가정하겠습니다. 그럼 순전파 때는 입력층의 가중치가 0이기 때문에 두 번째 층의 뉴런에 모두 같은 값이 전달됩니다. 두 번째 층의 모든 뉴런에 같은 값이 입력된다는 것은 역전파 때 두 번째 층의 가중치가 모두 똑같이 갱신된다는 말이 됩니다('곱셈 노드의 역전파'를 떠올려보세요). 그래서 가중치들은 같은 초깃값에서 시작하고 갱신을 거쳐도 여전히 같은 값을 유지하는데, 이는 가중치를 여러 개 갖는 의미를 사라지게 하는 효과를 낳습니다. 이 '가중치가 고르게 되어버리는 상황'을 막으려면 (정확히는 가중치의 대칭적인 구조를 무너뜨리려면) 초깃값을 무작위로 설정해야 합니다.

6.2.2 은닉층의 활성화값 분포

은닉층의 활성화값(활성화 함수의 출력 데이터)*의 분포를 관찰하면 중요한 정보를 얻을 수 있습니다. 이번 절에서는 가중치의 초깃값에 따라 은닉층 활성화값들이 어떻게 변화하는지 간단한 실험을 해보려 합니다. 구체적으로는 활성화 함수로 시그모이드 함수를 사용하는 5층 신경망에 무작위로 생성한 입력 데이터를 흘리며 각 층의 활성화값 분포를 히스토그램으로 그려보겠습니다. 이 실험은 스탠퍼드 대학교의 CS231n 수업[5]을 참고했습니다.

이 실험을 위한 전체 소스 코드는 ch06/weight_init_activation_histogram.py에 있습니다. 책 본문에서는 필요한 부분만 가져와 설명하겠습니다.

```python
import numpy as np
import matplotlib.pyplot as plt

def sigmoid(x):
    return 1 / (1 + np.exp(-x))

x = np.random.randn(1000, 100)  # 1000개의 데이터
node_num = 100          # 각 은닉층의 노드(뉴런) 수
hidden_layer_size = 5   # 은닉층이 5개
activations = {}        # 이곳에 활성화 결과(활성화값)를 저장

for i in range(hidden_layer_size):
    if i != 0:
        x = activations[i-1]
```

---

* 다른 문헌에서는 계층 사이를 흐르는 데이터를 '활성화값'이라 하기도 합니다.

```python
    w = np.random.randn(node_num, node_num) * 1
    a = np.dot(x, w)
    z = sigmoid(a)
    activations[i] = z
```

층이 5개가 있으며, 각 층의 뉴런은 100개씩입니다. 입력 데이터로서 1,000개의 데이터를 정규분포로 무작위로 생성하여 이 5층 신경망에 흘립니다. 활성화 함수로는 시그모이드 함수를 이용했고, 각 층의 활성화 결과를 activations 변수에 저장합니다. 이 코드에서는 가중치의 분포에 주의해야 합니다. 이번에는 표준편차가 1인 정규분포를 이용했는데, 이 분포된 정도(표준편차)를 바꿔가며 활성화값들의 분포가 어떻게 변화하는지 관찰하는 것이 이 실험의 목적입니다. 그림 activations에 저장된 각 층의 활성화값 데이터를 히스토그램으로 그려보겠습니다.

```python
# 히스토그램 그리기                        ch06/weight_init_activation_histogram.py
for i, a in activations.items():
    plt.subplot(1, len(activations), i+1)
    plt.title(str(i+1) + "-layer")
    if i != 0: plt.yticks([], [])
    plt.hist(a.flatten(), 30, range=(0,1))
plt.show()
```

이 코드를 실행하면 [그림 6-10]의 히스토그램을 얻을 수 있습니다.

그림 6-10 가중치를 표준편차가 1인 정규분포로 초기화할 때의 각 층의 활성화값 분포

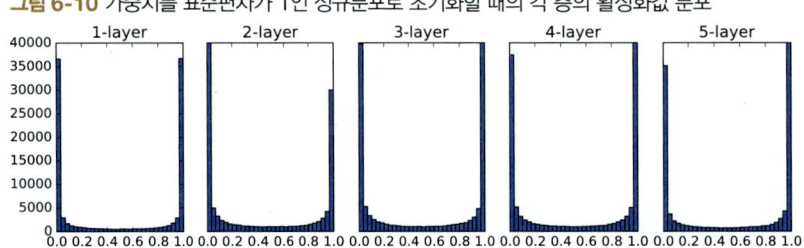

각 층의 활성화값들이 0과 1에 치우쳐 분포되어 있군요. 여기에서 사용한 시그모이드 함수는 그 출력이 0에 가까워지자(또는 1에 가까워지자) 그 미분은 0에 다가갑니다. 그래서 데이터가 0과 1에 치우쳐 분포하게 되면 역전파의 기울기 값이 점점 작아지다가 사라집니다. 이 현상이 **기울기 소실**gradient vanishing이라 알려진 문제입니다. 층을 깊게 하는 딥러닝에서는 기울기 소실은 더 심각한 문제가 될 수 있습니다.

이번에는 가중치의 표준편차를 0.01로 바꿔 같은 실험을 반복해보겠습니다. 앞의 코드에서 가중치 초깃값 설정 부분을 다음과 같이 바꾸면 됩니다.

```
#w = np.random.randn(node_num, node_num) * 1
w = np.random.randn(node_num, node_num) * 0.01
```

결과를 봅시다. 표준편차를 0.01로 한 정규분포의 경우 각 층의 활성화값 분포는 [그림 6-11]처럼 됩니다.

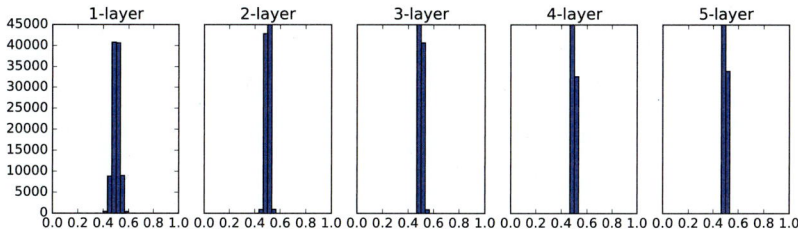

그림 6-11 가중치를 표준편차가 0.01인 정규분포로 초기화할 때의 각 층의 활성화값 분포

이번에는 0.5 부근에 집중되었습니다. 앞의 예처럼 0과 1로 치우치진 않았으니 기울기 소실 문제는 일어나지 않습니다만, 활성화값들이 치우쳤다는 것은 표현력 측면에서는 큰 문제가 있다는 의미입니다. 무슨 이야기냐 하면, 이 상황에서는 다수의 뉴런이 거의 같은 값을 출력하고 있으니 뉴런을 여러 개 둔 의미가 없어진다는 뜻입니다. 예를 들어 뉴런 100개가 거의 같은 값을 출력한다면 뉴런 1개짜리와 별반 다를 게 없는 것이죠. 그래서 활성화값들이 치우치면 **표현력을 제한**한다는 관점에서 문제가 됩니다.

> **WARNING_** 각 층의 활성화값은 적당히 고루 분포되어야 합니다. 층과 층 사이에 적당하게 다양한 데이터가 흐르게 해야 신경망 학습이 효율적으로 이뤄지기 때문입니다. 반대로 치우친 데이터가 흐르면 기울기 소실이나 표현력 제한 문제에 빠져서 학습이 잘 이뤄지지 않는 경우가 생깁니다.

이어서 사비에르 글로로트Xavier Glorot와 요슈아 벤지오Yoshua Bengio의 논문[9]에서 권장하는 가중치 초깃값인, 일명 **Xavier 초깃값**을 써보겠습니다. 현재 Xavier 초깃값은 일반적인 딥러닝 프레임워크들이 표준적으로 이용하고 있습니다. 예를 들어 카페Caffe 프레임워크는 가중치 초깃값을 설정할 때 인수로 xavier를 지정할 수 있습니다.

이 논문은 각 층의 활성화값들을 광범위하게 분포시킬 목적으로 가중치의 적절한 분포를 찾고자 했습니다. 그리고 앞 계층의 노드가 n개라면 표준편차가 $\frac{1}{\sqrt{n}}$인 분포를 사용하면 된다는 결론을 이끌었죠(그림 6-12).*

그림 6-12 Xavier 초깃값: 초깃값의 표준편차가 $\frac{1}{\sqrt{n}}$이 되도록 설정(n은 앞 층의 노드 수)

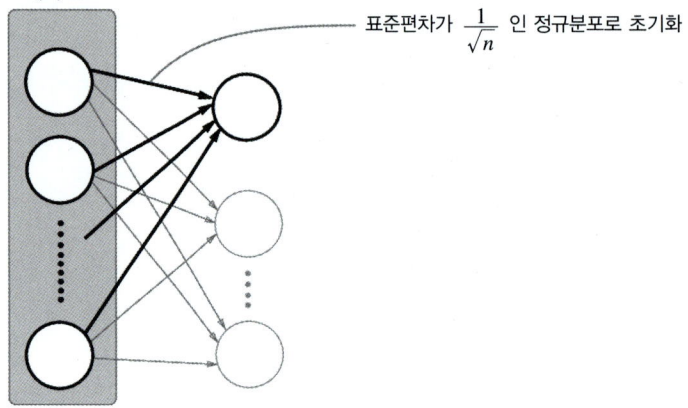

Xavier 초깃값을 사용하면 앞 층에 노드가 많을수록 대상 노드의 초깃값으로 설정하는 가중치가 좁게 퍼집니다. 이제 Xavier 초깃값을 써서 실험해봅시다. 코드에서는 가중치 초깃값 설정 부분을 다음과 같이 고쳐주기만 하면 됩니다(모든 층의 노드 수가 100개라고 단순화했습니다).

```
node_num = 100  # 앞 층의 노드 수
w = np.random.randn(node_num, node_num) / np.sqrt(node_num)
```

그림 6-13 가중치의 초깃값으로 'Xavier 초깃값'을 이용할 때의 각 층의 활성화값 분포

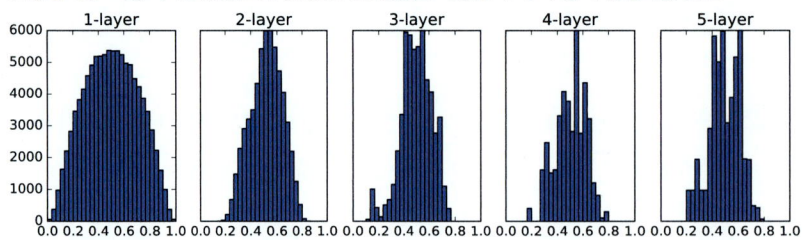

---

* 사비에르의 논문은 앞 층의 입력 노드 수 외에 다음 층의 출력 노드 수도 고려한 설정값을 제안합니다. 다만 카페 등의 프레임워크는 앞 층의 입력 노드만으로 계산하도록 단순화했습니다.

Xavier 초깃값을 사용한 결과는 [그림 6-13]처럼 됩니다. 이 결과를 보면 층이 깊어지면서 형태가 다소 일그러지지만 앞에서 본 방식보다는 확실히 넓게 분포됨을 알 수 있습니다. 각 층에 흐르는 데이터는 적당히 퍼져 있으므로, 시그모이드 함수의 표현력도 제한받지 않고 학습이 효율적으로 이뤄질 것으로 기대됩니다.

> **NOTE_** [그림 6-13]은 오른쪽으로 갈수록 약간씩 일그러지고 있습니다. 이 일그러짐은 sigmoid 함수 대신 tanh 함수(쌍곡선 함수)를 이용하면 개선됩니다. 실제로 tanh 함수를 이용하면 말끔한 종 모양으로 분포됩니다. tanh 함수도 sigmoid 함수와 같은 'S'자 모양 곡선 함수입니다. 다만 tanh 함수가 원점(0, 0)에서 대칭인 S 곡선인 반면, sigmoid 함수는 $(x, y) = (0, 0.5)$에서 대칭인 S 곡선이죠. 활성화 함수용으로는 원점에서 대칭인 함수가 바람직하다고 알려져 있습니다.

6.2.3 ReLU를 사용할 때의 가중치 초깃값

Xavier 초깃값은 활성화 함수가 선형이라는 전제로 이끈 결과입니다. sigmoid 함수와 tanh 함수는 좌우 대칭이라 중앙 부근이 선형인 함수로 볼 수 있죠. 그래서 Xavier 초깃값이 적당합니다. 반면 ReLU를 이용할 때는 ReLU에 특화된 초깃값을 이용하라고 권장합니다. 이 특화된 초깃값을 찾아낸 카이밍 히Kaiming He의 이름을 따 **He 초깃값**[10]이라 합니다. He 초깃값은 앞 계층의 노드가 n개일 때, 표준편차가 $\sqrt{\frac{2}{n}}$인 정규분포를 사용합니다. Xavier 초깃값이 $\sqrt{\frac{1}{n}}$이었죠? ReLU는 음의 영역이 0이라서 더 넓게 분포시키기 위해 2배의 계수가 필요하다고 (직감적으로) 해석할 수 있겠습니다.

그러면 활성화 함수로 ReLU를 이용한 경우의 활성화값 분포를 함께 보시죠. [그림 6-14]는 표준편차가 0.01인 정규분포(std = 0.01), Xavier 초깃값, ReLU 전용 He 초깃값일 때의 실험 결과를 차례로 보여줍니다.

그림 6-14 활성화 함수로 ReLU를 사용한 경우의 가중치 초깃값에 따른 활성화값 분포 변화

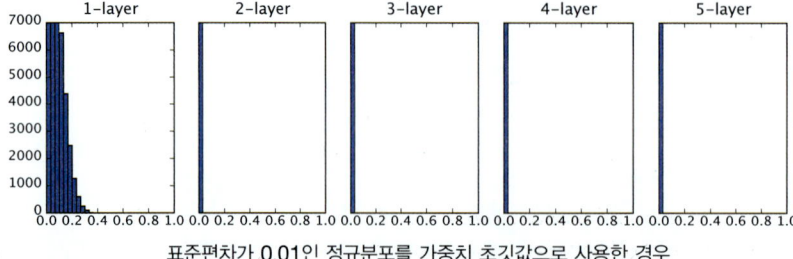

표준편차가 0.01인 정규분포를 가중치 초깃값으로 사용한 경우

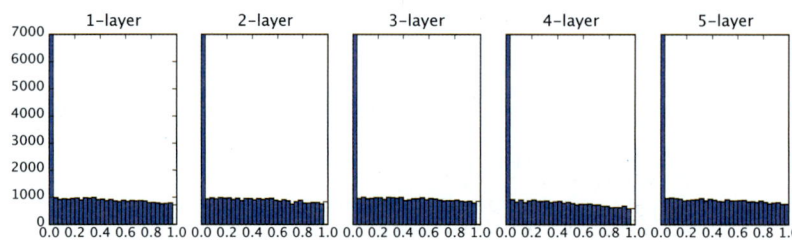

Xavier 초깃값을 사용한 경우

He 초깃값을 사용한 경우

결과를 보면 std = 0.01일 때의 각 층의 활성화값들은 아주 작은 값들입니다.* 신경망에 아주 작은 데이터가 흐르게 되면 역전파 때 가중치의 기울기 역시 작아진다는 뜻입니다. 이는 중대한 문제이며, 실제로도 학습이 거의 이뤄지지 않을 겁니다.

이어서 Xavier 초깃값 결과를 보면 이쪽은 층이 깊어지면서 치우침이 조금씩 커집니다. 실제로 층이 깊어지면 활성화값들의 치우침도 커지고, 학습할 때 '기울기 소실' 문제를 일으킵니다.

마지막으로 He 초깃값은 모든 층에서 균일하게 분포되었습니다. 층이 깊어져도 분포가 균일하

---

* 각 층의 활성화값 분포의 평균은 1층부터 차례로 0.0396, 0.00290, 0.000197, 1.32e-5, 9.46e-7입니다.

게 유지되기에 역전파 때도 적절한 값이 나올 것으로 기대할 수 있습니다.

이상의 실험 결과를 바탕으로 활성화 함수로 ReLU를 사용할 때는 He 초깃값을, sigmoid나 tanh 등의 S자 모양 곡선일 때는 Xavier 초깃값을 쓰겠습니다. 이것이 현재의 모범 사례라고 할 수 있습니다.

6.2.4 MNIST 데이터셋으로 본 가중치 초깃값 비교

이번에는 '실제' 데이터를 가지고 가중치의 초깃값을 주는 방법이 신경망 학습에 얼마나 영향을 주는지 보겠습니다. 지금까지 살펴본 세 경우(std = 0.01, Xavier 초깃값, He 초깃값) 모두를 실험해보죠(ch06/weight_init_compare.py). 결과부터 보겠습니다.

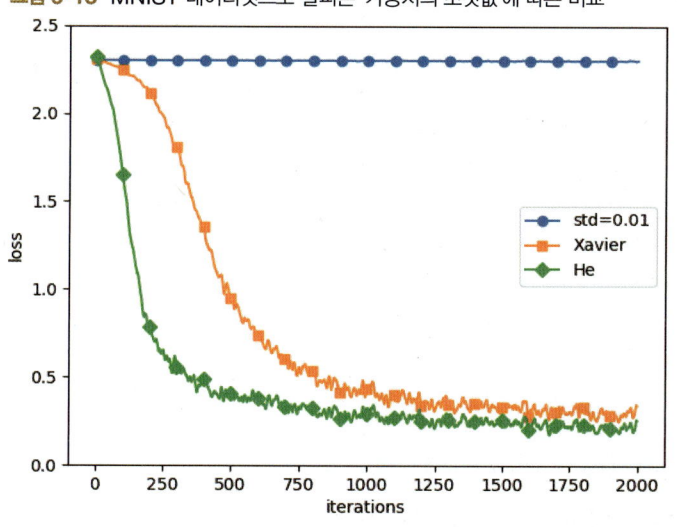

그림 6-15 MNIST 데이터셋으로 살펴본 '가중치의 초깃값'에 따른 비교

이 실험은 층별 뉴런 수가 100개인 5층 신경망에서 활성화 함수로 ReLU를 사용했습니다. [그림 6-15]에서 보듯 std = 0.01일 때는 학습이 전혀 이뤄지지 않습니다. 앞서 활성화값의 분포에서 본 것처럼 순전파 때 너무 작은 값(0 근처로 밀집한 데이터)이 흐르기 때문입니다. 그로 인해 역전파 때의 기울기도 작아져 가중치가 거의 갱신되지 않는 것이죠. 반대로 Xavier와 He 초깃값의 경우는 학습이 순조롭게 이뤄지고 있습니다. 다만 학습 진도는 He 초깃값 쪽이 더 빠르군요.

지금까지 살펴보았듯 가중치의 초깃값은 신경망 학습에 아주 중요한 포인트입니다. 가중치의 초깃값에 따라 신경망 학습의 성패가 갈리는 경우가 많습니다. 초깃값의 중요성은 간과하기 쉽지만 어떤 일이든 시작(초깃값)이 중요한 법이죠. 가중치 초깃값이 중요함을 다시 한번 강조하면서 이번 절을 마칩니다.

6.3 배치 정규화

앞 절에서는 각 층의 활성화값 분포를 관찰해보며 가중치의 초깃값을 적절히 설정하면 각 층의 활성화값 분포가 적당히 퍼지면서 학습이 원활하게 수행됨을 배웠습니다. 그렇다면 각 층이 활성화를 적당히 퍼뜨리도록 '강제'해보면 어떨까요? 실은 배치 정규화 Batch Normalization[11]가 그런 아이디어에서 출발한 방법입니다.

6.3.1 배치 정규화 알고리즘

배치 정규화는 2015년에 제안된 방법입니다. 배치 정규화는 아직 세상에 나온 지 얼마 안 된 기법임에도 많은 연구자와 기술자가 즐겨 사용하고 있습니다. 실제로 머신러닝 콘테스트의 결과를 보면 이 배치 정규화를 사용하여 뛰어난 결과를 달성한 예가 많습니다.

배치 정규화가 주목받는 이유는 다음과 같습니다.

- 학습을 빨리 진행할 수 있다(학습 속도 개선).
- 초깃값에 크게 의존하지 않는다(골치 아픈 초깃값 선택 장애여 안녕!).
- 과대적합을 억제한다(드롭아웃 등의 필요성 감소).

딥러닝의 학습 시간이 길다는 걸 생각하면 첫 번째 이점은 아주 반가운 일입니다. 초깃값에 크게 신경 쓸 필요가 없고, 과대적합 억제 효과가 있다는 점도 딥러닝 학습의 두통거리를 덜어줍니다.

자, 배치 정규화의 기본 아이디어는 앞에서 말했듯이 각 층에서의 활성화값이 적당히 분포되도록 조정하는 것입니다. 그래서 [그림 6-16]과 같이 데이터 분포를 정규화하는 '배치 정규화 Batch Norm 계층'을 신경망에 삽입합니다.

그림 6-16 배치 정규화를 사용한 신경망의 예

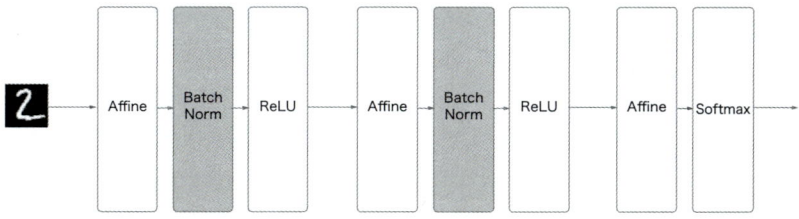

배치 정규화는 그 이름과 같이 학습 시 미니배치를 단위로 정규화합니다. 구체적으로는 데이터 분포가 평균이 0, 분산이 1이 되도록 정규화합니다. 수식으로는 다음과 같습니다.

$$\mu_B \leftarrow \frac{1}{m}\sum_{i=1}^{m} x_i$$

$$\sigma_B^2 \leftarrow \frac{1}{m}\sum_{i=1}^{m} (x_i - \mu_B)^2$$

$$\hat{x}_i \leftarrow \frac{x_i - \mu_B}{\sqrt{\sigma_B^2 + \varepsilon}}$$

[식 6.7]

여기에는 미니배치 $B = \{x_1, x_2 \cdots x_m\}$이라는 m개의 입력 데이터의 집합에 대해 평균 μ_B와 분산 σ_B^2을 구합니다. 그리고 입력 데이터를 평균이 0, 분산이 1이 되게(적절한 분포가 되게) 정규화합니다. 그리고 [식 6.7]에서 ε(엡실론epsilon) 기호는 작은 값(예컨대 10e-7 등)으로, 0으로 나누는 사태를 예방하는 역할입니다.

[식 6.7]은 단순히 미니배치 입력 데이터 $\{x_1, x_2 \cdots x_m\}$을 평균 0, 분산 1인 데이터 $\{\hat{x}_1, \hat{x}_2 \cdots \hat{x}_m\}$으로 변환하는 일을 합니다. 이 처리를 활성화 함수의 앞(혹은 뒤)에 삽입*함으로써 데이터 분포가 덜 치우치게 할 수 있습니다.

또, 배치 정규화 계층마다 이 정규화된 데이터에 고유한 확대scale와 이동shift 변환을 수행합니다. 수식으로는 다음과 같습니다.

$$y_i \leftarrow \gamma \hat{x}_i + \beta$$

[식 6.8]

이 식에서 γ가 확대를, β가 이동을 담당하죠. 두 값은 처음에는 $\gamma = 1$, $\beta = 0$부터 시작하고** 학습하면서 적합한 값으로 조정해갑니다.

---

* 배치 정규화를 활성화 함수의 앞이나 뒤, 어느 쪽에 삽입할지에 관한 논의와 실험이 문헌 [11]과 [12] 등에서 진행되고 있습니다.

** 옮긴이_ $\gamma = 1$은 1배 확대를 뜻하고 $\beta = 0$은 이동하지 않음을 뜻합니다. 즉, 처음에는 원본 그대로에서 시작한다는 이야기입니다.

이상이 배치 정규화의 알고리즘입니다. 이 알고리즘이 신경망에서 순전파 때 적용되죠. 이를 5장에서 설명한 계산 그래프로는 [그림 6-17]처럼 그릴 수 있습니다.

그림 6-17 배치 정규화의 계산 그래프[13]

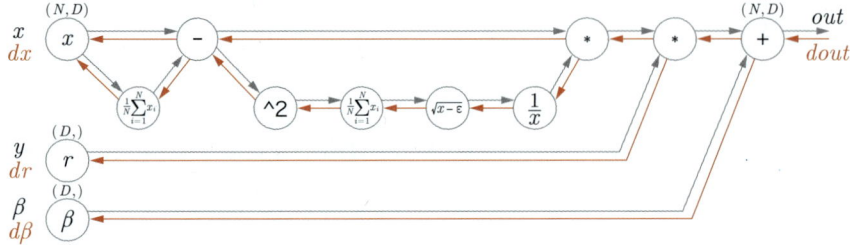

배치 정규화의 역전파 유도는 다소 복잡하므로 여기에서는 설명하지 않습니다만, [그림 6-17] 같은 계산 그래프를 그려보면 비교적 쉽게 도출할 수 있을 겁니다. 자세한 설명은 프레드릭 크레저트Frederik Kratzert의 블로그[13]에서 찾을 수 있으니 궁금한 분은 참고하세요.

6.3.2 배치 정규화의 효과

그럼 배치 정규화 계층을 사용한 실험을 해봅시다. 우선은 MNIST 데이터셋을 사용하여 배치 정규화 계층을 사용할 때와 사용하지 않을 때의 학습 진도가 어떻게 달라지는지를 보겠습니다 (ch06/batch_norm_test.py). [그림 6-18]이 그 결과입니다.

그림 6-18 배치 정규화의 효과: 배치 정규화가 학습 속도를 높인다.

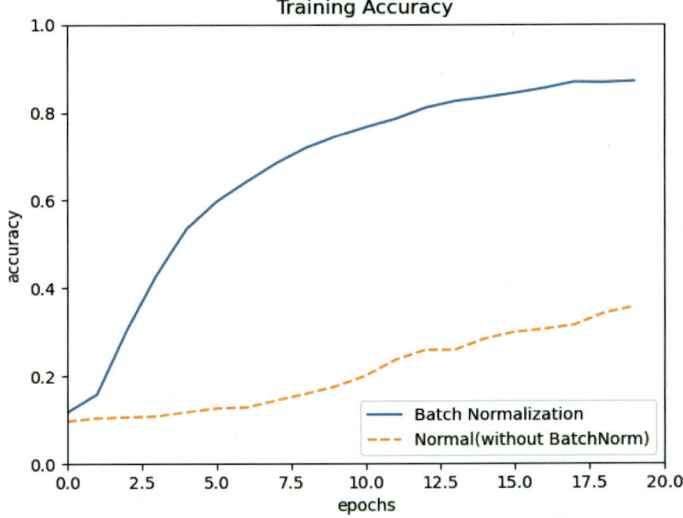

[그림 6-18]과 같이 배치 정규화가 학습을 빨리 진전시키고 있습니다. 계속해서 초깃값 분포를 다양하게 줘가며 학습 진행이 어떻게 달라지는지 보겠습니다. [그림 6-19]는 가중치 초깃값의 표준편차를 다양하게 바꿔가며 학습 경과를 관찰한 그래프입니다(ch06/batch_norm_test_multi.py).

그림 6-19 실선이 배치 정규화를 사용한 경우, 점선이 사용하지 않은 경우: 가중치 초깃값의 표준편차는 각 그래프 위에 표기

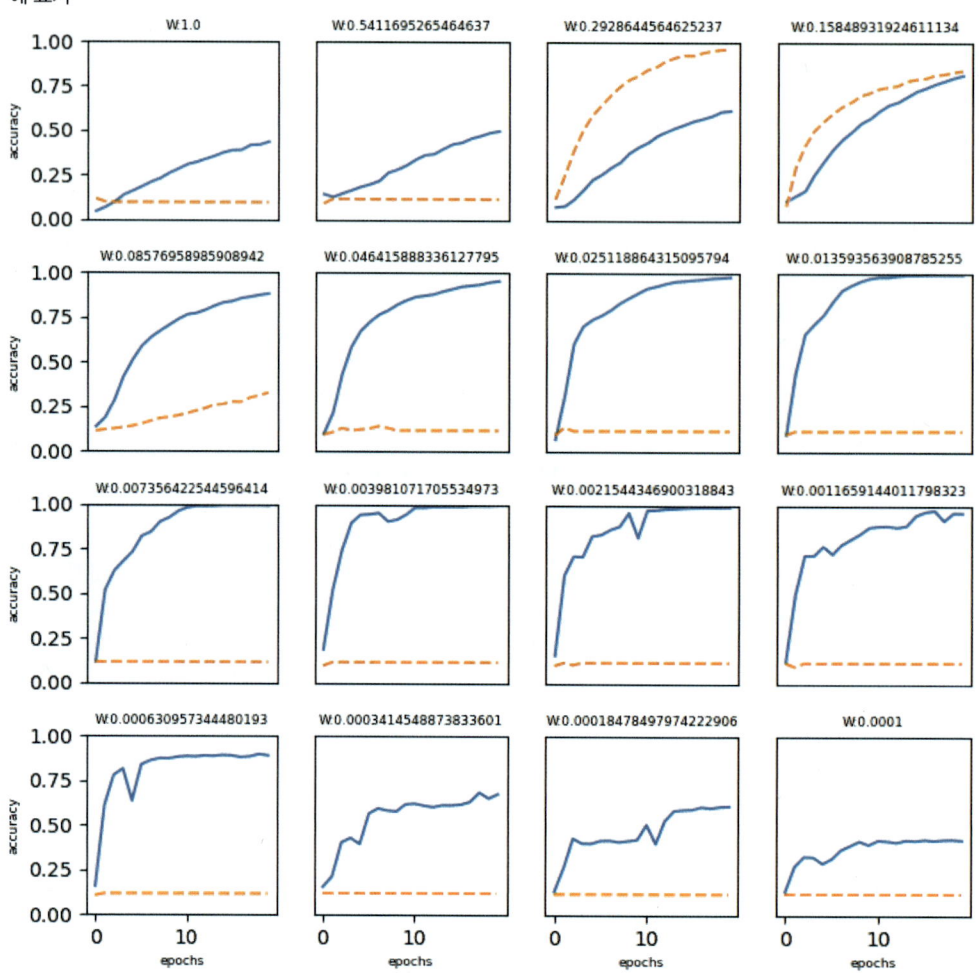

거의 모든 경우에서 배치 정규화를 사용할 때의 학습 진도가 빠른 것으로 나타납니다. 실제로 배치 정규화를 이용하지 않는 경우엔 초깃값이 잘 분포되어 있지 않으면 학습이 전혀 진행되지 않는 모습도 확인할 수 있습니다.

지금까지 살펴본 것처럼 배치 정규화를 사용하면 학습이 빨라지며, 가중치 초깃값에 크게 의존하지 않아도 됩니다. 배치 정규화는 이처럼 장점이 많으니 앞으로 다양한 분야에서 활약할 것입니다.

6.4 바른 학습을 위해

머신러닝에서는 **과대적합**이 문제가 되는 일이 많습니다. 과대적합이란 신경망이 훈련 데이터에만 지나치게 적응되어 그 외의 데이터에는 제대로 대응하지 못하는 상태를 말합니다. 머신러닝은 범용 성능을 지향하죠. 훈련 데이터에는 포함되지 않는, 아직 보지 못한 데이터가 주어져도 바르게 식별해내야 바람직한 모델입니다. 복잡하고 표현력이 높은 모델을 만들 수는 있지만, 그만큼 과대적합을 억제하는 기술이 중요해진다는 뜻입니다.

6.4.1 과대적합

과대적합은 주로 다음의 두 경우에 일어납니다.

- 매개변수가 많고 표현력이 높은 모델
- 훈련 데이터가 적음

이번 절에서는 이 두 요건을 일부러 충족하여 과대적합을 일으켜보겠습니다. 그러기 위해 본래 60,000개인 MNIST 데이터셋의 훈련 데이터 중 300개만 사용하고, 7층 신경망을 사용해 복잡성을 높이겠습니다. 각 층의 뉴런은 100개, 활성화 함수는 ReLU를 사용합니다.

여기에서는 실험에 필요한 코드를 발췌해 설명하겠습니다. 우선 데이터를 읽는 코드부터 볼까요?

```
                                                                    ch06/overfit.py
(x_train, t_train), (x_test, t_test) = load_mnist(normalize=True)
# 과대적합을 재현하기 위해 학습 데이터 수를 줄임
x_train = x_train[:300]
t_train = t_train[:300]
```

이어서 훈련을 수행하는 코드입니다. 지금까지의 코드와 같지만 에포크마다 모든 훈련 데이터와 모든 시험 데이터 각각에서 정확도를 산출합니다.

```
                                                                    ch06/overfit.py
network = MultiLayerNet(input_size=784, hidden_size_list=[100, 
100, 100, 100, 100, 100], output_size=10)
optimizer = SGD(lr=0.01) # 학습률이 0.01인 SGD로 매개변수 갱신
max_epochs = 201
```

```python
train_size = x_train.shape[0]
batch_size = 100

train_loss_list = []
train_acc_list = []
test_acc_list = []

iter_per_epoch = max(train_size / batch_size, 1)

epoch_cnt = 0
for i in range(1000000000):
    batch_mask = np.random.choice(train_size, batch_size)
    x_batch = x_train[batch_mask]
    t_batch = t_train[batch_mask]
    
    grads = network.gradient(x_batch, t_batch)
    optimizer.update(network.params, grads)
    
    if i % iter_per_epoch == 0:
        train_acc = network.accuracy(x_train, t_train)
        test_acc = network.accuracy(x_test, t_test)
        train_acc_list.append(train_acc)
        test_acc_list.append(test_acc)
        
        epoch_cnt += 1
        if epoch_cnt >= max_epochs:
            break
```

train_acc_list와 test_acc_list에는 에포크 단위(모든 훈련 데이터를 한 번씩 본 단위)의 정확도를 저장합니다. 이 두 리스트를 그래프로 그리면 [그림 6-20]처럼 됩니다.

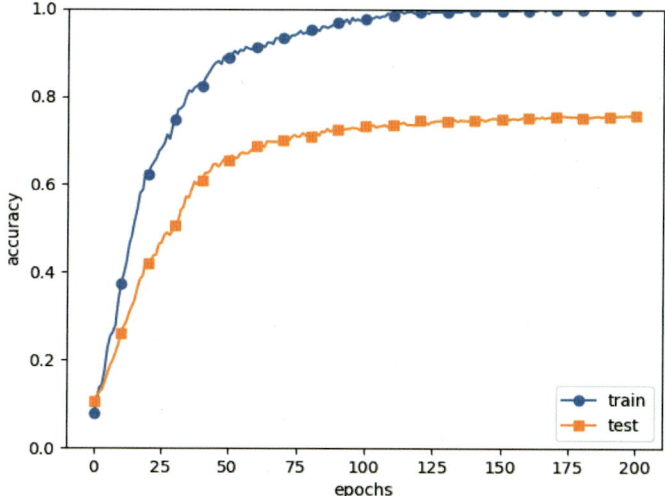

그림 6-20 훈련 데이터(train)와 시험 데이터(test)의 에포크별 정확도 추이

훈련 데이터를 사용하여 측정한 정확도는 100 에포크를 지나는 무렵부터 거의 100%입니다. 그러나 시험 데이터에 대해서는 큰 차이를 보입니다. 이처럼 정확도가 크게 벌어지는 것은 훈련 데이터에만 적응fitting해버린 결과입니다. 훈련 때 사용하지 않은 범용 데이터(시험 데이터)에는 제대로 대응하지 못한다는 사실을 이 그래프에서 확인할 수 있습니다.

6.4.2 가중치 감소

과대적합 억제용으로 예로부터 많이 이용해온 방법 중 **가중치 감소**weight decay가 있습니다. 가중치 감소는 학습 과정에서 큰 가중치에 대해서는 그에 상응하는 큰 페널티를 부과하여 과대적합을 억제하는 방법입니다. 원래 과대적합은 가중치 매개변수의 값이 커서 발생하는 경우가 많기 때문이죠.

자, 복습해봅시다. 신경망 학습의 목적은 손실 함수의 값을 줄이는 것입니다. 이때, 예를 들어 가중치의 제곱 노름norm(L2 노름)을 손실 함수에 더합니다. 그러면 가중치가 커지는 현상을 억제할 수 있죠. 가중치를 $\mathbf{W}$라 하면 L2 노름에 따른 가중치 감소는 $\frac{1}{2}\lambda\mathbf{W}^2$이 되고, 이 $\frac{1}{2}\lambda\mathbf{W}^2$을 손실 함수에 더합니다. 여기에서 λ(람다)는 정규화의 세기를 조절하는 하이퍼파라미터입니다. λ를 크게 설정할수록 큰 가중치에 대한 페널티가 커집니다. 또 $\frac{1}{2}\lambda\mathbf{W}^2$의 앞쪽 $\frac{1}{2}$은 $\frac{1}{2}\lambda\mathbf{W}^2$의 미분 결과인 $\lambda\mathbf{W}$를 조정하는 역할의 상수입니다.

가중치 감소는 모든 가중치 각각의 손실 함수에 $\frac{1}{2}\lambda \mathbf{W}^2$을 더합니다. 따라서 가중치의 기울기를 구하는 계산에서는 그동안의 오차역전파법에 따른 결과에 정규화 항을 미분한 $\lambda \mathbf{W}$를 더합니다.

> **NOTE_** L2 노름은 각 원소의 제곱들을 더한 값에 해당합니다. 가중치 $\mathbf{W} = (w_1, w_2 \cdots w_n)$이 있다면, L2 노름에서는 $\sqrt{w_1^2 + w_2^2 + \cdots + w_n^2}$으로 계산할 수 있습니다. L2 노름 외에 L1 노름과 L∞ 노름도 있습니다. L1 노름은 절댓값의 합, 즉 $|w_1| + |w_2| + \cdots + |w_n|$에 해당합니다. L∞ 노름은 Max 노름이라고도 하며, 각 원소의 절댓값 중 가장 큰 값에 해당합니다. 정규화 항으로 L2 노름, L1 노름, L∞ 노름 중 어떤 것도 사용할 수 있습니다. 각자 특징이 있는데, 이 책에서는 일반적으로 자주 쓰는 L2 노름만 구현합니다.

그럼 실험을 해봅시다. 방금 수행한 실험에서 $\lambda = 0.1$로 가중치 감소를 적용합니다. 결과는 [그림 6-21]과 같습니다(가중치 감소를 적용한 신경망은 common/multi_layer_net.py에, 실험용 코드는 ch06/overfit_weight_decay.py에 있습니다).

그림 6-21 가중치 감소를 이용한 훈련 데이터(train)와 시험 데이터(test)에 대한 정확도 추이

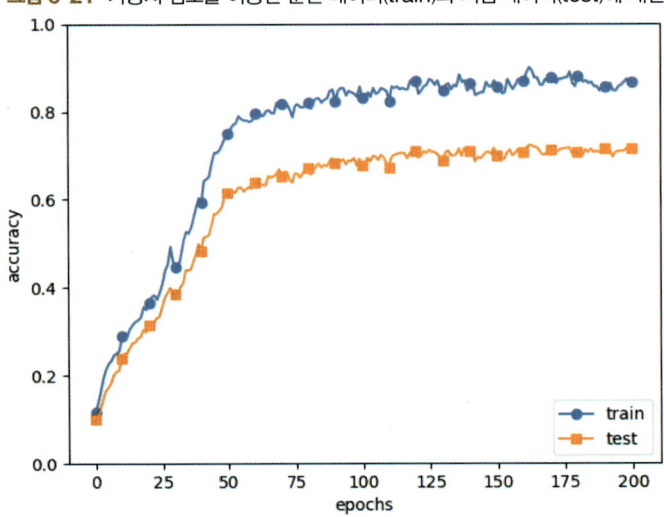

[그림 6-21]과 같이 훈련 데이터에 대한 정확도와 시험 데이터에 대한 정확도에는 여전히 차이가 있지만, 가중치 감소를 이용하지 않은 [그림 6-20]과 비교하면 그 차이가 줄었습니다. 다시 말해 과대적합이 억제됐다는 소리입니다. 그리고 앞서와 달리 훈련 데이터에 대한 정확도가 100%(1.0)에 도달하지 못한 점도 주목해야 하겠습니다.

6.4.3 드롭아웃

앞 절에서는 과대적합을 억제하는 방식으로 손실 함수에 가중치의 L2 노름을 더한 가중치 감소 방법을 설명했습니다. 가중치 감소는 간단하게 구현할 수 있고 어느 정도 지나친 학습을 억제할 수 있습니다. 그러나 신경망 모델이 복잡해지면 가중치 감소만으로는 대응하기 어려워집니다. 이럴 때는 흔히 **드롭아웃**Dropout[14]이라는 기법을 이용합니다.

드롭아웃은 뉴런을 임의로 삭제하면서 학습하는 방법입니다. 훈련 때 은닉층의 뉴런을 무작위로 골라 삭제합니다. 삭제된 뉴런은 [그림 6-22]와 같이 신호를 전달하지 않게 됩니다. 훈련 때는 데이터를 흘릴 때마다 삭제할 뉴런을 무작위로 선택하고, 시험 때는 모든 뉴런에 신호를 전달합니다. 단, 시험 때는 각 뉴런의 출력에 훈련 때 삭제 안 한 비율을 곱하여 출력합니다.

그림 6-22 드롭아웃의 개념(문헌[14]에서 인용): 왼쪽이 일반적인 신경망, 오른쪽이 드롭아웃을 적용한 신경망. 드롭아웃은 뉴런을 무작위로 선택해 삭제하여 신호 전달을 차단한다.

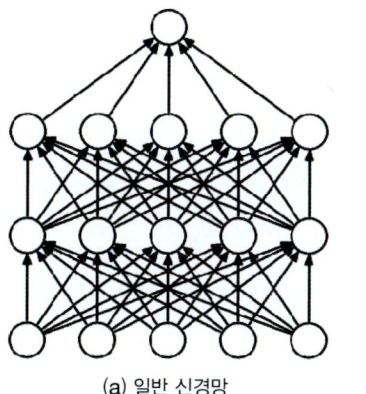

(a) 일반 신경망　　　　(b) 드롭아웃을 적용한 신경망

이제 드롭아웃을 구현할 차례입니다. 다음 코드는 되도록 이해하기 쉽게 구현한 것입니다. 순전파를 담당하는 forward 메서드에서는 훈련 때(train_flg = True일 때)만 잘 계산해두면 시험 때는 단순히 데이터를 흘리기만 하면 됩니다. 삭제하지 않은 비율은 곱하지 않아도 좋습니다. 실제 딥러닝 프레임워크들도 비율을 곱하지 않습니다. 더 효율적인 구현이 궁금하면 체이너Chainer 프레임워크(https://chainer.org/)의 드롭아웃 구현을 참고하면 좋을 겁니다.

```
class Dropout:
    def __init__(self, dropout_ratio=0.5):
        self.dropout_ratio = dropout_ratio
        self.mask = None
```
common/layers.py

```python
    def forward(self, x, train_flg=True):
        if train_flg:
            self.mask = np.random.rand(*x.shape) > self.dropout_ratio
            return x * self.mask
        else:
            return x * (1.0 - self.dropout_ratio)

    def backward(self, dout):
        return dout * self.mask
```

여기에서의 핵심은 훈련 시에는 순전파 때마다 self.mask에 삭제할 뉴런을 False로 표시한다는 점입니다. self.mask는 x와 형상이 같은 배열을 무작위로 생성하고, 그 값이 dropout_ratio보다 큰 원소만 True로 설정합니다. 역전파 때의 동작은 ReLU와 같습니다. 즉, 순전파 때 신호를 통과시키는 뉴런은 역전파 때도 신호를 그대로 통과시키고, 순전파 때 통과시키지 않은 뉴런은 역전파 때도 신호를 차단합니다.

그럼 드롭아웃의 효과를 MNIST 데이터셋으로 확인해보겠습니다(ch06/overfit_dropout.py). 참고로, 소스 코드에서는 Trainer라는 클래스를 이용하여 구현을 간소화했습니다.

> **NOTE_** common/trainer.py에는 Trainer라는 클래스를 구현해두었습니다. 이 클래스는 지금까지 해온 것과 같은 신경망 학습을 대신 해줍니다. 자세한 내용은 common/trainer.py와 ch06/overfit_dropout.py를 참고하세요.

자, 드롭아웃 실험은 앞의 실험과 마찬가지로 7층 신경망(각 층의 뉴런 수는 100개, 활성화 함수는 ReLU)을 써서 진행했습니다. 결과는 [그림 6-23]과 같습니다.

그림 6-23 왼쪽은 드롭아웃 없이, 오른쪽은 드롭아웃을 적용한 결과 (dropout_ratio = 0.15)

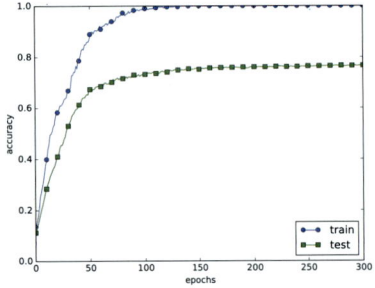 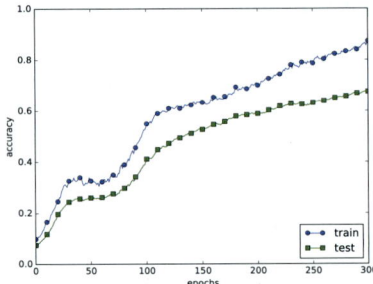

그림과 같이 드롭아웃을 적용하니 훈련 데이터와 시험 데이터에 대한 정확도 차이가 줄었습니다. 또, 훈련 데이터에 대한 정확도가 100%에 도달하지도 않게 되었습니다. 이처럼 드롭아웃을 이용하면 표현력을 높이면서도 과대적합을 억제할 수 있습니다.

> **NOTE_** 머신러닝에서는 **앙상블 학습**ensemble learning을 애용합니다. 앙상블 학습은 개별적으로 학습시킨 여러 모델의 출력을 평균 내어 추론하는 방식입니다.* 신경망의 맥락에서 얘기하면 가령 같은 (혹은 비슷한) 구조의 신경망을 5개 준비하여 따로따로 학습시키고, 시험 때는 그 5개의 출력을 평균 내어 답하는 것이죠. 앙상블 학습을 수행하면 신경망의 정확도가 몇% 정도 개선된다는 사실이 실험적으로 알려져 있습니다.
>
> 앙상블 학습은 드롭아웃과 밀접합니다. 드롭아웃이 학습 때 뉴런을 무작위로 삭제하는 행위를 매번 다른 모델을 학습시키는 것으로 해석할 수 있기 때문이죠. 그리고 추론 때는 뉴런의 출력에 삭제하지 않은 비율(이를테면 0.5 등)을 곱함으로써 앙상블 학습에서 여러 모델의 평균을 낼 때와 같은 효과를 얻는 것이죠. 즉, 드롭아웃은 앙상블 학습과 같은 효과를 (대략) 하나의 신경망으로 구현했다고 생각할 수 있습니다.

6.5 적절한 하이퍼파라미터 값 찾기

신경망에는 하이퍼파라미터가 다수 등장합니다. 여기서 말하는 하이퍼파라미터는 예를 들어 각 층의 뉴런 수, 배치 크기, 매개변수 갱신 시의 학습률과 가중치 감소 등입니다. 이러한 하이퍼파라미터의 값을 적절히 설정하지 않으면 모델의 성능이 크게 떨어지기도 하죠. 하이퍼파라미터의 값은 매우 중요하지만 그 값을 결정하기까지는 일반적으로 많은 시행착오를 겪습니다. 이번 절에서는 하이퍼파라미터의 값을 최대한 효율적으로 탐색하는 방법을 설명합니다.

6.5.1 검증 데이터

지금까지는 데이터셋을 훈련 데이터와 시험 데이터라는 두 가지로 분리해 이용했습니다. 훈련 데이터로는 학습을 하고, 시험 데이터로는 범용 성능을 평가했죠. 그렇게 해서 훈련 데이터에만 지나치게 적응되어 있지 않은지(과대적합된 건 아닌지), 그리고 범용 성능은 어느 정도인지 같은 것을 평가할 수 있었습니다.

---

* 옮긴이_ 평균 말고도 투표(voting) 등 다른 방법도 사용합니다.

앞으로 하이퍼파라미터를 다양한 값으로 설정하고 검증할 텐데, 여기서 주의할 점은 하이퍼파라미터의 성능을 평가할 때는 시험 데이터를 사용해서 안 된다는 것입니다. 매우 중요하지만 놓치기 쉬운 포인트죠.

같은 성능 평가인데 하이퍼파라미터가 대상일 때는 시험 데이터를 사용해서는 안 되는 이유가 뭘까요? 그 이유는 시험 데이터를 사용하여 하이퍼파라미터를 조정하면 하이퍼파라미터 값이 시험 데이터에 과대적합되기 때문입니다. 바꾸어 말하면, 하이퍼파라미터 값의 '좋음'을 시험 데이터로 확인하게 되므로 하이퍼파라미터의 값이 시험 데이터에만 적합하도록 조정되어 버립니다. 그렇게 되면 다른 데이터에는 적응하지 못하니 범용 성능이 떨어지는 모델이 될지도 모릅니다.

그래서 하이퍼파라미터를 조정할 때는 하이퍼파라미터 전용 확인 데이터가 필요합니다. 하이퍼파라미터 조정용 데이터를 일반적으로 검증 데이터validation data라고 부릅니다. 하이퍼파라미터의 적절성을 평가하는 데이터인 셈이죠.

> **NOTE_** 훈련 데이터는 매개변수(가중치와 편향)의 학습에 이용하고, 검증 데이터는 하이퍼파라미터의 성능을 평가하는 데 이용합니다. 시험 데이터는 범용 성능을 확인하기 위해서 마지막에 (이상적으로는 한 번만) 이용합니다.
>
> - 훈련 데이터: 매개변수 학습
> - 검증 데이터: 하이퍼파라미터 성능 평가
> - 시험 데이터: 신경망의 범용 성능 평가

데이터셋에 따라서는 훈련 데이터, 검증 데이터, 시험 데이터를 미리 분리해두기도 하지만 MNIST 데이터셋은 훈련 데이터와 시험 데이터로만 분리해뒀습니다. 이런 경우엔 (필요하면) 사용자가 직접 데이터를 분리해야 하겠죠. MNIST 데이터셋에서 검증 데이터를 얻는 가장 간단한 방법은 훈련 데이터 중 20% 정도를 검증 데이터로 먼저 분리하는 것입니다. 코드로는 다음과 같습니다.

```
(x_train, t_train), (x_test, t_test) = load_mnist()

# 훈련 데이터를 뒤섞는다.
x_train, t_train = shuffle_dataset(x_train, t_train)

# 20%를 검증 데이터로 분할
```

```
validation_rate = 0.20
validation_num = int(x_train.shape[0] * validation_rate)

x_val = x_train[:validation_num]
t_val = t_train[:validation_num]
x_train = x_train[validation_num:]
t_train = t_train[validation_num:]
```

이 코드는 훈련 데이터를 분리하기 전에 입력 데이터와 정답 레이블을 뒤섞습니다. 데이터셋 안의 데이터가 치우쳐 있을지도 모르기 때문입니다(예컨대 숫자 '0'에서 '9'까지 순서대로 정렬되어 있을 수 있겠죠). 참고로 여기에서 사용한 shuffle_dataset 함수는 np.random.shuffle을 이용하며, 구현 코드는 common/util.py에 있습니다.

이어서 검증 데이터를 사용하여 하이퍼파라미터를 최적화하는 기법을 살펴봅시다.

6.5.2 하이퍼파라미터 최적화

하이퍼파라미터를 최적화할 때의 핵심은 하이퍼파라미터의 '최적 값'이 존재하는 범위를 조금씩 줄여간다는 것입니다. 범위를 조금씩 줄이려면 우선 대략적인 범위를 설정하고 그 범위에서 무작위로 하이퍼파라미터 값을 골라낸(샘플링) 후, 그 값으로 정확도를 평가합니다. 정확도를 잘 살피면서 이 작업을 여러 번 반복하며 하이퍼파라미터의 '최적 값'의 범위를 좁혀가는 것입니다.

> **NOTE_** 신경망의 하이퍼파라미터 최적화에서는 그리드 서치grid search 같은 규칙적인 탐색보다는 무작위로 샘플링해 탐색하는 편이 좋은 결과를 낸다고 알려져 있습니다.[15] 이는 최종 정확도에 미치는 영향력이 하이퍼파라미터마다 다르기 때문입니다.

하이퍼파라미터의 범위는 '대략적으로' 지정하는 편이 효과적입니다. 실제로도 0.001에서 1,000 사이(10^{-3}~10^3)와 같이 '10의 거듭제곱' 단위로 범위를 지정합니다. 이를 '로그 스케일log scale로 지정'한다고 하죠.

하이퍼파라미터를 최적화할 때는 딥러닝 학습에는 오랜 시간(예컨대 며칠이나 몇 주 이상)이 걸린다는 점을 기억해야 합니다. 따라서 나쁠 듯한 값은 일찍 포기하는 게 좋습니다. 그래서 학습을 위한 에포크를 작게 하여, 1회 평가에 걸리는 시간을 단축하는 편이 효과적입니다.

이상이 하이퍼파라미터의 최적화입니다. 지금까지의 이야기를 정리하면 다음과 같습니다.

- **0단계**
  하이퍼파라미터 값의 범위를 설정합니다.
- **1단계**
  설정된 범위에서 하이퍼파라미터의 값을 무작위로 추출합니다.
- **2단계**
  1단계에서 샘플링한 하이퍼파라미터 값을 사용하여 학습하고, 검증 데이터로 정확도를 평가합니다(단, 에포크는 작게 설정합니다).
- **3단계**
  1단계와 2단계를 특정 횟수(100회 등) 반복하며, 그 정확도의 결과를 보고 하이퍼파라미터의 범위를 좁힙니다.

이상을 반복하여 하이퍼파라미터의 범위를 좁혀가고, 어느 정도 좁아지면 그 압축한 범위에서 값을 하나 골라냅니다. 이것이 하이퍼파라미터를 최적화하는 하나의 방법입니다.

> **NOTE_** 여기에서 설명한 하이퍼파라미터 최적화 방법은 실용적인 방법입니다. 하지만 과학이라기보다는 다분히 수행자의 '지혜'와 '직관'에 의존한다고 느낌이 들죠. 더 세련된 기법을 원한다면 **베이즈 최적화**Bayesian optimization를 소개할 수 있겠네요. 베이즈 최적화는 베이즈 정리Bayes' theorem를 중심으로 한 수학 이론을 구사하여 더 엄밀하고 효율적으로 최적화를 수행합니다. 자세한 내용은 〈Practical Bayesian Optimization of Machine Learning Algorithms〉 논문[16] 등을 참고하세요.

6.5.3 하이퍼파라미터 최적화 구현하기

그럼 MNIST 데이터셋을 사용하여 하이퍼파라미터를 최적화해보기로 하죠. 여기에서는 학습률과 가중치 감소의 세기를 조절하는 계수(가중치 감소 계수)를 탐색하는 문제를 풀어보겠습니다(이 문제는 스탠퍼드 대학교의 CS231n[5] 수업을 참고했습니다).

앞에서 말한 대로 하이퍼파라미터의 검증은 그 값을 $0.001 \sim 1,000$ ($10^{-3} \sim 10^3$) 사이 같은 로그 스케일 범위에서 무작위로 추출해 수행합니다. 이를 파이썬 코드로는 10 ** np.random.uniform(-3, 3)처럼 작성할 수 있습니다. 이 예에서는 가중치 감소 계수를 $10^{-8} \sim 10^{-4}$, 학습률을 $10^{-6} \sim 10^{-2}$ 범위부터 시작합니다. 이 경우 하이퍼파라미터의 무작위 추출 코드는 다음과 같이 쓸 수 있습니다.

```
weight_decay = 10 ** np.random.uniform(-8, -4)
lr = 10 ** np.random.uniform(-6, -2)
```

이렇게 무작위로 추출한 값을 사용하여 학습을 수행합니다. 그 후에는 여러 차례 다양한 하이 퍼파라미터 값으로 학습을 반복하며 신경망에 좋을 것 같은 값이 어디에 존재하는지 관찰합니다. 자세한 구현은 ch06/hyperparameter_optimization.py 파일을 참고하길 바라며, 여기에서는 결과만 보겠습니다.

자, 가중치 감소 계수의 범위를 $10^{-8} \sim 10^{-4}$, 학습률의 범위를 $10^{-6} \sim 10^{-2}$로 하여 실험하면 결과는 [그림 6-24]처럼 됩니다.

그림 6-24 실선은 검증 데이터에 대한 정확도, 점선은 훈련 데이터에 대한 정확도

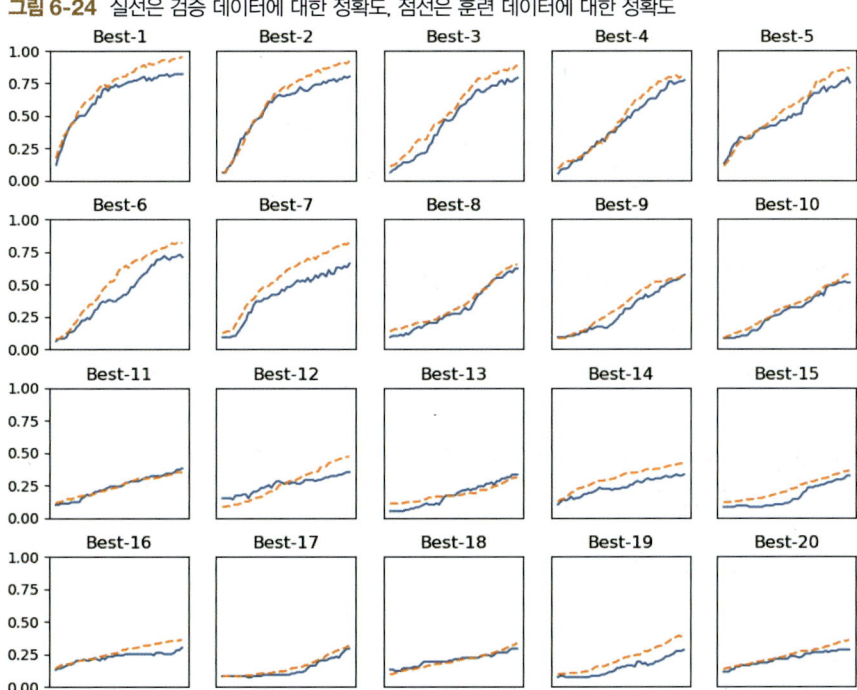

[그림 6-24]는 검증 데이터의 학습 추이를 정확도가 높은 순서로 나열했습니다. 이를 보면 'Best-7' 정도까지는 학습이 순조롭게 진행되고 있습니다. 이를 바탕으로 'Best-7'까지의 하이퍼파라미터의 값(학습률과 가중치 감소 계수)을 살펴보겠습니다. 결과는 다음과 같습니다(책 너비에 맞추기 위해 소수점 아래 값을 일부 잘라냈습니다).

```
Best-1(val acc:0.82) | lr:0.00940, weight decay:1.428e-08
Best-2(val acc:0.8) | lr:0.00954, weight decay:1.67e-05
Best-3(val acc:0.79) | lr:0.00998, weight decay:4.63e-07
Best-4(val acc:0.77) | lr:0.00655, weight decay:4.40e-08
Best-5(val acc:0.75) | lr:0.00769, weight decay:3.33e-07
Best-6(val acc:0.71) | lr:0.00616, weight decay:1.48e-08
Best-7(val acc:0.66) | lr:0.00600, weight decay:1.04e-08
```

이 결과를 보면 학습이 잘 진행될 때의 학습률은 0.001~0.01, 가중치 감소 계수는 10^{-8}~10^{-6} 정도라는 사실을 알 수 있습니다. 이처럼 잘될 것 같은 값의 범위를 관찰하고 범위를 좁혀갑니다. 그런 다음 그 축소된 범위로 똑같은 작업을 반복하는 겁니다. 이렇게 적절한 값이 위치한 범위를 좁혀가다가 특정 단계에서 최종 하이퍼파라미터 값을 하나 선택합니다.

6.6 정리

이번 장에서는 신경망 학습에 중요한 기술 몇 가지를 소개했습니다. 매개변수 갱신 방법과 가중치의 초깃값을 설정하는 방법, 또 배치 정규화와 드롭아웃 등 현대적인 신경망에서 빼놓을 수 없는 기술들입니다. 여기에서 배운 기술들은 최첨단의 딥러닝에서도 자주 이용하고 있습니다.

> **이번 장에서 배운 내용**
> - 매개변수 갱신 방법에는 확률적 경사 하강법(SGD) 외에도 모멘텀, AdaGrad, Adam 등이 있다.
> - 가중치 초깃값을 정하는 방법은 올바른 학습을 하는 데 매우 중요하다.
> - 가중치의 초깃값으로는 'Xavier 초깃값'과 'He 초깃값'이 효과적이다.
> - 배치 정규화를 이용하면 학습을 빠르게 진행할 수 있으며, 초깃값에 영향을 덜 받게 된다.
> - 과대적합을 억제하는 정규화 기술로는 가중치 감소와 드롭아웃이 있다.
> - 하이퍼파라미터 값 탐색은 최적 값이 존재할 법한 범위를 점차 좁히면서 하는 편이 효과적이다.

CHAPTER 7

합성곱 신경망(CNN)

이번 장의 주제는 **합성곱 신경망**convolutional neural network (CNN)입니다.* CNN은 이미지 인식과 음성 인식 등 다양한 곳에서 사용되는데, 특히 이미지 인식 분야에서 딥러닝을 활용한 기법은 거의 다 CNN을 기초로 하죠. 이번 장에서는 CNN의 메커니즘을 자세히 설명하고 이를 파이썬으로 구현해보겠습니다.

7.1 전체 구조

우선 CNN의 신경망 구조를 살펴보며 전체 틀을 이해해봅시다. CNN도 지금까지 본 신경망과 같이 레고 블록처럼 계층을 조합하여 만들 수 있습니다. 다만, **합성곱 계층**convolutional layer과 **풀링 계층**pooling layer이 새롭게 등장합니다. 합성곱 계층과 풀링 계층의 상세 내용은 잠시 후 설명하기로 하고 이번 절에서는 이 계층들을 어떻게 조합하여 CNN을 만드는지를 먼저 보겠습니다.

지금까지 본 신경망은 인접하는 계층의 모든 뉴런과 결합되어 있었습니다. 이를 **완전연결**fully-connected(전결합)이라고 하며 완전히 연결된 계층을 **Affine 계층**이라는 이름으로 구현했습니다.

---

* 옮긴이_ 합성곱은 공학과 물리학에서 널리 쓰이는 수학적 개념으로, 간단히 정의해보면 다음과 같습니다.
"두 함수 중 하나를 반전(reverse), 이동(shift)시켜가며 나머지 함수와의 곱을 연이어 적분한다."
합성곱 신경망을 영어 발음 그대로 '컨벌루션 신경망'으로도 많이 씁니다만, 위 정의와 이번 장에서 설명할 동작 원리를 이해하고 나면 '합성곱 신경망'이란 용어가 더 직관적으로 다가올 수도 있을 겁니다.

이 Affine 계층을 사용하면 가령 층이 5개인 완전연결 신경망은 [그림 7-1]과 같이 구현할 수 있습니다.

그림 7-1 완전연결 계층(Affine 계층)으로 이뤄진 신경망의 예

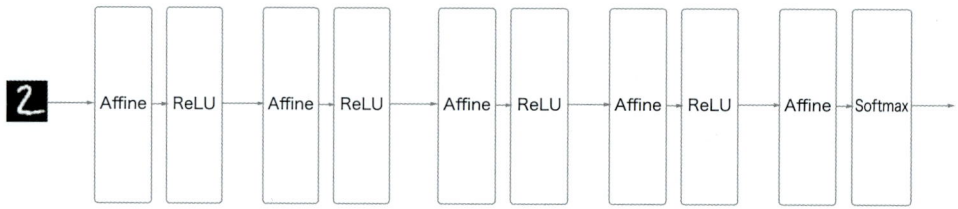

[그림 7-1]과 같이 완전연결 신경망은 Affine 계층 뒤에 활성화 함수를 갖는 ReLU 계층(혹은 Sigmoid 계층)이 이어집니다. 이 그림에서는 Affine-ReLU 조합이 4개가 쌓였고, 마지막 5번째 층은 Affine 계층에 이어 소프트맥스 계층에서 최종 결과(확률)를 출력합니다.

그럼 CNN의 구조는 어떻게 다를까요? [그림 7-2]가 CNN의 예랍니다.

그림 7-2 CNN으로 이뤄진 신경망의 예: 합성곱 계층과 풀링 계층이 새로 추가(회색)

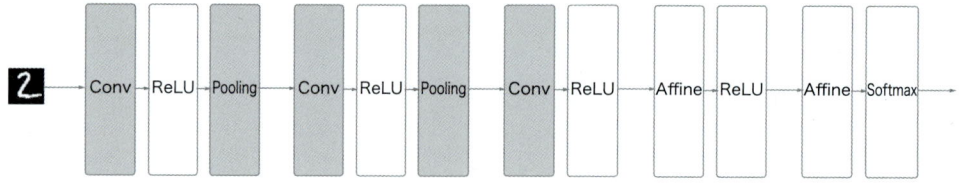

[그림 7-2]와 같이 CNN에서는 새로운 '합성곱 계층^{Conv}'과 '풀링 계층^{Pooling}'이 추가됩니다. CNN의 계층은 'Conv-ReLU-(Pooling)' 흐름으로 연결됩니다(풀링 계층는 생략하기도 합니다). 지금까지의 'Affine-ReLU' 연결이 'Conv-ReLU-(Pooling)'으로 바뀌었다고 생각할 수 있겠죠.

[그림 7-2]의 CNN에서 주목할 또 다른 점은 출력에 가까운 층에서는 지금까지의 'Affine-ReLU' 구성을 사용할 수 있다는 것입니다. 또, 마지막 출력 계층에서는 'Affine-Softmax' 조합을 그대로 사용합니다. 이상은 일반적인 CNN에서 흔히 볼 수 있는 구성입니다.

7.2 합성곱 계층

CNN에서는 패딩padding, 스트라이드stride 등 CNN 고유의 용어가 등장합니다. 또, 각 계층 사이에는 3차원 데이터같이 입체적인 데이터가 흐른다는 점에서 완전연결 신경망과 다릅니다. 그래서 CNN을 처음 배울 때는 어렵게 느낄지도 모르지만 이 책이 있으니 걱정은 넣어두어도 좋습니다. 우선 이번 절에서는 CNN에서 사용하는 합성곱 계층의 구조를 차분히 살펴보기로 하겠습니다.

7.2.1 완전연결 계층의 문제점

지금까지 본 완전연결 신경망에서는 완전연결 계층(Affine 계층)을 사용했습니다. 완전연결 계층에서는 인접하는 계층의 뉴런이 모두 연결되고 출력의 수는 임의로 정할 수 있습니다.

완전연결 계층의 문제점은 무엇일까요? 바로 '데이터의 형상이 무시'된다는 사실입니다. 입력 데이터가 이미지인 경우를 예로 들면, 이미지는 통상 세로·가로·채널(색상)로 구성된 3차원 데이터입니다. 그러나 완전연결 계층에 입력할 때는 3차원 데이터를 평평한 1차원 데이터로 평탄화해줘야 합니다. 사실 지금까지의 MNIST 데이터셋을 사용한 사례에서는 형상이 (1, 28, 28)인 이미지(1채널, 세로 28픽셀, 가로 28픽셀)를 1줄로 세운 784개의 데이터를 첫 Affine 계층에 입력했습니다.

이미지는 3차원 형상이며, 이 형상에는 소중한 공간적 정보가 담겨 있죠. 예를 들어 공간적으로 가까운 픽셀은 값이 비슷하거나, RGB의 각 채널은 서로 밀접하게 관련되어 있거나, 거리가 먼 픽셀끼리는 별 연관이 없는 등 3차원 속에서 의미를 갖는 본질적인 패턴이 숨어 있을 것입니다. 그러나 완전연결 계층은 형상을 무시하고 모든 입력 데이터를 동등한 뉴런(같은 차원의 뉴런)으로 취급하여 형상에 담긴 정보를 살릴 수 없습니다.

한편, 합성곱 계층은 형상을 유지합니다. 이미지도 3차원 데이터로 입력받으며, 마찬가지로 다음 계층에도 3차원 데이터로 전달합니다. 그래서 CNN에서는 이미지처럼 형상을 가진 데이터를 제대로 이해할 (가능성이 있는) 것입니다.

CNN에서는 합성곱 계층의 입출력 데이터를 특징 맵feature map이라고도 합니다. 합성곱 계층의 입력 데이터를 입력 특징 맵input feature map, 출력 데이터를 출력 특징 맵output feature map이라고 하는 식이죠. 이 책에서는 '입출력 데이터'와 '특징 맵'을 같은 의미로 사용합니다.

7.2.2 합성곱 연산

합성곱 계층에서의 **합성곱 연산**을 처리합니다. 합성곱 연산은 이미지 처리에서 말하는 **필터 연산**에 해당하죠. 구체적인 예를 보며 설명하겠습니다.

그림 7-3 합성곱 연산의 예: 합성곱 연산을 ⊛ 기호로 표기

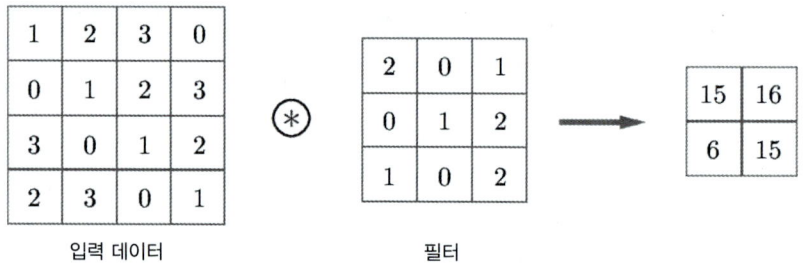

입력 데이터   필터

[그림 7-3]과 같이 합성곱 연산은 입력 데이터에 필터를 적용합니다. 이 예에서 입력 데이터는 세로·가로 방향의 형상을 가졌고, 필터 역시 세로·가로 방향의 차원을 갖습니다. 데이터와 필터의 형상을 (높이height, 너비width)로 표기하며 이 예에서는 입력은 (4, 4), 필터는 (3, 3), 출력은 (2, 2)가 됩니다. 문헌에 따라 필터를 **커널**이라 칭하기도 합니다.

그림 [그림 7-3]의 합성곱 연산 예에서 어떤 계산이 이뤄지는지 설명하겠습니다. [그림 7-4]는 이 합성곱 연산의 계산 순서를 그려본 것입니다.

합성곱 연산은 필터의 **윈도우**window를 일정 간격으로 이동해가며 입력 데이터에 적용합니다. 여기에서 말하는 윈도우는 [그림 7-4]의 회색 3×3 부분을 가리킵니다. 이 그림에서 보듯 입력과 필터에서 대응하는 원소끼리 곱한 후 그 총합을 구합니다(이 계산을 **단일 곱셈-누산**fused multiply-add, FMA이라 합니다).* 그리고 그 결과를 출력의 해당 장소에 저장합니다. 이 과정을 모든 장소에서 수행하면 합성곱 연산의 출력이 완성됩니다.**

---

* 옮긴이_ [그림 7-4]의 첫 번째 그림이라면 (왼쪽 위 원소부터 오른쪽으로 스캔해가며) 1×2 + 2×0 + 3×1 + 0×0 + 1×1 + 2×2 + 3×1 + 0×0 + 1×2 = 15 계산을 수행합니다.

** 옮긴이_ 과학, 공학용 파이썬 라이브러리인 SciPy의 2차원 합성곱 함수(scipy.signal.convolve2d)로 이 예를 따라 해보면 결과가 다르게 나옵니다. 같은 결과를 얻으려면 합성곱이 아니라 교차상관(cross-correlation) 함수인 scipy.signal.correlate2d를 사용해야 하는데, 이유가 뭘까요?
사실 합성곱과 교차상관은 형제뻘입니다. 주어진 필터를 플리핑(flipping)하면 합성곱이고, 그렇지 않으면 교차상관이죠(행렬의 플리핑이란 원소들을 좌우, 상하로 각 한 번씩 뒤집는 것입니다). SciPy는 둘을 명확히 구분하나, 딥러닝 쪽에서는 잘 구분하지 않는 경향이 있습니다. 딥러닝 라이브러리들의 합성곱 함수들은 플리핑하지 않거나, 플리핑 여부를 인수로 받기도 합니다.

그림 7-4 합성곱 연산의 계산 순서

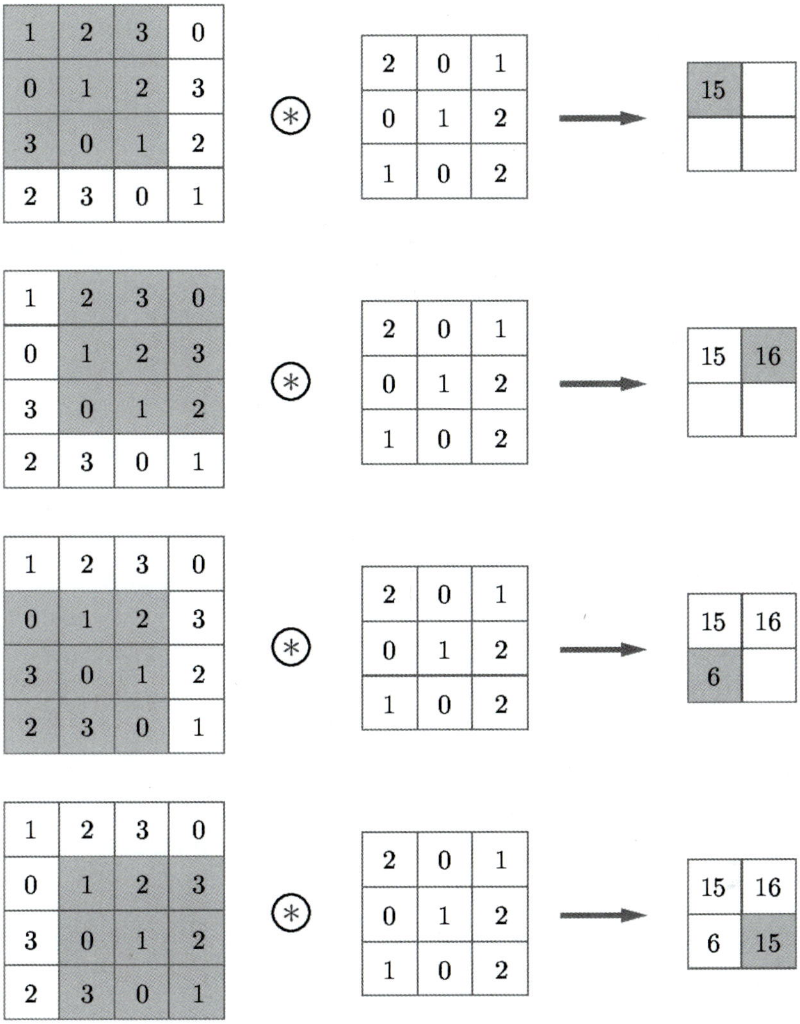

완전연결 신경망에는 가중치 매개변수와 편향이 존재하는데, CNN에서는 필터의 매개변수가 그동안의 '가중치'에 해당합니다. 그리고 CNN에도 편향이 존재합니다. [그림 7-3]은 필터를 적용하는 단계까지만 보여준 것이고, 편향까지 포함하면 [그림 7-5]와 같은 흐름이 됩니다.

그림 7-5 합성곱 연산의 편향: 필터를 적용한 원소에 고정값(편향)을 더한다.

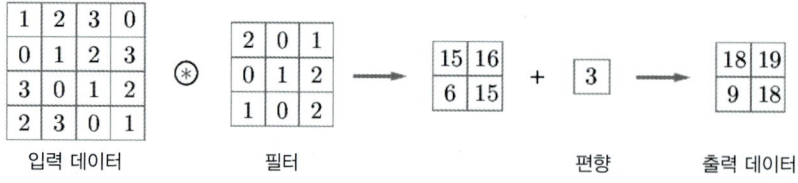

[그림 7-5]와 같이 편향은 필터를 적용한 후의 데이터에 더해집니다. 그리고 편향은 항상 하나(1×1)만 존재합니다. 그 하나의 값을 필터를 적용한 모든 원소에 더하는 것이죠.

7.2.3 패딩

합성곱 연산을 수행하기 전에 입력 데이터 주변을 특정 값(예컨대 0)으로 채우기도 합니다. 이를 패딩padding이라 하며, 합성곱 연산에서 자주 이용하는 기법입니다. 예를 들어 [그림 7-6]은 (4, 4) 크기의 입력 데이터에 폭이 1인 패딩을 적용한 모습입니다. 폭 1짜리 패딩이라 하면 입력 데이터 사방 1픽셀을 특정 값으로 채우는 것이죠.

그림 7-6 합성곱 연산의 패딩 처리: 입력 데이터 주위에 0을 채운다(패딩은 점선으로 표시했으며 그 안의 값 '0'은 생략했다).

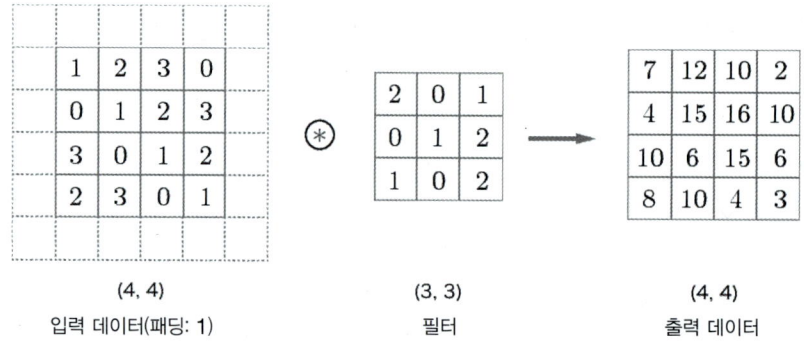

[그림 7-6]과 같이 처음에 크기가 (4, 4)인 입력 데이터에 패딩이 추가되어 (6, 6)이 됩니다. 이 입력에 (3, 3) 크기의 필터를 걸면 (4, 4) 크기의 출력 데이터가 생성됩니다. 이 예에서는 패딩을 1로 설정했지만, 2나 3 등 원하는 정수로 설정할 수 있습니다. 만약 [그림 7-5]에 패딩을 2로 설정하면 입력 데이터의 크기는 (8, 8)이 되고 3으로 설정하면 (10, 10)이 됩니다.

> **NOTE_** 패딩은 주로 출력 크기를 조정할 목적으로 사용합니다. 예를 들어 (4, 4) 입력 데이터에 (3, 3) 필터를 적용하면 출력은 (2, 2)가 되어, 입력보다 2만큼 줄어듭니다. 이는 합성곱 연산을 몇 번이나 되풀이하는 심층 신경망에서는 문제가 될 수 있습니다. 합성곱 연산을 거칠 때마다 크기가 작아지면 어느 시점에서는 출력 크기가 1이 되어버리겠죠. 더 이상은 합성곱 연산을 적용할 수 없다는 뜻입니다. 이러한 사태를 막기 위해 패딩을 사용합니다. 앞의 예에서는 패딩의 폭을 1로 설정하니 (4, 4) 입력에 대한 출력이 같은 크기인 (4, 4)로 유지되었습니다. 한 마디로 입력 데이터의 공간적 크기를 고정한 채로 다음 계층에 전달할 수 있습니다.

7.2.4 스트라이드

필터를 적용하는 위치의 간격을 **스트라이드**^{stride}라고 합니다.* 지금까지 본 예는 모두 스트라이드가 1이었지만, 예를 들어 스트라이드를 2로 하면 필터를 적용하는 윈도우가 두 칸씩 이동합니다(그림 7-7).

그림 7-7 스트라이드가 2인 합성곱 연산

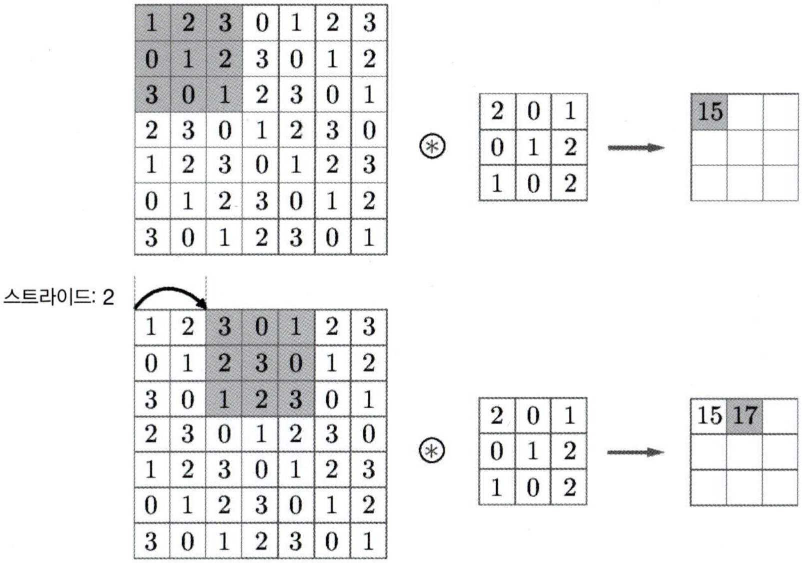

---

* 옮긴이_ 우리말로는 '보폭'이란 뜻입니다.

[그림 7-7]에서는 크기가 (7, 7)인 입력 데이터에 스트라이드를 2로 설정한 필터를 적용합니다. 이처럼 스트라이드는 필터를 적용하는 간격을 지정합니다.

그런데 스트라이드를 2로 하니 출력은 (3, 3)이 되는군요. 이처럼 스트라이드를 키우면 출력 크기는 작아집니다. 한편, 패딩을 크게 하면 출력 크기가 커졌죠. 이러한 관계를 수식화하면 어떻게 될까요? 이어서 패딩, 스트라이드, 출력 크기를 어떻게 계산하는지 살펴보겠습니다.

입력 크기를 (H, W), 필터 크기를 (FH, FW), 출력 크기를 (OH, OW), 패딩을 P, 스트라이드를 S라 하면, 출력 크기는 다음 식으로 계산합니다.

$$OH = \frac{H + 2P - FH}{S} + 1$$
$$OW = \frac{W + 2P - FW}{S} + 1$$

[식 7.1]

그러면 이 식을 사용하여 연습을 좀 해봅시다.

예 1: [그림 7-6]의 예

입력: (4, 4), 패딩: 1, 스트라이드: 1, 필터: (3, 3)

$$OH = \frac{4 + 2 \cdot 1 - 3}{1} + 1 = 4$$
$$OW = \frac{4 + 2 \cdot 1 - 3}{1} + 1 = 4$$

예 2: [그림 7-7]의 예

입력: (7, 7), 패딩: 0, 스트라이드: 2, 필터: (3, 3)

$$OH = \frac{7 + 2 \cdot 0 - 3}{2} + 1 = 3$$
$$OW = \frac{7 + 2 \cdot 0 - 3}{2} + 1 = 3$$

예 3

입력: (28, 31), 패딩: 2, 스트라이드: 3, 필터: (5, 5)

$$OH = \frac{28 + 2 \cdot 2 - 5}{3} + 1 = 10$$
$$OW = \frac{31 + 2 \cdot 2 - 5}{3} + 1 = 11$$

이상의 예에서처럼 [식 7.1]에 단순히 값을 대입하기만 하면 출력 크기를 구할 수 있습니다. 단, [식 7.1]의 $\frac{W+2P-FW}{S}$ 와 $\frac{H+2P-FH}{S}$ 가 정수로 나눠떨어지는 값이어야 한다는 점에 주의하세요.* 출력 크기가 정수가 아니면 오류를 내는 등의 대응을 해줘야겠죠. 덧붙여서, 딥러닝 프레임워크 중에는 값이 딱 나눠떨어지지 않을 때는 가장 가까운 정수로 반올림하는 등 특별히 에러를 내지 않고 진행하도록 구현하는 경우도 있습니다.**

7.2.5 3차원 데이터의 합성곱 연산

지금까지 2차원 형상을 다루는 합성곱 연산을 살펴봤습니다. 그러나 이미지만 해도 세로·가로에 더해서 채널까지 고려한 3차원 데이터입니다. 이번 절에서는 조금 전과 같은 순서로, 채널까지 고려한 3차원 데이터를 다루는 합성곱 연산을 살펴보겠습니다.

[그림 7-8]은 3차원 데이터의 합성곱 연산 예입니다. 그리고 [그림 7-9]는 계산 순서입니다. 2차원일 때(그림 7-3)와 비교하면, 길이 방향(채널 방향)으로 특징 맵이 늘어났습니다. 채널 쪽으로 특징 맵이 여러 개 있다면 입력 데이터와 필터의 합성곱 연산을 채널마다 수행하고, 그 결과를 더해서 하나의 출력을 얻습니다.

그림 7-8 3차원 데이터 합성곱 연산의 예

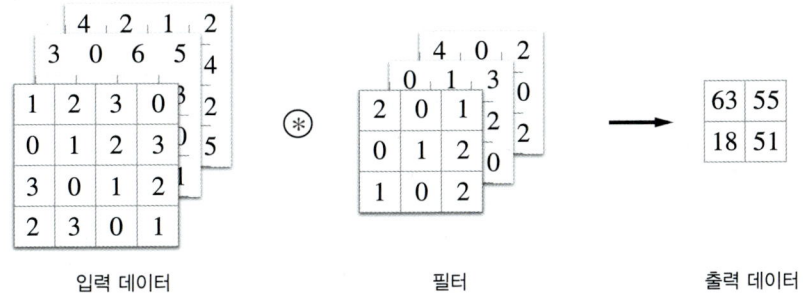

입력 데이터   필터   출력 데이터

---

* 옮긴이_ OH와 OW는 원소의 개수이니 당연하겠죠.

** 옮긴이_ 합성곱 연산이 아직 잘 이해되지 않는다면, 혹은 내가 이해한 것이 맞는지 궁금하다면 다음 사이트를 들어가 보세요. 웹페이지를 아래로 스크롤해 중간쯤을 보면 합성곱 연산의 '움직이는 데모'를 확인하실 수 있습니다.
http://cs231n.github.io/convolutional-networks/

그림 7-9 3차원 데이터 합성곱 연산의 계산 순서

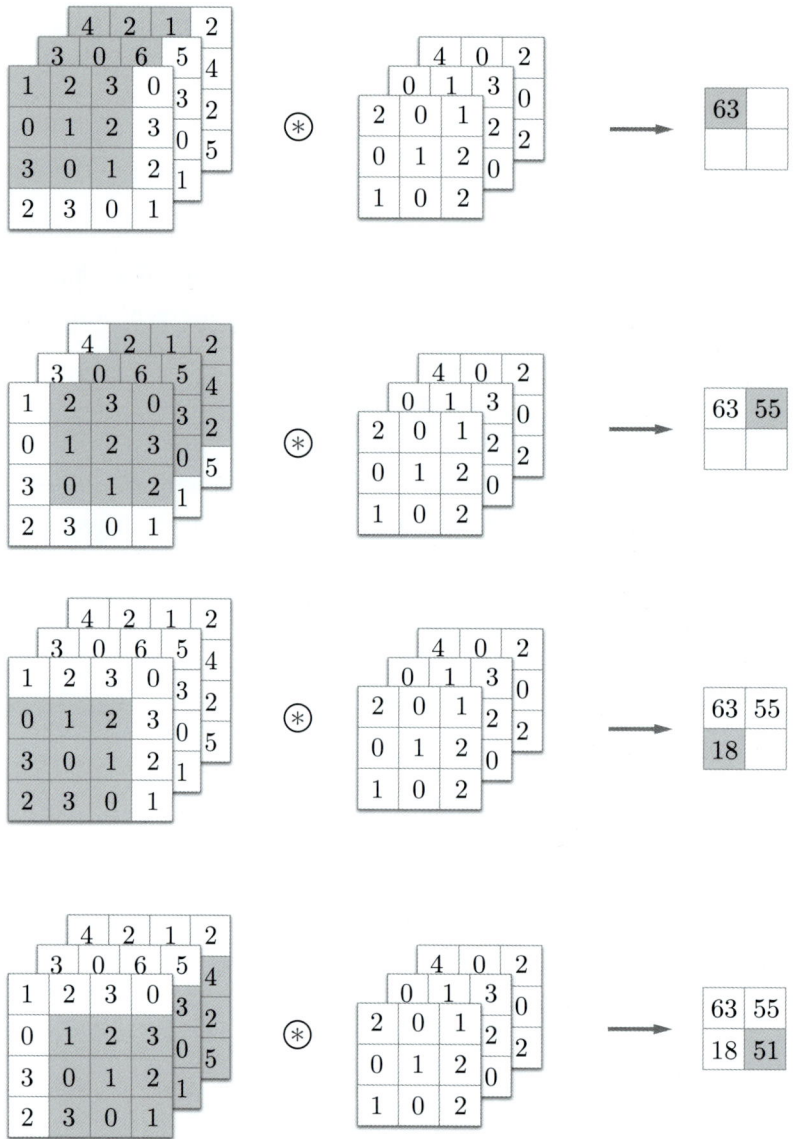

3차원의 합성곱 연산에서 주의할 점은 입력 데이터의 채널 수와 필터의 채널 수가 같아야 한다는 것입니다. 이 예에서는 모두 3개로 일치합니다. 한편 필터 자체의 크기는 원하는 값으로 설정할 수 있습니다(단, 모든 채널의 필터가 같은 크기여야 합니다). 이 예에서는 필터의 크기가

(3, 3)이지만 원한다면 (2, 2)나 (1, 1) 또는 (5, 5) 등으로 설정해도 되는 것이죠. 다시 말하지만 필터의 채널 수는 입력 데이터의 채널 수와 같도록(이 예에서는 3) 설정해야 합니다.

7.2.6 블록으로 생각하기

3차원의 합성곱 연산은 데이터와 필터를 직육면체 블록이라고 생각하면 쉽습니다. 블록은 [그림 7-10]과 같은 3차원 직육면체입니다. 또, 3차원 데이터를 다차원 배열로 나타낼 때는 (채널^{channel}, 높이^{height}, 너비^{width}) 순서로 쓰겠습니다. 예를 들어 채널 수 C, 높이 H, 너비 W인 데이터의 형상은 (C, H, W)로 씁니다. 필터도 같은 순서로 씁니다. 예를 들어 채널 수 C, 필터 높이 FH$^{Filter\ Height}$, 필터 너비 FW$^{Filter\ Width}$의 경우 (C, FH, FW)로 씁니다.

그림 7-10 합성곱 연산을 직육면체 블록으로 생각한다. 블록의 형상에 주의할 것!

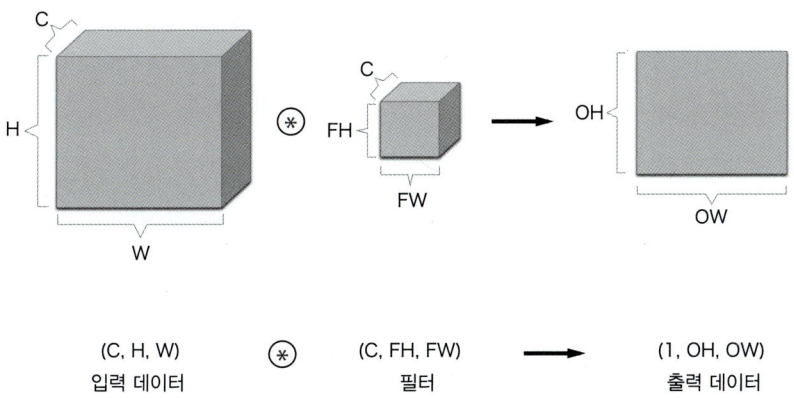

자, 이 예에서 출력 데이터는 한 장의 특징 맵입니다. 한 장의 특징 맵을 다른 말로 하면 채널이 1개인 특징 맵이죠. 그럼 합성곱 연산의 출력으로 다수의 채널을 내보내려면 어떻게 해야 할까요? 그 답은 필터(가중치)를 다수 사용하는 것입니다. 그림으로는 [그림 7-11]처럼 됩니다.

그림 7-11 여러 필터를 사용한 합성곱 연산의 예

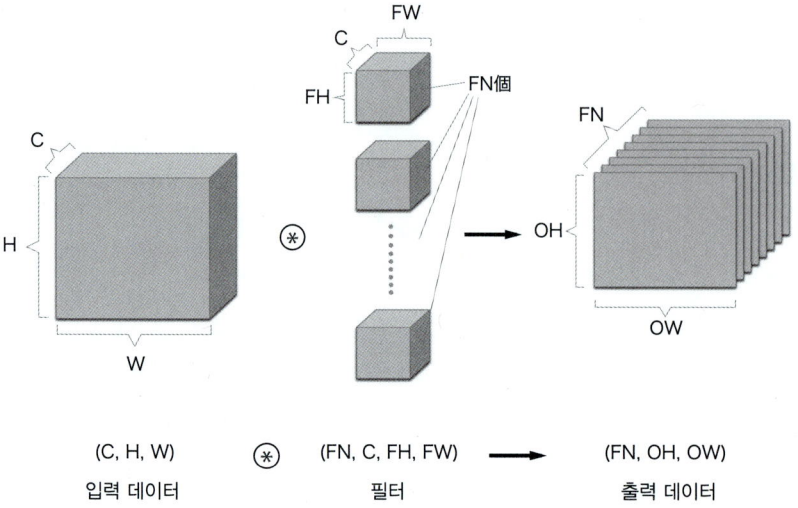

이 그림과 같이 필터를 FN개 적용하면 출력 맵도 FN개가 생성됩니다. 그리고 그 FN개의 맵을 모으면 형상이 (FN, OH, OW)인 블록이 완성됩니다. 이 완성된 블록을 다음 계층으로 넘기겠다는 것이 CNN의 처리 흐름입니다.

이상에서 보듯 합성곱 연산에서는 필터의 수도 고려해야 합니다. 그런 이유로 필터의 가중치 데이터는 4차원 데이터이며 (출력 채널 수, 입력 채널 수, 높이, 너비) 순으로 씁니다. 예를 들어 채널 수 3, 크기 5×5인 필터가 20개 있다면 (20, 3, 5, 5)로 씁니다.

그리고 합성곱 연산에도 (완전연결 계층과 마찬가지로) 편향이 쓰입니다. [그림 7-12]은 [그림 7-11]에 편향을 더한 모습입니다.

그림 7-12 합성곱 연산의 처리 흐름(편향 추가)

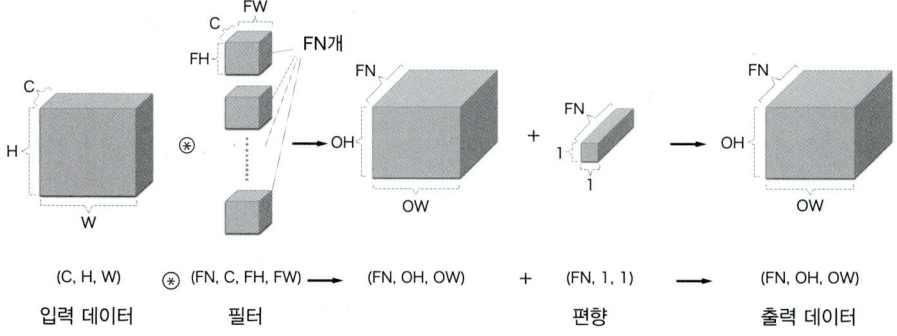

[그림 7-12]에서 보듯 편향은 채널 하나에 값 하나씩으로 구성됩니다. 이 예에서는 편향의 형상은 (FN, 1, 1)이고 필터의 출력 결과의 형상은 (FN, OH, OW)입니다. 이 두 블록을 더하면 편향의 각 값이 필터의 출력인 (FN, OH, OW) 블록의 대응 채널의 원소 모두에 더해집니다. 참고로 형상이 다른 블록의 덧셈은 넘파이의 브로드캐스트 기능으로 쉽게 구현할 수 있습니다('1.5.5 브로드캐스트' 참고).

7.2.7 배치 처리

신경망 처리에서는 입력 데이터를 한 덩어리로 묶어 배치로 처리했습니다. 완전연결 신경망을 구현하면서는 이 방식을 지원하여 처리 효율을 높이고, 미니배치 방식의 학습도 지원하도록 했습니다.

합성곱 연산도 마찬가지로 배치 처리를 지원하고자 합니다. 그래서 각 계층을 흐르는 데이터의 차원을 하나 늘려 4차원 데이터로 저장합니다. 구체적으로는 데이터를 (데이터 수, 채널 수, 높이, 너비) 순으로 저장합니다. 데이터가 N개일 때 [그림 7-12]를 배치 처리한다면 데이터 형태가 [그림 7-13]처럼 되는 것이죠.

그림 7-13 합성곱 연산의 처리 흐름(배치 처리)

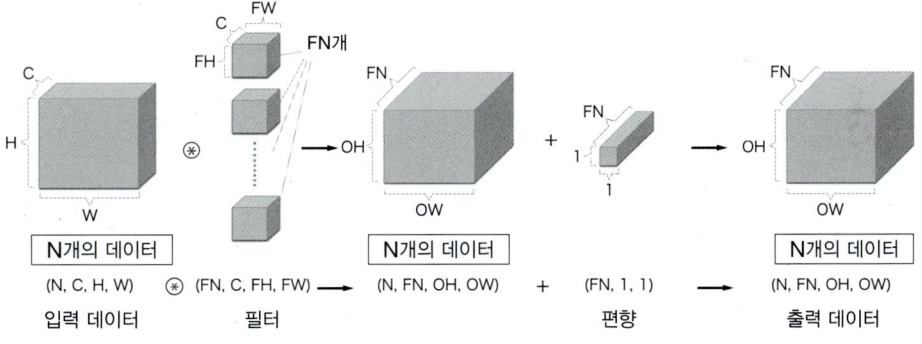

배치 처리 시의 데이터 흐름을 나타낸 [그림 7-13]을 보면 각 데이터의 선두에 배치용 차원을 추가했습니다. 이처럼 데이터는 4차원 형상을 가진 채 각 계층을 타고 흐릅니다. 여기에서 주의할 점으로는 신경망에 4차원 데이터가 하나 흐를 때마다 데이터 N개에 대한 합성곱 연산이 이뤄진다는 것입니다. 즉, N회 분의 처리를 한 번에 수행합니다.

7.3 풀링 계층

풀링은 세로·가로 방향의 공간을 줄이는 연산입니다. 예를 들어 [그림 7-14]와 같이 2×2 영역을 원소 하나로 집약하여 공간 크기를 줄입니다.

그림 7-14 최대 풀링의 처리 순서

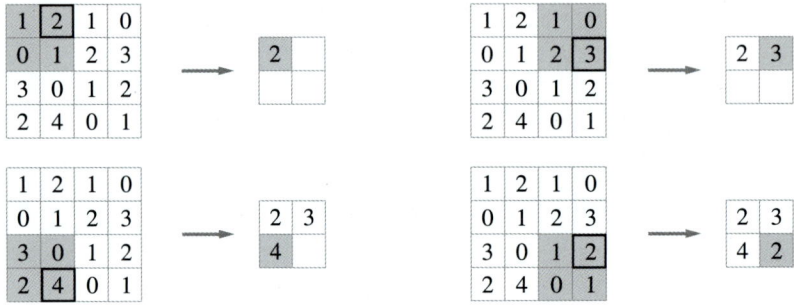

[그림 7-14]는 2×2 **최대 풀링**max pooling, 맥스 풀링을 스트라이드 2로 처리하는 순서입니다. 최대 풀링은 최댓값max을 구하는 연산으로, '2×2'는 대상 영역의 크기를 뜻합니다. 즉 2×2 최대 풀링은 그림과 같이 2×2 크기의 영역에서 가장 큰 원소 하나를 꺼냅니다. 또, 스트라이드는 이 예에서는 2로 설정했으므로 2×2 윈도우가 원소 2칸 간격으로 이동합니다. 참고로 풀링의 윈도우 크기와 스트라이드는 같은 값으로 설정하는 것이 보통입니다. 예를 들어 윈도우가 3×3이면 스트라이드는 3으로, 윈도우가 4×4이면 스트라이드를 4로 설정합니다.

> **WARNING_** 풀링은 최대 풀링 외에도 **평균 풀링**average pooling 등이 있습니다. 최대 풀링은 대상 영역에서 최댓값을 취하는 연산인 반면, 평균 풀링은 대상 영역의 평균을 계산합니다. 이미지 인식 분야에서는 주로 최대 풀링을 사용합니다. 그래서 이 책에서 풀링 계층이라고 하면 최대 풀링을 말합니다.

7.3.1 풀링 계층의 특징

풀링 계층의 특징은 무엇일까요? 다음과 같이 3가지를 들 수 있습니다.

학습해야 할 매개변수가 없다

풀링 계층은 합성곱 계층과 달리 학습해야 할 매개변수가 없습니다. 풀링은 대상 영역에서 최댓값이나 평균을 취하는 명확한 처리이므로 특별히 학습할 것이 없습니다.

채널 수가 변하지 않는다

풀링 연산은 입력 데이터의 채널 수 그대로 출력 데이터로 내보냅니다. [그림 7-15]처럼 채널마다 독립적으로 계산하기 때문입니다.

그림 7-15 풀링은 채널 수를 바꾸지 않는다.

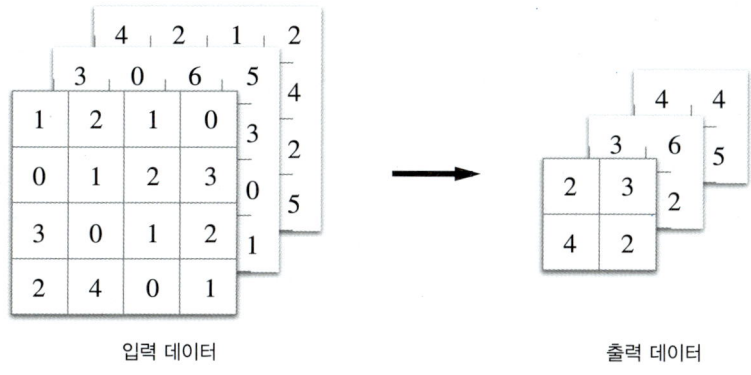

입력 데이터　　　　　　출력 데이터

입력의 변화에 영향을 적게 받는다(강건하다)

입력 데이터가 조금 변해도 풀링의 결과는 잘 변하지 않습니다. 예를 들어 [그림 7-16]은 입력 데이터의 차이(데이터가 오른쪽으로 1칸씩 이동)를 풀링이 흡수해 사라지게 하는 모습을 보여줍니다.

그림 7-16 입력 데이터가 가로로 1원소만큼 어긋나도 출력은 같다(데이터에 따라서는 다를 수도 있다).

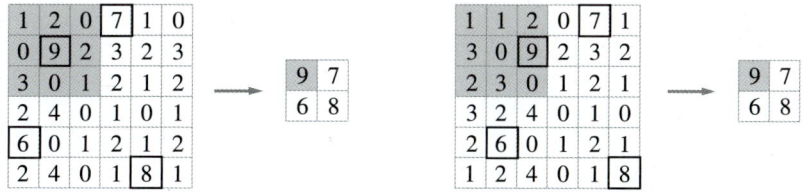

7.4 합성곱/풀링 계층 구현하기

지금까지 합성곱 계층과 풀링 계층에 대해 자세히 설명했습니다. 이번 절에서는 이 두 계층을 파이썬으로 구현해보겠습니다. '5장 오차역전파법'에서 설명한 것처럼 이번 절에서 구현하는 클래스에도 forward와 backward 메서드를 추가하여 모듈로 이용할 수 있도록 했습니다.

합성곱 계층과 풀링 계층은 복잡해 보이지만 사실 '트릭'을 사용하면 쉽게 구현할 수 있습니다. 이번 절에서는 그 트릭을 활용해 문제를 간단히 하면서 합성곱 계층을 구현해보겠습니다.

7.4.1 4차원 배열

앞에서 설명한 대로 CNN에서 계층 사이를 흐르는 데이터는 4차원입니다. 예를 들어 데이터의 형상이 (10, 1, 28, 28)이라면 이는 높이 28, 너비 28, 채널 1개인 데이터가 10개라는 이야깁니다. 이를 파이썬으로 구현하면 다음과 같습니다.

```
>>> x = np.random.rand(10, 1, 28, 28)  # 무작위로 데이터 생성
>>> x.shape
(10, 1, 28, 28)
```

여기에서 (10개 중) 첫 번째 데이터에 접근하려면 단순히 x[0]이라고 씁니다(파이썬의 인덱스는 0부터 시작합니다). 마찬가지로 두 번째 데이터는 x[1] 위치에 있습니다.

```
>>> x[0].shape  # (1, 28, 28)
>>> x[1].shape  # (1, 28, 28)
```

또, 첫 번째 데이터의 첫 채널의 공간 데이터에 접근하려면 다음과 같이 적습니다.

```
>>> x[0, 0]  # 또는 x[0][0]
```

이처럼 CNN은 4차원 데이터를 다룹니다. 그래서 합성곱 연산의 구현은 복잡해질 것 같지만 다음 절에서 설명하는 im2col이라는 '트릭'이 문제를 단순하게 만들어줍니다.

7.4.2 im2col로 데이터 전개하기

합성곱 연산을 곧이곧대로 구현하려면 for 문을 겹겹이 써야겠죠. 생각만 해도 귀찮고, 또 넘파이에 for 문을 사용하면 성능이 떨어진다는 단점도 있습니다(넘파이에서는 원소에 접근할 때 for 문을 사용하지 않는 편이 바람직합니다). 이번 절에서는 for 문 대신 im2col이라는 편의 함수를 사용해 간단하게 구현해보겠습니다.

im2col은 입력 데이터를 필터링(가중치 계산)하기 좋게 전개하는(펼치는) 함수입니다. [그림 7-17]과 같이 3차원 입력 데이터에 im2col을 적용하면 2차원 행렬로 바뀝니다(정확히는 배치 안의 데이터 수까지 포함한 4차원 데이터를 2차원으로 변환합니다).

그림 7-17 (대략적인) im2col의 동작

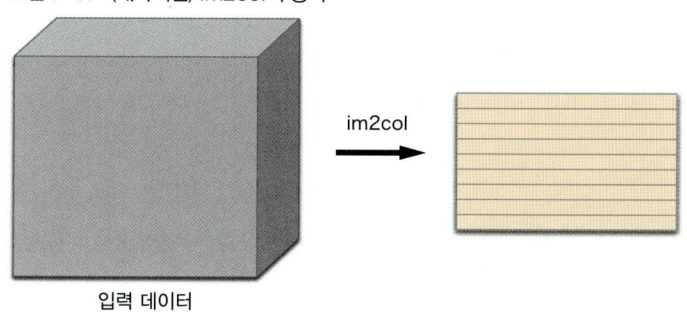

im2col은 필터링하기 좋게 입력 데이터를 전개합니다. 구체적으로는 [그림 7-18]과 같이 입력 데이터에서 필터를 적용하는 영역(3차원 블록)을 한 줄로 늘어놓습니다. 이 전개를 필터를 적용하는 모든 영역에서 수행하는 게 im2col입니다.

그림 7-18 필터 적용 영역을 앞에서부터 순서대로 1줄로 펼친다.

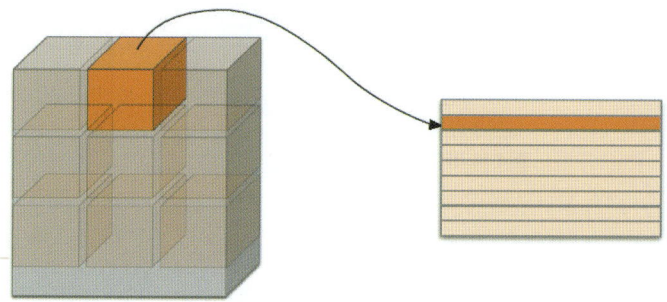

[그림 7-18]에서는 보기에 좋게끔 스트라이드를 크게 잡아 필터의 적용 영역이 겹치지 않도록 했지만, 실제 상황에서는 영역이 겹치는 경우가 대부분입니다. 필터 적용 영역이 겹치게 되면 im2col로 전개한 후의 원소 수가 원래 블록의 원소 수보다 많아집니다. 그래서 im2col을 사용해 구현하면 메모리를 더 많이 소비하는 단점이 있습니다. 하지만 컴퓨터는 큰 행렬을 묶어서 계산하는 데 탁월합니다. 예를 들어 행렬 계산 라이브러리(선형 대수 라이브러리) 등은 행렬 계산에 고도로 최적화되어 큰 행렬의 곱셈을 빠르게 계산할 수 있습니다. 그래서 문제를 행렬 계산으로 만들면 선형 대수 라이브러리를 활용해 효율을 높일 수 있습니다.

> **NOTE_** im2col은 'image to column', 즉 '이미지에서 행렬로'라는 뜻입니다. 카페[Caffe]와 체이너[Chainer] 등의 딥러닝 프레임워크는 im2col이라는 이름의 함수를 만들어 합성곱 계층을 구현할 때 이용하고 있습니다.

im2col로 입력 데이터를 전개한 다음에는 합성곱 계층의 필터(가중치)를 1열로 전개하고, 두 행렬의 곱을 계산하면 됩니다(그림 7-19). 이는 완전연결 계층의 Affine 계층에서 한 일과 거의 같습니다.

그림 7-19 합성곱 연산의 필터 처리 상세 과정: 필터를 세로로 1열로 전개하고, im2col이 전개한 데이터와 행렬 곱을 계산합니다. 마지막으로 출력 데이터를 변형(reshape)합니다.

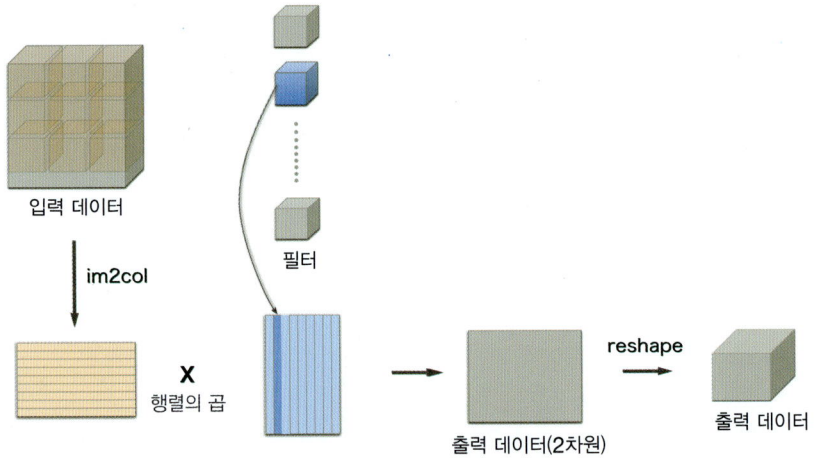

[그림 7-19]와 같이 im2col 방식으로 출력한 결과는 2차원 행렬입니다. CNN은 데이터를 4차원 배열로 저장하므로 2차원인 출력 데이터를 4차원으로 변형[reshape]합니다. 이상이 합성곱 계층의 구현 흐름입니다.

7.4.3 합성곱 계층 구현하기

이 책에서는 im2col 함수를 미리 만들어 제공합니다. 사실 그 구현은 간단한 함수 10개 정도를 묶은 것이니, 궁금한 분은 common/util.py를 참고하세요.

im2col 함수의 인터페이스는 다음과 같습니다.

```
im2col(input_data, filter_h, filter_w, stride=1, pad=0)
```

- input_data – (**데이터 수, 채널 수, 높이, 너비**)의 4차원 배열로 이뤄진 입력 데이터
- filter_h – 필터의 높이
- filter_w – 필터의 너비
- stride – 스트라이드
- pad – 패딩

이 im2col은 '필터 크기', '스트라이드', '패딩'을 고려하여 입력 데이터를 2차원 배열로 전개합니다. 그러면 이 im2col을 실제로 사용해봅시다.

```python
import sys, os
sys.path.append(os.path.join(os.path.dirname(__file__), '..'))
from common.util import im2col

x1 = np.random.rand(1, 3, 7, 7)  # (데이터 수, 채널 수, 높이, 너비)
col1 = im2col(x1, 5, 5, stride=1, pad=0)
print(col1.shape)  # (9, 75)

x2 = np.random.rand(10, 3, 7, 7)  # 데이터 10개
col2 = im2col(x2, 5, 5, stride=1, pad=0)
print(col2.shape)  # (90, 75)
```

여기에서는 두 가지 예를 보여주고 있습니다. 첫 번째는 배치 크기가 1(데이터 1개), 채널은 3개, 높이·너비가 7×7의 데이터이고, 두 번째는 배치 크기만 10이고 나머지는 첫 번째와 같습니다. im2col 함수를 적용한 두 경우 모두 2번째 차원의 원소는 75개입니다. 이 값은 필터의 원소 수와 같죠(채널 3개, 5×5 데이터). 또한, 배치 크기가 1일 때는 im2col의 결과의 크기가 (9, 75)이고, 10일 때는 그 10배인 (90, 75) 크기의 데이터가 저장됩니다.

이제 이 im2col을 사용하여 합성곱 계층을 구현해보죠. 여기에서는 합성곱 계층을 Convolution이라는 클래스로 구현하겠습니다.

```python
class Convolution:
    def __init__(self, W, b, stride=1, pad=0):
        self.W = W
        self.b = b
        self.stride = stride
        self.pad = pad

    def forward(self, x):
        FN, C, FH, FW = self.W.shape
        N, C, H, W = x.shape
        out_h = int(1 + (H + 2*self.pad - FH) / self.stride)
        out_w = int(1 + (W + 2*self.pad - FW) / self.stride)

        col = im2col(x, FH, FW, self.stride, self.pad)
        col_W = self.W.reshape(FN, -1).T  # 필터 전개
        out = np.dot(col, col_W) + self.b

        out = out.reshape(N, out_h, out_w, -1).transpose(0, 3, 1, 2)

        return out
```

합성곱 계층은 필터(가중치), 편향, 스트라이드, 패딩을 인수로 받아 초기화합니다. 필터는 (FN, C, FH, FW)의 4차원 형상입니다. 여기서 FN은 필터 개수, C는 채널, FH는 필터 높이, FW는 필터 너비입니다.

앞의 합성곱 구현 코드에서 중요한 부분을 굵게 표시했습니다. 이 부분에서 입력 데이터를 im2col로 전개하고 필터도 reshape을 사용해 2차원 배열로 전개합니다. 그리고 이렇게 전개한 두 행렬의 곱을 구합니다.

필터를 전개하는 부분(코드 중 굵은 글씨)은 [그림 7-19]에서 보듯 각 필터 블록을 1줄로 펼쳐 세웁니다. 이때 reshape의 두 번째 인수를 −1로 지정했는데 이는 reshape이 제공하는 편의 기능입니다. reshape에 −1을 지정하면 다차원 배열의 원소 수가 변환 후에도 똑같이 유지되도록 적절히 묶어줍니다. 무슨 말인고 하니, 앞의 코드에서 (10, 3, 5, 5) 형상을 한 다차원 배열 W의 원소 수는 총 750개죠? 이 배열에 reshape(10, −1)을 호출하면 750개의 원소를

10묶음으로, 즉 형상이 (10, 75)인 배열로 만들어줍니다.

다음으로 forward 구현의 마지막에서는 출력 데이터를 적절한 형상으로 바꿔줍니다. 이때 넘파이의 transpose 함수를 사용하는데, 이는 다차원 배열의 축 순서를 바꿔주는 함수입니다. [그림 7-20]과 같이 인덱스(0부터 시작)를 지정하여 축의 순서를 변경합니다.

그림 7-20 넘파이의 **transpose** 함수로 축 순서 변경하기: 인덱스(번호)로 축의 순서를 변경한다.

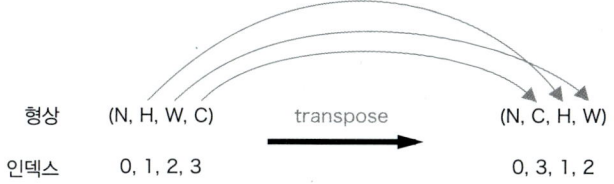

이상이 합성곱 계층의 forward 구현입니다. im2col로 전개한 덕분에 완전연결 계층의 Affine 계층과 거의 똑같이 구현할 수 있었습니다('5.6 Affine/Softmax 계층 구현하기' 참고).

다음은 합성곱 계층의 역전파를 구현할 차례지만 Affine 계층의 구현과 공통점이 많아 따로 설명하지 않겠습니다. 주의할 게 하나 있는데 합성곱 계층의 역전파에서는 im2col을 역으로 처리해야 합니다. 이는 이 책이 제공하는 col2im 함수를 사용하면 됩니다(col2im의 구현은 common/util.py에 있습니다). col2im을 사용한다는 점을 제외하면 합성곱 계층의 역전파는 Affine 계층와 똑같습니다. 합성곱 계층의 역전파 구현은 common/layer.py에 있으니 궁금한 분은 참고하세요.

7.4.4 풀링 계층 구현하기

풀링 계층 구현도 합성곱 계층과 마찬가지로 im2col을 사용해 입력 데이터를 전개합니다. 단, 풀링의 경우엔 채널 쪽이 독립적이라는 점이 합성곱 계층 때와 다릅니다. 구체적으로는 [그림 7-21]과 같이 풀링 적용 영역을 채널마다 독립적으로 전개합니다.

그림 7-21 입력 데이터에 풀링 적용 영역을 전개(2×2 풀링의 예)

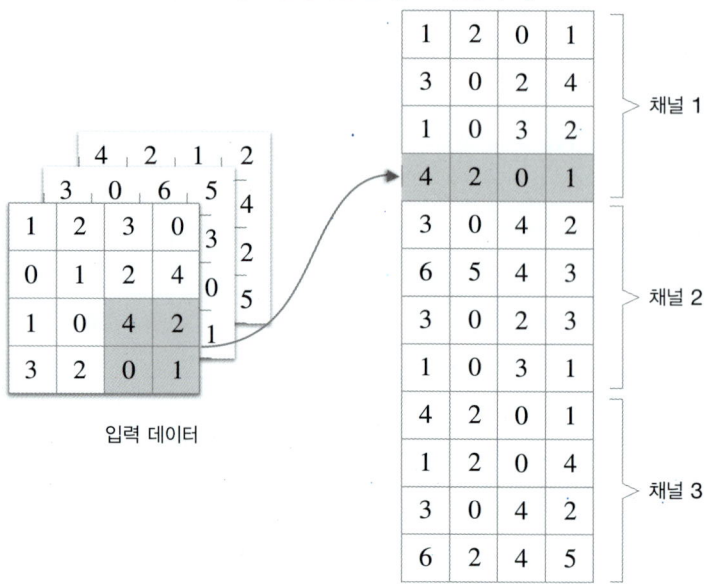

일단 이렇게 전개한 후, 전개한 행렬에서 행별 최댓값을 구하고 적절한 형상으로 성형하기만 하면 됩니다(그림 7-22).

그림 7-22 풀링 계층 구현의 흐름: 풀링 적용 영역에서 가장 큰 원소는 회색으로 표시

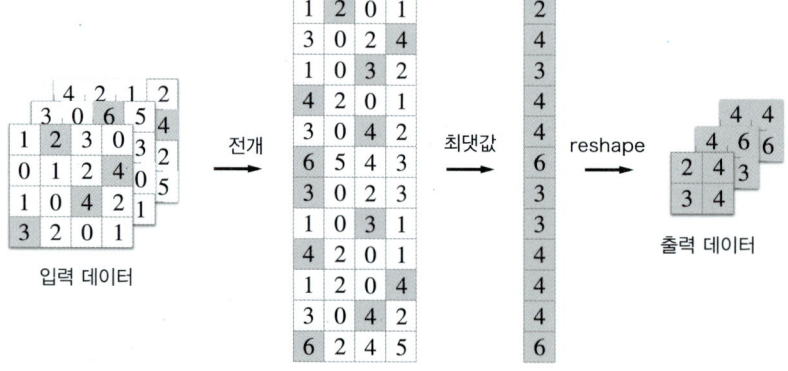

이상이 풀링 계층의 forward 처리 흐름입니다. 다음은 이를 파이썬으로 구현한 코드입니다.

```python
class Pooling:
    def __init__(self, pool_h, pool_w, stride=2, pad=0):
        self.pool_h = pool_h
        self.pool_w = pool_w
        self.stride = stride
        self.pad = pad

    def forward(self, x):
        N, C, H, W = x.shape
        out_h = int(1 + (H - self.pool_h) / self.stride)
        out_w = int(1 + (W - self.pool_w) / self.stride)

        # ❶ 전개
        col = im2col(x, self.pool_h, self.pool_w, self.stride, self.pad)
        col = col.reshape(-1, self.pool_h*self.pool_w)

        # ❷ 최댓값
        out = np.max(col, axis=1)

        # ❸ 성형
        out = out.reshape(N, out_h, out_w, C).transpose(0, 3, 1, 2)

        return out
```

풀링 계층 구현은 [그림 7-22]와 같이 다음의 세 단계로 진행합니다.

❶ 입력 데이터를 전개한다.
❷ 행별 최댓값을 구한다.
❸ 적절한 모양으로 성형한다.

앞의 코드와 같이 각 단계는 한두 줄 정도로 간단히 구현됩니다.

> **NOTE_** 최댓값 계산에는 넘파이의 np.max 메서드를 사용할 수 있습니다. np.max는 인수로 축(axis)을 지정할 수 있는데, 이 인수로 지정한 축마다 최댓값을 구할 수 있습니다. 가령 np.max(x, axis=1)과 같이 쓰면 입력 x의 1번째 차원의 축마다 최댓값을 구합니다.*

---

* 옮긴이_ 2차원 배열, 즉 행렬이라면 axis=0은 열 방향, axis=1은 행 방향을 뜻합니다.

이상이 풀링 계층의 forward 처리입니다. 이 절에서 선택한 전략을 따라 입력 데이터를 풀링하기 쉬운 형태로 전개해버리면 그 후의 구현은 간단합니다.

풀링 계층의 backward 처리는 관련 사항을 이미 설명했으니 여기에서는 설명을 생략합니다. ReLU 계층을 구현할 때 사용한 max의 역전파를 참고하세요('5.5.1 ReLU 계층'). 풀링 계층의 전체 구현은 common/layer.py에 있으니 궁금한 분은 한번 살펴보세요.

7.5 CNN 구현하기

합성곱 계층과 풀링 계층을 구현했으니, 이 계층들을 조합하여 손글씨 숫자를 인식하는 CNN을 조립해보겠습니다. 여기에서는 [그림 7-23]과 같은 CNN을 구현합니다.

그림 7-23 단순한 CNN의 신경망 구성

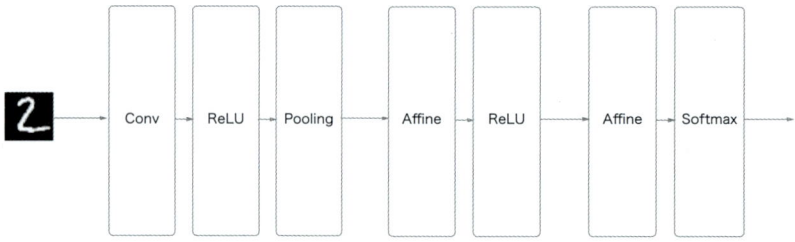

이 그림의 CNN은 'Convolution-ReLU-Pooling-Affine-ReLU-Affine-Softmax' 순으로 흐릅니다. 이를 SimpleConvNet이라는 이름의 클래스로 구현하겠습니다.

우선 SimpleConvNet의 초기화(__init__)를 살펴봅시다. 초기화 때는 다음 인수들을 받습니다.

초기화 때 받는 인수
- input_dim – 입력 데이터(**채널 수, 높이, 너비**)의 차원
- conv_param – 합성곱 계층의 하이퍼파라미터(딕셔너리). 딕셔너리의 키는 다음과 같다.
  - filter_num – 필터 수
  - filter_size – 필터 크기
  - stride – 스트라이드
  - pad – 패딩

- hidden_size - 은닉층(완전연결)의 뉴런 수
- output_size - 출력층(완전연결)의 뉴런 수
- weight_init_std - 초기화 때의 가중치 표준편차

여기에서 합성곱 계층의 하이퍼파라미터는 딕셔너리 형태로 주어집니다(conv_param). 이는 필요한 하이퍼파라미터의 값이 예컨대 {'filter_num':30, 'filter_size':5, 'pad':0, 'stride':1}처럼 저장된다는 뜻입니다.

SimpleConvNet의 초기화는 코드가 좀 길어지므로 세 부분으로 나눠 설명하겠습니다. 다음은 그중 첫 번째입니다.

```
ch07/simple_convnet.py
class SimpleConvNet:
    def __init__(self, input_dim=(1, 28, 28),
                 conv_param = {'filter_num':30, 'filter_size':5,
                               'pad':0, 'stride':1},
                 hidden_siz=100, output_siz=10, weight_init_std=0.01):
        filter_num = conv_param['filter_num']
        filter_size = conv_param['filter_size']
        filter_pad = conv_param['pad']
        filter_stride = conv_param['stride']
        input_size = input_dim[1]
        conv_output_size = (input_size - filter_size + 2*filter_pad) / \
                           filter_stride + 1
        pool_output_size = int(filter_num * (conv_output_size/2) *
                               (conv_output_size/2))
```

여기에서는 초기화 인수로 주어진 합성곱 계층의 하이퍼파라미터를 딕셔너리에서 꺼냅니다 (나중에 쓰기 쉽도록). 그리고 합성곱 계층의 출력 크기를 계산합니다. 이어서 다음 코드는 가중치 매개변수를 초기화하는 부분입니다.

```
ch07/simple_convnet.py
        self.params = {}
        self.params['W1'] = weight_init_std * \
                            np.random.randn(filter_num, input_dim[0],
                                            filter_size, filter_size)
        self.params['b1'] = np.zeros(filter_num)
        self.params['W2'] = weight_init_std * \
                            np.random.randn(pool_output_size,
                                            hidden_size)
        self.params['b2'] = np.zeros(hidden_size)
```

```
        self.params['W3'] = weight_init_std * \
                            np.random.randn(hidden_size, output_size)
        self.params['b3'] = np.zeros(output_size)
```

학습에 필요한 매개변수는 1번째 층의 합성곱 계층과 나머지 두 완전연결 계층의 가중치와 편향입니다. 이 매개변수들을 인스턴스 변수 params 딕셔너리에 저장합니다. 1번째 층의 합성곱 계층의 가중치를 W1, 편향을 b1이라는 키로 저장합니다. 마찬가지로 2번째 층의 완전연결 계층의 가중치와 편향을 W2와 b2, 마지막 3번째 층의 완전연결 계층의 가중치와 편향을 W3와 b3라는 키로 각각 저장합니다.

마지막으로 CNN을 구성하는 계층들을 생성합니다.

ch07/simple_convnet.py

```python
        self.layers = OrderedDict()
        self.layers['Conv1'] = Convolution(self.params['W1'],
                                           self.params['b1'],
                                           conv_param['stride'],
                                           conv_param['pad'])
        self.layers['Relu1'] = Relu()
        self.layers['Pool1'] = Pooling(pool_h=2, pool_w=2, stride=2)
        self.layers['Affine1'] = Affine(self.params['W2'],
                                        self.params['b2'])
        self.layers['Relu2'] = Relu()
        self.layers['Affine2'] = Affine(self.params['W3'],
                                        self.params['b3'])
        self.last_layer = SoftmaxWithLoss()
```

순서가 있는 딕셔너리^{OrderedDict}인 layers에 계층들을 차례로 추가합니다. 마지막 SoftmaxWithLoss 계층만큼은 last_layer라는 별도 변수에 저장해둡니다.

이상이 SimpleConvNet의 초기화입니다. 이렇게 초기화를 마친 다음에는 추론을 수행하는 predict 메서드와 손실 함수의 값을 구하는 loss 메서드를 다음과 같이 구현할 수 있습니다.

ch07/simple_convnet.py

```python
    def predict(self, x):
        for layer in self.layers.values():
            x = layer.forward(x)
        return x

    def loss(self, x, t):
```

```
        y = self.predict(x)
        return self.last_layer.forward(y, t)
```

이 코드에서 인수 x는 입력 데이터, t는 정답 레이블입니다. 추론을 수행하는 predict 메서드는 초기화 때 layers에 추가한 계층을 맨 앞에서부터 차례로 forward 메서드를 호출하며 그 결과를 다음 계층에 전달합니다. 손실 함수를 구하는 loss 메서드는 predict 메서드의 결과를 인수로 마지막 층의 forward 메서드를 호출합니다. 즉, 첫 계층부터 마지막 계층까지 forward를 처리합니다.

이어서 오차역전파법으로 기울기를 구하는 구현은 다음과 같습니다.

ch07/simple_convnet.py
```python
def gradient(self, x, t):
    # 순전파
    self.loss(x, t)

    # 역전파
    dout = 1
    dout = self.last_layer.backward(dout)

    layers = list(self.layers.values())
    layers.reverse()
    for layer in layers:
        dout = layer.backward(dout)

    # 결과 저장
    grads = {}
    grads['W1'] = self.layers['Conv1'].dW
    grads['b1'] = self.layers['Conv1'].db
    grads['W2'] = self.layers['Affine1'].dW
    grads['b2'] = self.layers['Affine1'].db
    grads['W3'] = self.layers['Affine2'].dW
    grads['b3'] = self.layers['Affine2'].db

    return grads
```

매개변수의 기울기는 오차역전파법으로 구합니다. 이 과정은 순전파와 역전파를 반복합니다. 지금까지 각 계층의 순전파와 역전파 기능을 제대로 구현했다면, 여기에서는 단지 그것들을 적절한 순서로 호출만 해주면 됩니다. 마지막으로 grads라는 딕셔너리 변수에 각 가중치 매개변수의 기울기를 저장합니다. 이상이 SimpleConvNet의 구현입니다.

이제 이 SimpleConvNet으로 MNIST 데이터셋을 학습해볼 차례입니다. 학습을 위한 코드는 '4.5 학습 알고리즘 구현하기'에서 설명한 코드와 거의 같으니, 지면도 아낄 겸 코드는 생략하겠습니다(해당 소스 코드는 ch07/train_convnet.py에 있습니다).

자, SimpleConvNet을 MNIST 데이터셋으로 학습하면 훈련 데이터에 대한 정확도는 99.82%, 시험 데이터에 대한 정확도는 98.96%가 됩니다(학습별로 정확도에는 약간의 오차가 발생합니다). 시험 데이터에 대한 정확도가 99%에 근접하는데, 비교적 작은 신경망으로서는 아주 높다고 할 수 있습니다. 다음 장에서는 계층을 더 깊게 하여 시험 데이터에 대한 정확도가 99%를 넘는 신경망도 구현해볼 겁니다.

지금까지 살펴본 것처럼 합성곱 계층과 풀링 계층은 이미지 인식에 필수적인 모듈입니다. 이미지라는 공간적인 형상에 담긴 특징을 CNN이 잘 파악하여 손글씨 숫자 인식에서 높은 정확도를 달성할 수 있었습니다.

7.6 CNN 시각화하기

CNN을 구성하는 합성곱 계층은 입력으로 받은 이미지 데이터에서 '무엇을 보고 있는' 걸까요? 이번 절에서는 합성곱 계층을 시각화해서 CNN이 보고 있는 대상의 실체가 무엇인지 알아보도록 하겠습니다.

7.6.1 1번째 층의 가중치 시각화하기

조금 앞에서 MNIST 데이터셋으로 간단한 CNN 학습을 해보았는데, 그때 1번째 층의 합성곱 계층의 가중치는 그 형상이 (30, 1, 5, 5)였습니다(필터 30개, 채널 1개, 5×5 크기). 필터의 크기가 5×5이고 채널이 1개라는 것은 이 필터를 1채널의 회색조 이미지로 시각화할 수 있다는 뜻입니다. 그럼 합성곱 계층(1층째) 필터를 이미지로 나타내봅시다. 여기에서는 학습 전과 후의 가중치를 비교해볼 텐데, 그 결과는 [그림 7-24]처럼 됩니다(소스 코드는 ch07/visualize_filter.py에 있습니다).

그림 7-24 학습 전과 후의 1번째 층의 합성곱 계층의 가중치: 가중치의 원소는 실수이지만, 이미지에서는 가장 작은 값(0)은 검은색, 가장 큰 값(255)은 흰색으로 정규화하여 표시함

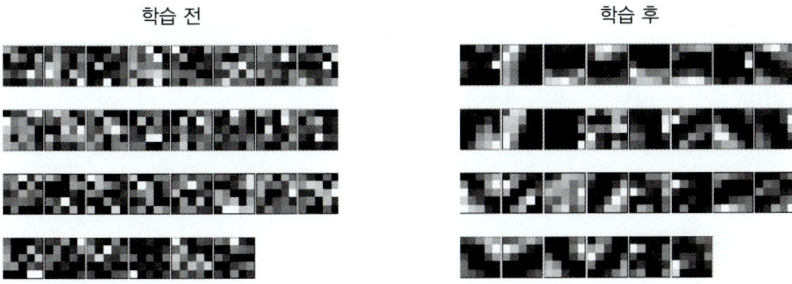

[그림 7-24]와 같이 학습 전 필터는 무작위로 초기화되고 있어 흑백의 정도에 규칙성이 없습니다. 한편, 학습을 마친 필터는 규칙성 있는 이미지가 되었습니다. 흰색에서 검은색으로 점차 변화하는 필터와 덩어리(블롭blob)가 진 필터 등, 규칙을 띄는 필터로 바뀌었습니다.

[그림 7-24]의 오른쪽같이 규칙성 있는 필터는 '무엇을 보고 있는' 걸까요? 바로 에지(색상이 바뀐 경계선)와 블롭(국소적으로 덩어리진 영역) 등을 보고 있습니다. 가령 왼쪽 절반이 흰색이고 오른쪽 절반이 검은색인 필터는 [그림 7-25]와 같이 세로 방향의 에지에 반응하는 필터입니다.

그림 7-25 가로 에지와 세로 에지에 반응하는 필터: 출력 이미지 1은 세로 에지에 흰 픽셀이 나타나고, 출력 이미지 2는 가로 에지에 흰 픽셀이 많이 나온다.

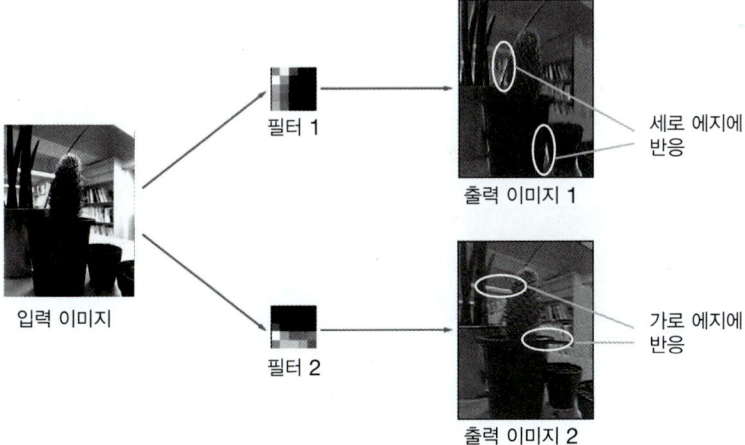

[그림 7-25]는 학습된 필터 2개를 선택하여 입력 이미지에 합성곱 처리를 한 결과로, '필터 1'은 세로 에지에 반응하며 '필터 2'는 가로 에지에 반응한다는 사실을 알 수 있습니다.

이처럼 합성곱 계층의 필터는 에지나 블롭 등의 원시적인 정보를 추출할 수 있습니다. 앞에서 구현한 CNN은 이런 원시적인 정보를 뒷단 계층으로 전달합니다.

7.6.2 층 깊이에 따른 추출 정보 변화

앞 절의 결과는 1번째 층의 합성곱 계층을 대상으로 했습니다. 1번째 층의 합성곱 계층에서는 에지나 블롭 등의 저수준 정보가 추출된다 치고, 그럼 겹겹이 쌓인 CNN의 각 계층에서는 어떤 정보가 추출될까요? 딥러닝 시각화에 관한 연구[17] [18]에 따르면, 계층이 깊어질수록 추출되는 정보(정확히는 강하게 반응하는 뉴런)는 더 많이 추상화됨을 알 수 있습니다.

[그림 7-26]은 일반 사물 인식(자동차나 개 등)을 수행한 8층의 CNN입니다. 이 구조는 AlexNet이라 하는데(다음 절에서 설명합니다), 합성곱 계층과 풀링 계층을 여러 겹 쌓고, 마지막으로 완전연결 계층을 거쳐 결과를 출력하는 구조입니다. [그림 7-26]에서 블록은 중간 데이터이며, 그 중간 데이터에 합성곱 연산을 연속해서 적용합니다.

그림 7-26 CNN의 합성곱 계층에서 추출되는 정보. 1번째 층은 에지와 블롭, 3번째 층은 텍스처, 5번째 층은 사물의 일부, 마지막 완전연결 계층은 사물의 클래스(개, 자동차 등)에 뉴런이 반응한다.[19]

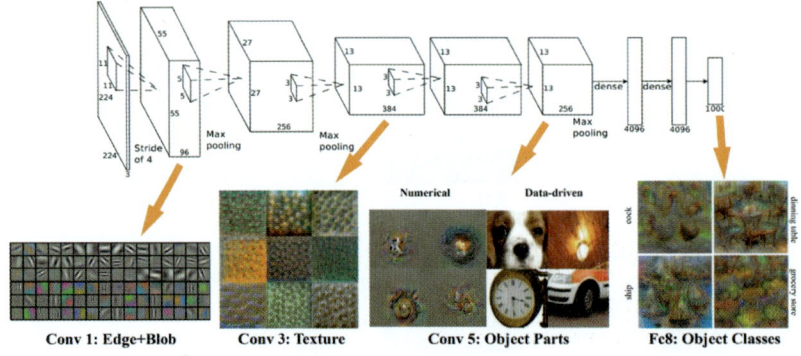

딥러닝의 흥미로운 점은 [그림 7-26]과 같이 합성곱 계층을 여러 겹 쌓으면, 층이 깊어지면서 더 복잡하고 추상화된 정보가 추출된다는 것입니다. 처음 층은 단순한 에지에 반응하고, 이어서 텍스처에 반응하고, 더 복잡한 사물의 일부에 반응하도록 변화합니다. 즉, 층이 깊어지면서 뉴런이 반응하는 대상이 단순한 모양에서 '고급' 정보로 변화해갑니다. 다시 말하면 사물의 '의미'를 이해하도록 변화하는 것입니다.

7.7 대표적인 CNN

지금까지 제안된 CNN의 구성은 다양합니다. 이번 절에서는 그중에서도 특히 중요한 신경망을 두 개 소개합니다. 하나는 CNN의 원조인 LeNet[20]이고, 다른 하나는 딥러닝이 주목받도록 이끈 AlexNet[21]입니다.

7.7.1 LeNet

LeNet은 손글씨 숫자를 인식하는 신경망으로 1998년에 제안되었습니다. [그림 7-27]과 같이 합성곱 계층과 풀링 계층(정확히는 단순히 '원소를 줄이기'만 하는 서브샘플링 계층)을 반복하고, 마지막으로 완전연결 계층을 거치면서 결과를 출력합니다.

그림 7-27 LeNet의 구성[20]

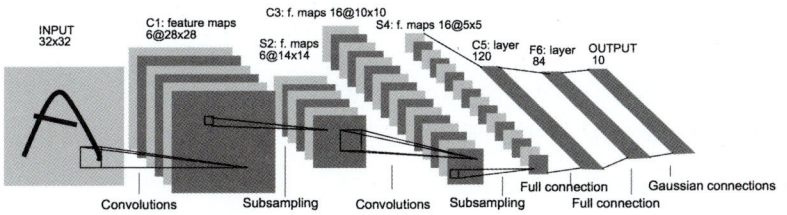

LeNet과 '현재의 CNN'을 비교하면 몇 가지 면에서 차이가 있습니다. 첫 번째 차이는 활성화 함수입니다. LeNet은 시그모이드 함수를 사용하는 데 반해, 현재는 주로 ReLU를 사용합니다. 또, 원래의 LeNet은 서브샘플링을 하여 중간 데이터의 크기를 줄이지만 현재는 최대 풀링이 주류입니다.

이처럼 LeNet과 현재의 CNN은 얼마간 차이가 있지만 큰 차이는 아닙니다. LeNet이 지금부터 거의 20년 전에 제안된 '첫 CNN'이라는 점을 생각하면 놀라운 일이죠.

7.7.2 AlexNet

LeNet과 비교해 훨씬 최근인 2012년에 발표된 **AlexNet**은 딥러닝 열풍을 일으키는 데 큰 역할을 했습니다. [그림 7-28]에서 보듯 그 구성은 기본적으로 LeNet과 크게 다르지 않습니다.

그림 7-28 AlexNet의 구성[21]

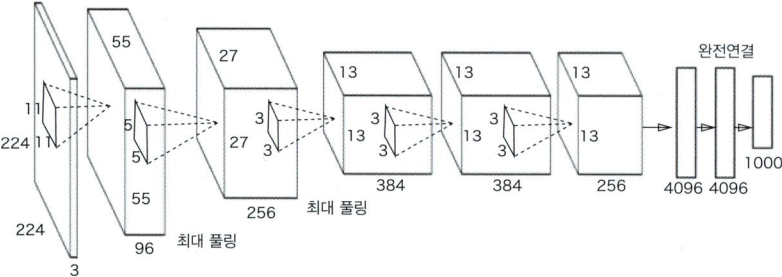

AlexNet은 합성곱 계층과 풀링 계층을 거듭하며 마지막으로 완전연결 계층을 거쳐 결과를 출력합니다. LeNet에서 큰 구조는 바뀌지 않습니다만, AlexNet에서는 다음과 같은 변화를 주었습니다.

- 활성화 함수로 ReLU를 이용한다.
- LRN^{Local Response Normalization}이라는 국소적 정규화를 실시하는 계층을 이용한다.
- 드롭아웃을 사용한다.

이상에서 보듯 구성 면에서는 LeNet과 AlexNet에 큰 차이는 없습니다. 그러나 이를 둘러싼 환경과 컴퓨터 기술이 큰 진보를 이룬 것이죠. 대량의 데이터를 누구나 얻을 수 있게 되었고, 병렬 계산에 특화된 GPU가 보급되면서 대량의 연산을 고속으로 수행할 수 있게 되었습니다. 빅데이터와 GPU, 이 두 기술이 딥러닝 발전의 큰 원동력입니다.

> **NOTE_** 딥러닝(심층 신경망)에는 대부분 수많은 매개변수가 쓰입니다. 그래서 학습하려면 엄청난 양의 계산을 해야만 하죠. 또한, 그 매개변수를 '적합^{fitting}'시키는 데이터도 대량으로 필요합니다. GPU와 빅데이터는 이런 문제에 해결책을 던졌다고 말할 수 있습니다.

7.8 정리

이번 장에서는 CNN에 대해 배웠습니다. CNN을 구성하는 기본 모듈인 '합성곱 계층'과 '풀링 계층'은 다소 복잡하지만, 한 번 이해하고 나면 이들을 어떻게 쓰느냐는 문제만 남습니다. 이번 장에서는 합성곱 계층과 풀링 계층을 구현 수준으로 이해할 수 있도록 차근히 설명했습니다. CNN은 이미지를 다루는 분야에서는 거의 예외 없이 쓰입니다. 마지막 8장으로 넘어가기 전에 이번 장의 내용을 제대로 이해해두길 권합니다.

> **이번 장에서 배운 내용**
> - CNN은 지금까지의 완전연결 계층 신경망에 합성곱 계층과 풀링 계층을 새로 추가한다.
> - 합성곱 계층과 풀링 계층은 im2col(이미지를 행렬로 전개하는 함수)을 이용하면 간단하고 효율적으로 구현할 수 있다.
> - CNN을 시각화해보면 계층이 깊어질수록 고급 정보가 추출되는 모습을 확인할 수 있다.
> - 대표적인 CNN에는 LeNet과 AlexNet이 있다.
> - 딥러닝의 발전에는 빅데이터와 GPU가 크게 기여했다.

CHAPTER 8

딥러닝

딥러닝은 층을 깊게 한 심층 신경망입니다. 심층 신경망은 지금까지 설명한 신경망을 바탕으로 뒷단에 층을 추가하기만 하면 만들 수 있지만, 커다란 문제가 몇 개 있습니다. 이번 장에서는 딥러닝의 특징과 과제 그리고 가능성을 살펴봅니다. 또 오늘날의 첨단 딥러닝에 대한 설명도 준비했습니다.

8.1 더 깊게

신경망에 관해 그동안 많은 것을 배웠습니다. 신경망을 구성하는 다양한 계층과 학습에 효과적인 기술, 영상 분야에 특히 유효한 CNN과 매개변수 최적화 기법 등이 떠오를 겁니다. 이 모두가 딥러닝에서 중요한 기술입니다. 이번 절에서는 그동안 배운 기술을 집약하고 심층 신경망을 만들어 MNIST 데이터셋의 손글씨 숫자 인식에 도전하려 합니다.

8.1.1 더 깊은 신경망으로

거두절미하고 이번 절에서는 [그림 8-1]과 같이 구성된 CNN을 만들고자 합니다(이 신경망은 다음 절에서 설명하는 VGG 신경망을 참고하였습니다).

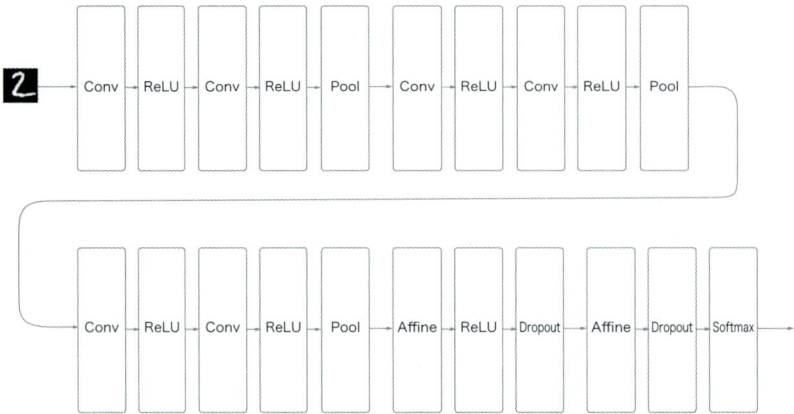

그림 8-1 손글씨 숫자를 인식하는 심층 CNN

척 보아도 지금까지 구현한 신경망보다 층이 깊습니다. 여기에서 사용하는 합성곱 계층은 모두 3×3 크기의 작은 필터로, 층이 깊어지면서 채널 수가 더 늘어나는 것이 특징입니다(합성곱 계층의 채널 수는 앞 계층에서부터 순서대로 16, 16, 32, 32, 64, 64로 늘어갑니다). 또 그림과 같이 풀링 계층을 추가하여 중간 데이터의 공간 크기를 점차 줄여갑니다. 그리고 마지막 단의 완전연결 계층에서는 드롭아웃 계층을 사용합니다.

가중치 초깃값으로 He 초깃값을 사용하고, 가중치 매개변수 갱신에는 Adam을 이용합니다. 이상을 정리하면 이 신경망의 특징은 다음과 같습니다.

- 3×3의 작은 필터를 사용한 합성곱 계층
- 활성화 함수는 ReLU
- 완전연결 계층 뒤에 드롭아웃 계층 사용
- Adam을 사용해 최적화
- 가중치 초깃값은 'He의 초깃값'

이상의 특징에서 보듯 이 신경망에는 그동안 배운 신경망 기술을 잔뜩 녹였습니다. 그럼 이 신경망을 학습시켜볼까요? 결과부터 말하면 이 신경망의 정확도는 99.38%* 입니다. 이 정도면 매우 훌륭한 성능이라고 할 수 있죠!

---

* 최종 정확도에는 얼마간 차이가 날 수 있습니다. 다만, 이번 신경망에서는 대체로 99%를 넘길 겁니다.

> **NOTE_** 이 신경망을 구현한 소스 코드는 ch08/deep_convnet.py에, 또 훈련용 코드는 ch08/train_deepnet.py에 준비되어 있습니다. 이 코드들을 사용하여 학습을 직접 시켜봐도 좋습니다만, 심층 신경망을 학습시키는 데는 시간이 오래 걸립니다(아마 반나절은 걸릴 겁니다). 이 책에서는 학습된 가중치 매개변수를 ch08/deep_convnet_params.pkl 파일에 준비해놨습니다. 이전의 deep_convnet.py는 학습된 매개 변수를 읽어 들일 수 있으니 적절히 이용하세요.

이 신경망이 잘못 인식할 확률은 겨우 0.62%입니다. 그럼 실제로 어떤 이미지를 인식하지 못했는지 살펴볼까요. [그림 8-2]는 인식에 실패한 예입니다.

그림 8-2 인식하지 못한 이미지들: 각 사진의 왼쪽 위는 정답 레이블, 오른쪽 아래는 이 신경망의 추론 결과

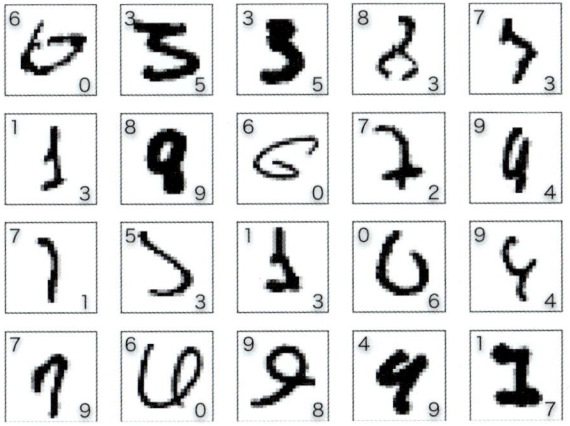

[그림 8-2]의 사진들은 우리 인간도 판단하기가 어렵습니다. 실제로 우리도 똑같이 '인식 오류'를 저지르는 이미지가 여럿 포함되어 있지요. 첫 번째 이미지는 '0'처럼 보이고(정답은 '6'), 두 번째 이미지는 분명히 '5'처럼도 보입니다(정답은 '3'). 전체적으로 '1'과 '7', '0'과 '6', '3'과 '5'의 조합이 헷갈리는데, 이런 예를 보자면 인식을 못 한 것도 이해가 됩니다.

이번의 심층 CNN은 정확도가 높고, 잘못 인식한 이미지들도 인간과 비슷한 인식 오류를 저지르고 있습니다. 이런 점에서도 심층 CNN의 잠재력이 크다는 걸 새삼 느낄 수 있을 겁니다.

8.1.2 정확도를 더 높이려면

'What is the class of this image?' 웹 사이트[32]는 다양한 데이터셋을 대상으로 그동안 논문 등에서 발표한 기법들의 정확도 순위를 정리해두었습니다(그림 8-3).

그림 8-3 MNIST 데이터셋에 대한 각 기법의 순위(2024년 8월 시점)[32]

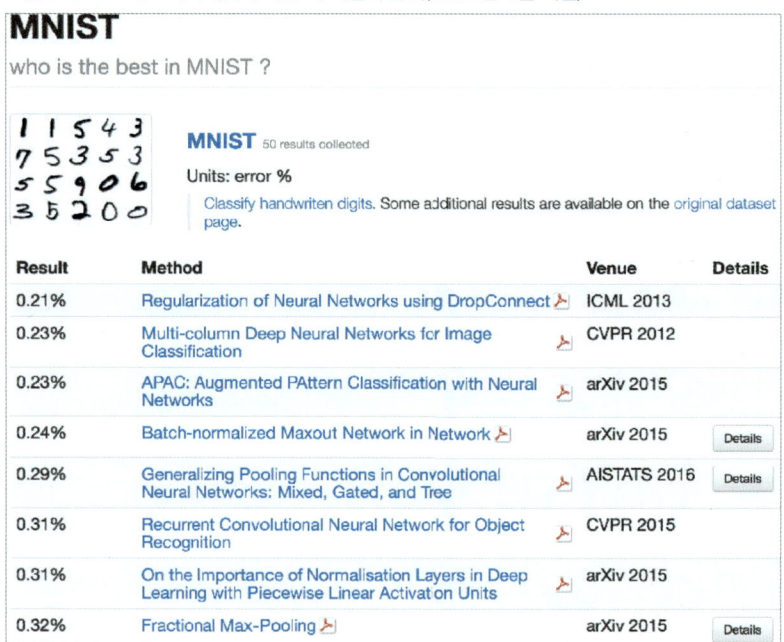

[그림 8-3]의 순위를 보면 'Neural Networks'나 'Deep', 'Convolutional'이라는 키워드가 돋보입니다. 사실 상위권은 대부분 CNN을 기초로 한 기법들이 점령했습니다. 참고로 2024년 8월 기준 MNIST 데이터셋에 대한 정확도 1위는 99.79%(오류율 0.21%)이며, 이 기법도 CNN을 기초로 했습니다.[33] 다만 이 목록의 기법들이 사용하는 CNN들은 그다지 깊지 않습니다(합성곱 계층 2개에 완전연결 계층 2개 정도인 신경망).

> **NOTE_** MNIST 데이터셋에 대해서는 층을 아주 깊게 하지 않고도 (현시점에서는) 최고 수준의 결과가 나옵니다. 이는 손글씨 숫자라는 문제가 비교적 단순해서 신경망의 표현력을 극한까지 높일 필요가 없기 때문이라고 생각합니다. 그래서 층을 깊게 해도 혜택이 적다고 할 수 있죠. 반면, 나중에 소개하는 대규모 일반 사물 인식에서는 문제가 훨씬 복잡해지므로 층을 깊게 하면 정확도를 크게 끌어올릴 수 있습니다.

[그림 8-3]의 상위 기법들을 참고하면 정확도를 더 높일 수 있는 기술이나 힌트를 발견할 수 있습니다. 예를 들어 앙상블 학습, 학습률 감소, 데이터 확장 등이 정확도 향상에 공헌하고 있지요. 특히 데이터 확장은 손쉬운 방법이면서도 정확도 개선에 아주 효과적입니다.

데이터 확장data augmentation은 입력 이미지(훈련 이미지)를 알고리즘을 동원해 '인위적'으로 확장합니다. [그림 8-4]와 같이 입력 이미지를 회전하거나 세로로 이동하는 등 미세한 변화를 주어 이미지의 개수를 늘리는 것이죠. 이는 데이터가 몇 개 없을 때 특히 효과적인 수단입니다.

그림 8-4 데이터 확장의 예

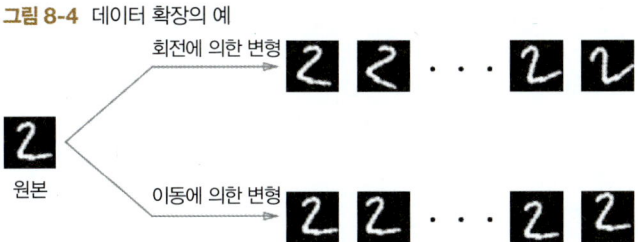

데이터 확장은 [그림 8-4] 같은 변형 외에도 다양한 방법으로 이미지를 확장할 수 있습니다. 예를 들어 이미지 일부를 잘라내는 crop이나 좌우를 뒤집는 flip* 등이 있겠죠. 일반적인 이미지에는 밝기 등의 외형 변화나 확대·축소 등의 스케일 변화도 효과적입니다. 어쨌든 데이터 확장을 동원해 훈련 이미지의 개수를 늘릴 수 있다면 딥러닝의 인식 수준을 개선할 수 있습니다. 이것은 쉬운 '트릭'이라 가볍게 생각할지도 모르지만 멋진 결과를 가져오는 경우가 많습니다. 이 책에서는 데이터 확장은 구현하지 않지만 보다시피 어렵지 않은 방식이니 흥미가 있는 분은 한 번 도전해보세요.

8.1.3 깊게 하는 이유

'층을 깊게 쌓기'가 왜 중요한가에 대한 이론적인 근거는 아직 많이 부족한 것이 사실입니다. 그래도 지금까지의 연구와 실험 결과를 바탕으로 설명할 수 있는 것은 몇 가지 있습니다(다소 직관적이기는 하지만). 이번 절에서는 '**층을 깊게 쌓기'의 중요성**을 뒷받침하는 데이터와 설명을 몇 가지 소개하겠습니다.

---

* flip은 이미지의 대칭성을 고려하지 않아도 되는 경우에만 쓸 수 있습니다.

우선 층 쌓기의 중요성은 ILSVRC로 대표되는 대규모 이미지 인식 대회의 결과에서 파악할 수 있습니다(자세한 내용은 다음 절을 참고하세요). 이 대회에서 상위를 차지한 기법 대부분은 딥러닝 기반이며, 그 경향은 신경망을 더 깊게 만드는 방향으로 가고 있습니다. 층의 깊이에 비례해 정확도가 좋아지는 것이죠.

이어서 층을 깊게 할 때의 이점을 설명하겠습니다. 그 이점 하나는 신경망의 매개변수 수가 줄어든다는 것입니다. 층을 깊게 한 신경망은 깊지 않은 경우보다 적은 매개변수로 같은 (혹은 그 이상) 수준의 표현력을 달성할 수 있습니다. 합성곱 연산에서의 필터 크기에 주목해 생각해보면 쉽게 이해될 겁니다. 예를 하나 볼까요? [그림 8-5]는 5×5 필터로 구성된 합성곱 계층입니다.

그림 8-5 5×5 합성곱 연산의 예

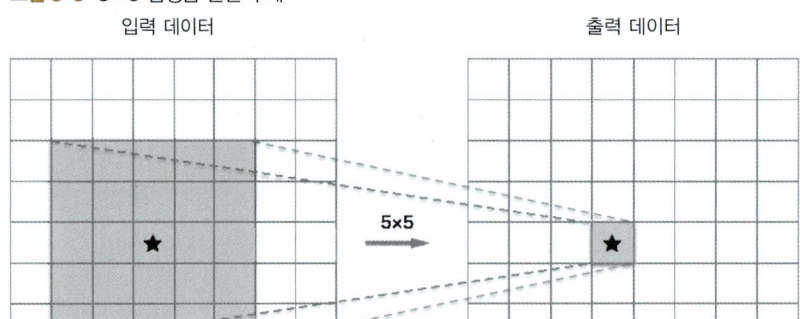

여기에서 주목할 점은 출력 데이터의 각 노드가 입력 데이터의 어느 영역으로부터 계산되었느냐는 것입니다. 당연하지만 [그림 8-5]의 예에서는 각각의 출력 노드는 입력 데이터의 5×5 크기 영역에서 계산됩니다.

이어서 [그림 8-6]처럼 3×3의 합성곱 연산을 2회 반복하는 경우를 생각해봅시다. 이 경우 출력 노드 하나는 중간 데이터의 3×3 영역에서 계산됩니다. 그럼 중간 데이터의 3×3 영역은 그전 입력 데이터의 어느 영역에서 계산될까요? [그림 8-6]을 잘 보면 5×5 크기의 영역에서 계산되어 나오는 모습을 확인할 수 있지요. 즉, [그림 8-6]의 출력 데이터는 입력 데이터의 5×5 영역을 '보고' 계산하게 됩니다.

그림 8-6 3×3의 합성곱 계층을 2회 반복한 예

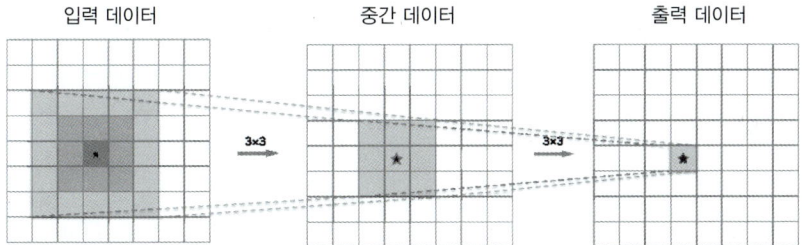

5×5의 합성곱 연산 1회는 3×3의 합성곱 연산을 2회 수행하여 대체할 수 있습니다. 게다가 전자의 매개변수 수가 25개(5×5)인 반면, 후자는 총 18개(2×3×3)이며, 매개변수 수는 층을 반복할수록 적어집니다. 그리고 그 개수의 차이는 층이 깊어질수록 커집니다. 예를 들어 3×3의 합성곱 연산을 3회 반복하면 매개변수는 모두 27개가 되지만, 같은 크기의 영역을 1회의 합성곱 연산으로 '보기' 위해서는 7×7 크기의 필터, 즉 매개변수 49개가 필요합니다.

> **NOTE_** 작은 필터를 겹쳐 신경망을 깊게 할 때의 장점은 매개변수 수를 줄여 넓은 **수용 영역**receptive field을 소화할 수 있다는 데 있습니다(수용 영역은 뉴런에 변화를 일으키는 국소적인 공간 영역입니다). 게다가 층을 거듭하면서 ReLU 등의 활성화 함수를 합성곱 계층 사이에 끼움으로써 신경망의 표현력이 개선됩니다. 이는 활성화 함수가 신경망에 '비선형' 힘을 가하고, 비선형 함수가 겹치면서 더 복잡한 대상도 표현할 수 있게 되기 때문입니다.

학습의 효율성도 층을 깊게 쌓아서 얻는 이점입니다. 층을 깊게 함으로써 학습 데이터의 양을 줄여 학습을 고속으로 수행할 수 있다는 뜻입니다. 이를 (직감적으로) 이해하려면 '7.6 CNN 시각화하기'에서의 설명을 상기하면 좋습니다. 7.6절에서 CNN의 합성곱 계층이 정보를 계층적으로 추출하고 있음을 설명했습니다. 앞단의 합성곱 계층에서는 에지 등의 단순한 패턴에 뉴런이 반응하고 층이 깊어지면서 텍스처와 사물의 일부와 같이 점차 더 복잡한 대상에 반응한다고 설명했죠.

그런 신경망 계층 구조를 기억해두고 '개'를 인식하는 문제를 생각해봅시다. 이 문제를 얕은 신경망에서 해결하려면 합성곱 계층은 개의 특징 대부분을 한 번에 '이해'해야 합니다. 견종도 다양하고 어느 각도에서 찍은 사진이냐 따라 완전히 다르게 보일 수 있습니다. 그래서 개의 특징을 이해하려면 변화가 풍부하고 많은 학습 데이터가 필요하고, 결과적으로 학습 시간이 오래 걸립니다.

그러나 신경망을 깊게 하면 학습해야 할 문제를 계층적으로 분해할 수 있습니다. 각 층이 학습해야 할 문제를 더 단순한 문제로 대체할 수 있는 것이죠. 예를 들어 처음 층은 에지 학습에 전념하여 적은 학습 데이터로 효율적으로 학습할 수 있습니다. 개가 등장하는 이미지보다 에지를 포함한 이미지는 많고, 에지의 패턴은 개라는 패턴보다 구조가 훨씬 간단하기 때문이죠.

또, 층을 깊게 하면 정보를 계층적으로 전달할 수 있다는 점도 중요합니다. 예를 들어 에지를 추출한 층의 다음 층은 에지 정보를 쓸 수 있고, 더 고도의 패턴을 효과적으로 학습하리라 기대할 수 있습니다. 다시 말해 층을 깊이 함으로써 각 층이 학습해야 할 문제를 '풀기 쉬운 단순한 문제'로 분해할 수 있어 효율적으로 학습하리라 기대할 수 있습니다.

이상이 층을 깊게 하는 것이 왜 중요한가에 대한 보충 설명입니다. 단, 최근 일어나고 있는 층의 심화는 층이 깊어도 제대로 학습할 수 있도록 해주는 새로운 기술과 환경(빅데이터와 컴퓨터 연산 능력 등)이 뒷받침되어 나타난 현상임을 강조해두고자 합니다.

8.2 딥러닝의 초기 역사

딥러닝이 지금처럼 큰 주목을 받게 된 계기는 이미지 인식 기술을 겨루는 장(場)인 ILSVRC^{ImageNet} Large Scale Visual Recognition Challenge의 2012년 대회입니다. 그해의 대회에서 딥러닝에 기초한 기법, 일명 AlexNet이 압도적인 성적으로 우승하면서 그동안의 이미지 인식에 대한 접근법을 뿌리부터 뒤흔들었습니다. 이 2012년 딥러닝의 역습이 전환점이 되어 그 후로는 대회의 주역은 항상 딥러닝이었습니다. 이번 절에서는 ILSVRC 대회를 축으로 딥러닝의 발전 과정을 되짚어보겠습니다.

8.2.1 이미지넷

이미지넷^{ImageNet}[25]은 100만 장이 넘는 이미지를 담고 있는 데이터셋입니다. [그림 8-7]과 같이 다양한 종류의 이미지를 포함하며 각 이미지에는 레이블(클래스 이름)이 붙어 있습니다. 2017년까지 매년 열린 ILSVRC는 이 거대한 데이터셋을 사용하여 자웅을 겨루는 천하제일 이미지 인식 기술 대회인 셈이죠.

그림 8-7 대규모 데이터셋 ImageNet의 데이터들[25]

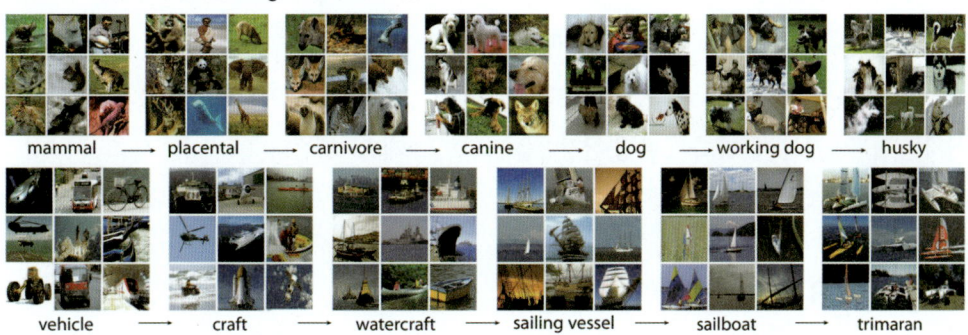

ILSVRC 대회에는 시험 항목이 몇 가지 있는데, 그중 하나가 분류classification입니다. 분류 부문에서는 1,000개의 클래스를 제대로 분류하는지를 겨룹니다. 그림 ILSVRC의 분류 시험 결과를 살펴보시죠. [그림 8-8]은 2010년부터 2015년까지 ILSVRC의 분류 부문 우승팀의 성적입니다. 여기에서는 톱-5 오류top-5 error를 막대 그래프로 나타냈습니다. 톱-5 오류란 확률이 가장 높다고 생각하는 후보 클래스 5개 안에 정답이 포함되지 않은, 즉 5개 모두가 틀린 비율입니다.

그림 8-8 ILSVRC 최우수 팀의 성적 추이: 세로축은 오류율, 가로축은 연도, 가로축의 괄호 안은 팀 이름(또는 기법 이름)

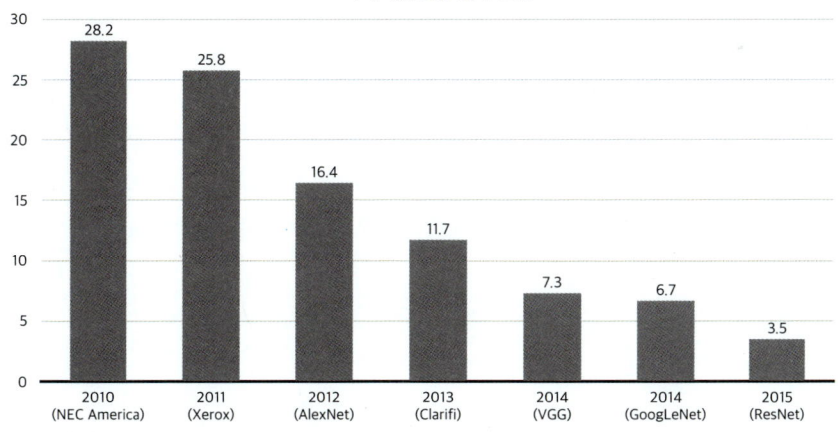

[그림 8-8]에서 주목할 점은 2012년 이후 선두는 항상 딥러닝 방식이라는 것입니다. 실제로 2012년의 AlexNet이 오류율을 크게 낮췄고, 그 후 딥러닝을 활용한 기법이 꾸준히 정확도를 개선해왔습니다. 특히 2015년에는 150층이 넘는 심층 신경망인 ResNet이 오류율을 3.5%까

지 낮췄습니다. 이 결과는 일반적인 인간의 인식 능력인 5%를 넘어선 최초의 기록입니다. 마지막 대회였던 2017년의 우승 모델인 SENets는 오류율을 2.3%까지 끌어내렸습니다.

이중 VGG, GoogLeNet, ResNet은 특히 유명하며, 다양한 딥러닝 분야에서 활용됩니다. 이어지는 절들에서는 이 세 가지 유명 신경망을 간단히 소개드리겠습니다.

8.2.2 VGG

VGG는 합성곱 계층과 풀링 계층으로 구성되는 '기본적'인 CNN입니다. 다만, [그림 8-9]와 같이 비중 있는 층(합성곱 계층, 완전연결 계층)을 모두 16층(혹은 19층)으로 심화한 게 특징입니다(층의 깊이에 따라서 'VGG16'과 'VGG19'로 구분하기도 합니다).

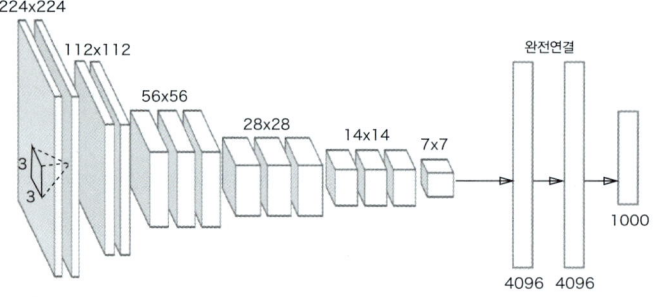

그림 8-9 VGG[22]

VGG에서 주목할 점은 3×3의 작은 필터를 사용한 합성곱 계층을 연속으로 거친다는 것입니다. 그림에서 보듯 합성곱 계층을 2~4회 연속으로 풀링 계층을 두어 크기를 절반으로 줄이는 처리를 반복합니다. 그리고 마지막에는 완전연결 계층을 통과시켜 결과를 출력합니다.

> **NOTE_** VGG는 2014년 대회에서 2위에 올랐습니다. 성능 면에서는 1위인 GoogLeNet에 뒤지지만, VGG는 구성이 간단하여 응용하기 좋습니다. 그래서 많은 기술자가 VGG 기반의 신경망을 즐겨 사용합니다.

8.2.3 GoogLeNet

GoogLeNet의 구성은 [그림 8-10]과 같습니다. 그림의 사각형이 합성곱 계층과 풀링 계층 등의 계층을 나타냅니다.

그림 8-10 GoogLeNet[23]

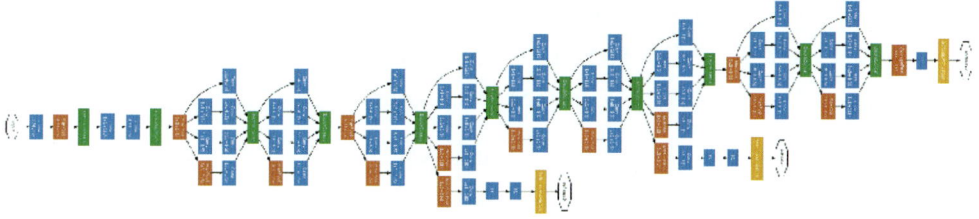

그림을 보면 구성이 매우 복잡해 보이는데 기본적으로는 지금까지 보아온 CNN과 다르지 않습니다. 다만 GoogLeNet은 세로 방향 깊이뿐 아니라 가로 방향도 깊다는 점이 특징입니다.

GoogLeNet에는 가로 방향에 '폭'이 있습니다. 이를 인셉션 구조라 하며, 그 기반 구조는 [그림 8-11]과 같습니다.

그림 8-11 GoogLeNet의 인셉션 구조[23]

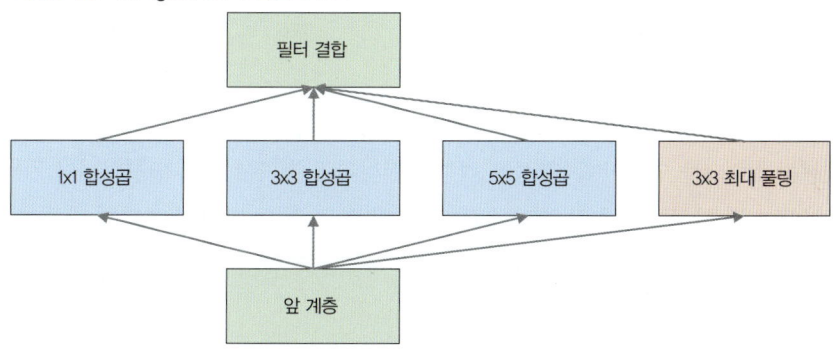

인셉션 구조는 [그림 8-11]과 같이 크기가 다른 필터(와 풀링)를 여러 개 적용하여 그 결과를 결합합니다. 이 인셉션 구조를 하나의 빌딩 블록(구성요소)으로 사용하는 것이 GoogLeNet의 특징이죠. 또 GoogLeNet에서는 1×1 크기의 필터를 사용한 합성곱 계층을 많은 곳에서 사용합니다. 이 1×1의 합성곱 연산은 채널 쪽으로 크기를 줄이는 작업이며 매개변수 제거와 고속 처리에 기여합니다(자세한 내용은 원논문[23]을 참고하세요).

8.2.4 ResNet

ResNetResidual Network[24]은 마이크로소프트의 팀이 개발한 신경망입니다. 그 특징은 지금까지보다 층을 더 깊게 할 수 있는 특별한 '장치'에 있습니다.

지금까지 층의 깊이가 성능 향상에 중요하다고 이야기했습니다. 그러나 층이 지나치게 깊으면 학습이 잘 되지 않고 오히려 성능이 떨어지는 경우도 많습니다. ResNet에서는 그런 문제를 해결하기 위해서 **스킵 연결**skip connection을 도입합니다. 이 구조가 층의 깊이에 비례해 성능을 향상시킬 수 있게 한 핵심입니다(물론 층을 깊게 하는 데는 여전히 한계가 있습니다).

스킵 연결이란 [그림 8-12]와 같이 입력 데이터를 합성곱 계층을 건너뛰어 출력에 바로 더하는 구조를 말합니다.

그림 8-12 ResNet의 구성요소[24]: 'weight layer'는 합성곱 계층을 말한다.

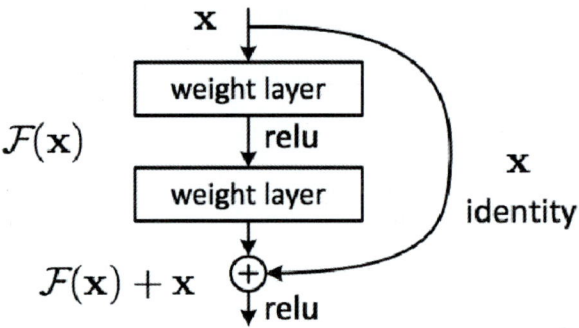

[그림 8-12]에서는 입력 x를 연속한 두 합성곱 계층을 건너뛰어 출력에 바로 연결합니다. 이 단축 경로가 없었다면 두 합성곱 계층의 출력이 $F(x)$가 되나, 스킵 연결로 인해 $F(x) + x$가 되는 게 핵심입니다. 스킵 연결은 층이 깊어져도 학습을 효율적으로 할 수 있도록 해주는데, 이는 역전파 때 스킵 연결이 신호 감쇠를 막아주기 때문입니다.

> **NOTE_** 스킵 연결은 입력 데이터를 '그대로' 흘리는 기법으로, 역전파 때도 상류의 기울기를 그대로 하류로 보냅니다. 여기에서의 핵심은 상류의 기울기에 아무런 수정도 가하지 않고 '그대로' 흘린다는 것이죠. 그래서 스킵 연결로 기울기가 작아지거나 지나치게 커질 걱정 없이 앞 층에 '의미 있는 기울기'가 전해지리라 기대할 수 있습니다. 층을 깊게 할수록 기울기가 작아지는 소실 문제를 이 스킵 연결이 줄여줍니다.

ResNet은 먼저 설명한 VGG 신경망을 기반으로 스킵 연결을 도입하여 층을 깊게 했습니다. 그 결과는 [그림 8-13]처럼 됩니다.

그림 8-13 ResNet[24]: 블록이 3×3인 합성곱 계층에 대응. 층을 건너뛰는 스킵 연결이 특징이다.

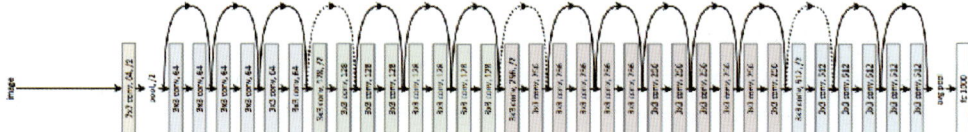

[그림 8-13]과 같이 ResNet은 합성곱 계층을 2개 층마다 건너뛰면서 층을 깊게 합니다. 실험 결과 150층 이상으로 해도 정확도가 오르는 모습을 확인할 수 있었습니다. 그리고 ILSVRC 대회에서는 톱-5 오류율이 겨우 3.5%라는 경이적인 결과를 냈습니다.

> **NOTE_** 이미지넷이 제공하는 거대한 데이터셋으로 학습한 가중치 값들은 실제 제품에 활용해도 효과적이고, 또 많이들 그렇게 이용하고 있습니다. 이를 **전이 학습**transfer learning이라고 해서, 학습된 가중치(혹은 그 일부)를 다른 신경망에 복사한 다음, 그 상태로 재학습을 수행합니다. 예를 들어 VGG와 구성이 같은 신경망을 준비하고 미리 학습된 가중치를 초깃값으로 설정한 후, 새로운 데이터셋을 대상으로 재학습(fine tuning)을 수행합니다. 전이 학습은 보유한 데이터셋이 적을 때 특히 유용한 방법입니다.

8.3 더 빠르게(딥러닝 고속화)

빅데이터와 네트워크의 발전으로 딥러닝에서는 대량의 연산을 수행해야 합니다. 과거에는 주로 CPU가 계산을 담당했으나, CPU만으로 딥러닝을 처리하기는 부족한 게 현실입니다. 실제로 주위를 둘러보면 딥러닝 프레임워크 대부분은 GPU^{Graphics Processing Unit}를 활용해 대량의 연산을 고속으로 처리할 수 있습니다. 최근 프레임워크에서는 학습을 복수의 GPU와 여러 기기로 분산 수행합니다. 이번 절에서는 딥러닝의 고속화에 관해 이야기해보려 합니다(참고로 우리의 딥러닝 구현은 8.1절에서 마무리하고 GPU 대응 등 여기에서 설명하는 고속화는 적용하지 않습니다).

8.3.1 풀어야 할 숙제

딥러닝의 고속화 얘기를 시작하기 앞서 딥러닝에서는 어떠한 처리에 시간이 소요되는지를 보겠습니다. [그림 8-14]는 AlexNet의 순전파 처리에서 각 층이 소비하는 시간을 원 그래프로 보여줍니다.

그림 8-14 AlexNet의 forward 처리 시 각 층의 시간 비율: 왼쪽이 GPU, 오른쪽이 CPU를 사용한 경우. 'conv'는 합성곱 계층, 'pool'은 풀링 계층, 'fc'는 완전연결 계층, 'norm'은 정규화 계층이다.[26]

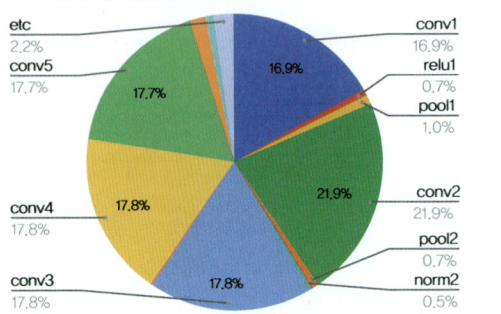
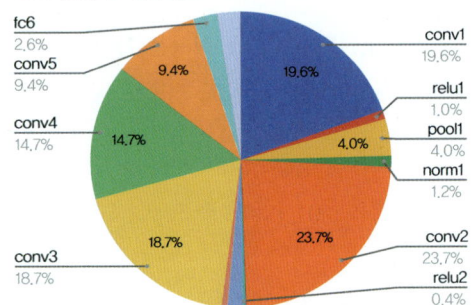

그림에서 보듯 AlexNet에서는 오랜 시간을 합성곱 계층에서 소요합니다. 실제로 합성곱 계층의 처리 시간을 다 더하면 GPU에서는 전체의 95%, CPU에서는 전체의 89%까지 달하지요! 그래서 합성곱 계층에서 이뤄지는 연산을 어떻게 고속으로 효율적으로 하느냐가 딥러닝의 과제입니다. [그림 8-14]는 추론 때의 결과지만, 학습 시에도 마찬가지로 합성곱 계층에서 많은 시간을 소비하게 됩니다.

> **NOTE_** 합성곱 계층에서 수행하는 연산은 '7.2 합성곱 계층'에서 설명했듯이, 결국 '단일 곱셈-누산'입니다. 그래서 딥러닝 고속화라는 주제는 대량의 '단일 곱셈-누산'을 어떻게 고속으로 효율적으로 계산하느냐는 문제입니다.

8.3.2 GPU를 활용한 고속화

GPU는 원래 그래픽 전용 카드에 이용해왔습니다. 그러나 요즘에는 그래픽 처리뿐 아니라 범용 수치 연산에도 이용합니다. GPU는 병렬 수치 연산을 고속으로 처리할 수 있으니, 그 압도적인 힘을 다양한 용도로 활용하자는 것이 GPU 컴퓨팅의 목적이죠. 이처럼 GPU로 범용 수치 연산을 수행하는 것을 GPU 컴퓨팅이라고 합니다.

딥러닝에서는 대량의 단일 곱셈-누산(또는 큰 행렬의 곱)을 수행해야 합니다. 이러한 대량 병렬 연산은 GPU의 특기죠(반대로 CPU는 연속적인 복잡한 계산을 잘 처리합니다). 그래서 딥러닝 연산에서는 GPU을 이용하면 CPU만 쓸 때보다 놀라울 정도로 빠르게 결과를 얻을 수 있습니다. 그렇다면 과연 GPU로 어느 정도까지 빨라지는지 예를 보여드리겠습니다. [그림 8-15]는 AlexNet의 학습 시간을 CPU와 GPU에서 비교한 결과입니다.

그림 8-15 AlexNet의 학습 시간을 '16코어 제온 CPU'와 엔비디아 '타이탄 GPU'에서 비교한 결과[27]

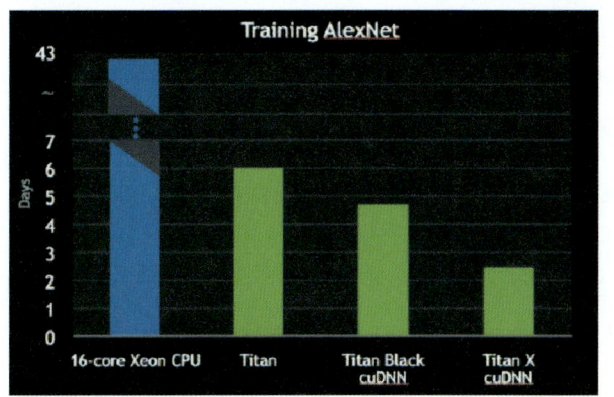

그림과 같이 CPU에서는 40여 일이나 걸리지만 GPU로는 6일까지 단축되었습니다. 게다가 cuDNN이라는 딥러닝에 최적화된 라이브러리를 이용하면 더욱 빨라짐을 확인할 수 있습니다.

GPU는 주로 엔비디아와 AMD, 두 회사가 제공합니다. 두 회사의 GPU 모두 범용 수치 연산에 이용할 수는 있지만, 딥러닝과 더 '친한' 쪽은 아직까지는 엔비디아입니다. 실제로 대부분의 딥러닝 프레임워크는 엔비디아 GPU에서만 혜택을 받을 수 있습니다. 엔비디아의 GPU 컴퓨팅용 통합 개발 환경인 CUDA를 사용하기 때문이죠. [그림 8-15]에 등장하는 cuDNN은 CUDA 위에서 동작하는 라이브러리로, 딥러닝에 최적화된 함수 등이 구현되어 있습니다.

> **NOTE_** 합성곱 계층에서 행하는 연산은 im2col을 이용해 큰 행렬의 곱으로 변환할 수 있었습니다. 이러한 im2col의 방식은 GPU로 구현하기에도 적합합니다. GPU는 '작은' 단위로 계산하기보다는 큰 덩어리를 한 번에 계산하는 데 유리하기 때문이죠. 즉, im2col로 거대한 행렬의 곱으로 한 번에 계산하여 GPU의 잠재력을 끌어내는 것입니다.

NOTE_ 『밑바닥부터 시작하는 딥러닝 3』에서 직접 제작해보는 딥러닝 프레임워크인 DeZero 역시 GPU를 활용한 가속 연산을 지원합니다.

8.3.3 분산 학습

GPU로 딥러닝 연산을 꽤 가속할 수 있지만, 그래도 심층 신경망에서는 학습에 며칠 혹은 몇 주가 걸리기도 합니다. 그리고 지금까지 살펴본 것처럼 딥러닝은 많은 시행착오를 동반합니다. 뛰어난 신경망을 만들려면 시험을 수없이 반복해야 하고, 그러려면 1회 학습에 걸리는 시간을 최대한 단축하고 싶다는 요구가 필연적으로 생겨납니다. 그래서 딥러닝 학습을 수평 확장$^{scale\ out}$하자는 아이디어(즉, '분산 학습')가 중요해집니다.

딥러닝 계산을 더욱 고속화하고자 요즘의 딥러닝 프레임워크들은 대부분 다수의 GPU와 컴퓨터를 이용한 분산 학습을 지원합니다. 그중에서도 구글의 텐서플로는 분산 학습에 역점을 두고 개발되었습니다. 거대한 데이터센터의 저지연·고처리량$^{low\ latency,\ high\ throughput}$ 네트워크 위에서 이 프레임워크가 수행하는 분산 학습은 놀라운 효과를 보이고 있습니다.

분산 학습까지 더하면 어느 수준까지 고속화할 수 있을까요? [그림 8-16]은 텐서플로로 알아본 분산 학습의 효과입니다.

그림 8-16 텐서플로의 분산 학습 성능: 가로는 GPU의 수, 세로는 GPU 1개일 때와 비교한 비율[28]

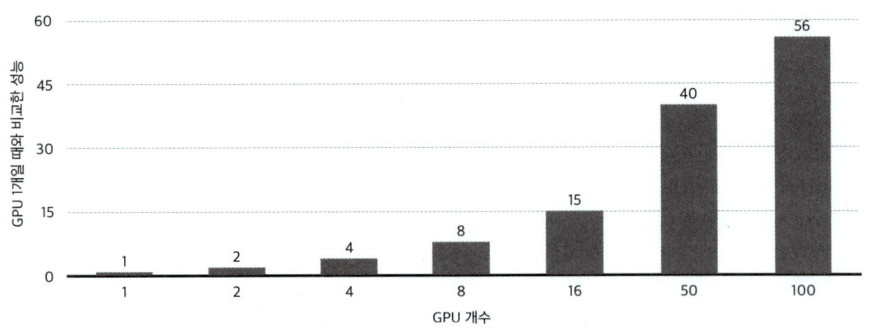

[그림 8-16]에서 보듯 GPU 수가 늘어남에 따라 학습도 빨라집니다. 실제로 여러 기기를 연결하여 GPU를 100개까지 사용하니 하나일 때보다 56배가 빨라졌습니다! 7일짜리 작업을 불

과 3시간 만에 끝낸다는 뜻으로, 분산 학습의 놀라운 효과를 증명하고 있습니다.

분산 학습에서도 '계산을 어떻게 분산시키느냐'는 몹시 어려운 문제입니다. 컴퓨터 사이의 통신과 데이터 동기화 등 쉽게 해결할 수 없는 문제를 얼마든지 끌어안고 있습니다. 그래서 이런 어려운 문제는 텐서플로 같은 뛰어난 프레임워크에 맡기는 편이 좋습니다. 여기에서는 분산 학습의 상세 내용은 다루지 않겠습니다. 분산 학습 관련 기술적인 내용은 텐서플로 기술 논문[29] 등을 참고하세요.

8.3.4 연산 정밀도와 비트 줄이기

계산 능력 외에도 메모리 용량과 버스 대역폭 등이 딥러닝 고속화에 병목이 될 수 있습니다. 메모리 용량 면에서는 대량의 가중치 매개변수와 중간 데이터를 메모리에 저장해야 한다는 점을 생각해야 합니다. 버스 대역폭 면에서는 GPU(혹은 CPU)의 버스를 흐르는 데이터가 많아져 한계를 넘어서면 병목이 됩니다. 이러한 경우를 고려하면 네트워크로 주고받는 데이터의 비트 수는 최소로 줄여야 바람직합니다.

컴퓨터에서는 주로 64비트나 32비트 부동소수점 수를 사용해 실수를 표현합니다. 많은 비트를 사용할수록 계산 오차는 줄어들지만 그만큼 계산에 드는 비용과 메모리 사용량이 늘고 버스 대역폭에 부담을 줍니다.

다행히 딥러닝은 높은 수치 정밀도(수치를 몇 비트로 표현하느냐)를 요구하지 않습니다. 이는 신경망의 중요한 성질 중 하나로, 신경망의 견고성에 따른 특성입니다. 예를 들어 신경망은 입력 이미지에 노이즈가 조금 섞여 있어도 출력 결과가 잘 달라지지 않는 강건함을 보여주죠. 이런 견고성 덕분에 신경망을 흐르는 데이터를 '퇴화'시켜도 출력에 주는 영향은 적습니다.

컴퓨터에서 실수를 표현하는 방식으로 **32비트 단정밀도**single-precision와 **64비트 배정밀도**double-precision 부동소수점 등의 포맷이 있으나, 지금까지의 실험으로는 딥러닝은 **16비트 반정밀도**half-precision만 사용해도 학습에 문제가 없다고 알려져 있습니다.[30] 더 나아가 최근 GPU들은 반정밀도는 물론 8비트인 쿼터 정밀도까지 지원합니다.

이 책은 지금까지 딥러닝을 구현하며 수치 정밀도에는 특별히 주의하지 않았습니다. 그럼 몇 가지를 짚어봅시다. 우선 파이썬에서는 일반적으로 64비트 배정밀도 부동소수점 수를 사용합니다. 하지만 넘파이는 16비트 반정밀도 부동소수점도 지원하며, 이를 사용해도 정확도가 떨어지지 않음을 쉽게 확인할 수 있습니다(단, 저장만 16비트로 할 뿐 연산 자체는 16비트로 수행하지 않습니다). 관심 있는 분은 ch08/half_float_network.py를 참고하세요.

딥러닝의 비트 수를 줄이는 연구가 다양하게 진행되고 있습니다. 가중치와 중간 데이터를 1비트로 표현하는 〈Binarized Neural Networks〉라는 방법도 등장했습니다.[31] 딥러닝을 고속화하기 위해 비트를 줄이는 기술은 앞으로 주시해야 할 분야이며, 특히 딥러닝을 임베디드용으로 이용할 때 중요한 주제입니다.

8.4 딥러닝의 활용

지금까지 딥러닝을 활용한 예를 손글씨 숫자 인식이라는 이미지 분류를 중심으로 살펴봤습니다. 이는 '사물 인식'의 한 분야죠. 그러나 딥러닝은 사물 인식뿐 아니라 온갖 문제에 적용할 수 있습니다. 이미지, 음성, 자연어 등 수많은 분야에서 딥러닝은 뛰어난 성능을 발휘합니다. 이번 절에서는 딥러닝이 할 수 있는 일을 컴퓨터 비전 분야를 중심으로 몇 가지 소개하겠습니다.

8.4.1 사물 검출

사물 검출은 [그림 8-17]과 같이 이미지 속에 담긴 사물의 위치와 종류(클래스)를 알아내는 기술입니다.

그림 8-17 사물 검출의 예[34]

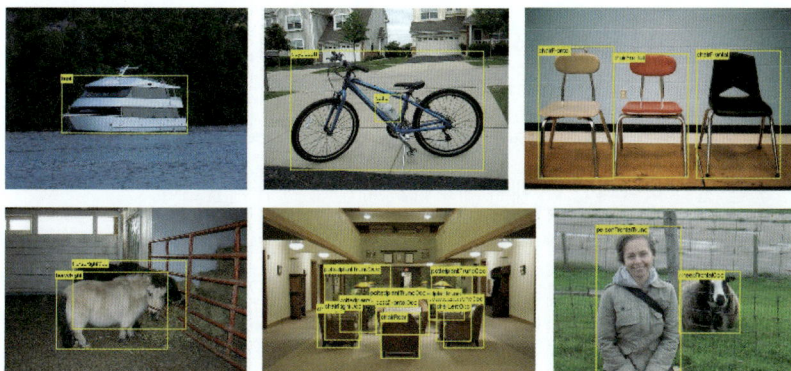

이 그림에서 보듯 사물 검출은 사물 인식보다 어려운 문제입니다. 지금까지 본 사물 인식은 이미지 전체를 대상으로 했는데, 사물 검출에서는 이미지 어딘가에 있을 사물의 위치까지 알아내야 합니다. 게다가 한 이미지에 여러 사물이 존재할 수도 있습니다.

이런 사물 검출 문제에 CNN을 기반으로 한 기법이 몇 가지 제안되었습니다. 이 기법들이 발군의 성능을 보여 사물 검출에도 딥러닝이 효과적임을 시사하고 있습니다.

자, CNN을 이용하여 사물 검출을 수행하는 방식은 몇 가지가 있는데, 그중에서도 **R-CNN**Regions with Convolutional Neural Network[35]이 유명합니다. [그림 8-18]은 R-CNN의 처리 흐름입니다.

그림 8-18 R-CNN의 처리 흐름[35]

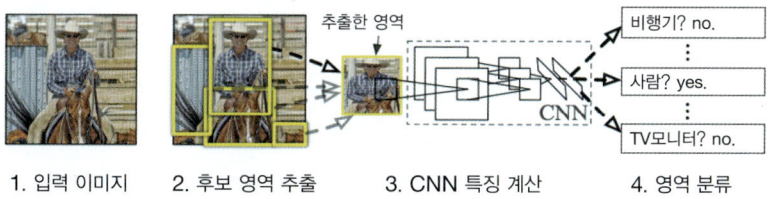

1. 입력 이미지 2. 후보 영역 추출 3. CNN 특징 계산 4. 영역 분류

R-CNN 그림에서 주목할 곳은 '2. 후보 영역 추출'과 '3. CNN 특징 계산'입니다. 먼저 사물이 위치한 영역을 (어떤 방법으로) 찾아내고, 추출한 각 영역에 CNN을 적용하여 클래스를 분류하는 것이죠. 여기서 이미지를 사각형으로 변형하거나 분류할 때 서포트 벡터 머신SVM을 사용하는 등 실제 처리 흐름은 다소 복잡하지만, 큰 틀에서는 이 두 가지 처리(후보 영역 추출과

CNN 특징 계산)로 구성됩니다.

후보 영역 추출(사물처럼 보이는 물체를 찾아 처리)에는 컴퓨터 비전 분야에서 발전해온 다양한 기법을 사용할 수 있고, R-CNN 논문에서는 Selective Search 기법을 사용했습니다. 최근에는 이 후보 영역 추출까지 CNN으로 처리하는 Faster R-CNN[36] 기법도 등장했습니다. Faster R-CNN은 모든 일을 하나의 CNN에서 처리하기 때문에 아주 빠릅니다.

8.4.2 분할

분할segmentation이란 이미지를 픽셀 수준에서 분류하는 문제입니다. [그림 8-19]와 같이 픽셀 단위로 객체마다 채색된 지도supervised 데이터를 사용해 학습합니다. 그리고 추론할 때 입력 이미지의 모든 픽셀을 분류합니다.

그림 8-19 분할의 예: 왼쪽이 입력 이미지, 오른쪽이 지도용 이미지[34]

지금까지 구현한 신경망은 분류를 이미지 전체를 대상으로 해왔습니다. 이를 픽셀 수준에 적용하려면 어떻게 하면 될까요?

신경망을 이용해 분할하는 가장 단순한 방법은 모든 픽셀 각각을 추론하는 것입니다. 예를 들어 어떤 직사각형 영역의 중심 픽셀의 클래스를 분류하는 신경망을 만들어서, 모든 픽셀을 대상으로 하나씩 추론 작업을 실행합니다. 짐작한 대로 이런 식으로는 픽셀의 수만큼 순전파 처리를 해야 하여 긴 시간이 걸립니다(정확히는 합성곱 연산에서 많은 영역을 쓸데없이 다시 계산하는 문제가 생깁니다). 이러한 낭비를 줄여주는 기법으로 FCN Fully Convolutional Network[37]이 고안되었습니다. 이는 단 한 번의 순전파 처리로 모든 픽셀의 클래스를 분류해주는 놀라운 기법입니다(그림 8-20).

그림 8-20 FCN의 전체 그림[37]

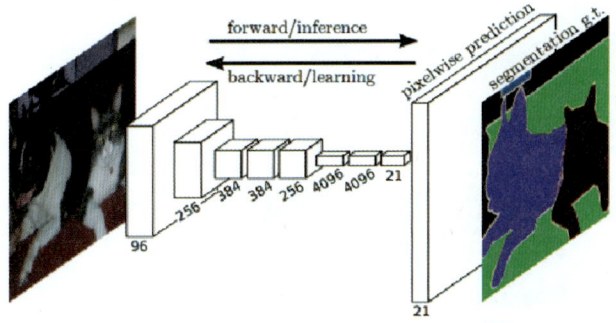

Fully Convolutional Network는 직역하면 '합성곱 계층만으로 구성된 신경망'이라는 말입니다. 일반적인 CNN이 완전연결 계층을 이용하는 반면, FCN은 이 완전연결 계층을 '같은 기능을 하는 합성곱 계층'으로 바꿉니다. 사물 인식에서 사용한 신경망의 완전연결 계층에서는 중간 데이터의 공간 볼륨(다차원 형태)을 1차원으로 변환하여 한 줄로 늘어선 노드들이 처리했으나, FCN에서는 공간 볼륨을 유지한 채 마지막 출력까지 처리할 수 있습니다.

FCN은 [그림 8-20]에서 보듯 마지막에 공간 크기를 확대하는 처리를 도입했다는 것도 특징입니다. 이 확대 처리로 인해 줄어든 중간 데이터를 입력 이미지와 같은 크기까지 단번에 확대할 수 있습니다. FCN의 마지막에 수행하는 확대는 이중 선형 보간bilinear interpolation에 의한 선형 확대입니다. FCN에서는 이 선형 확대를 역합성곱deconvolution 연산으로 구현해내고 있습니다(자세한 내용은 FCN 논문[37]을 참고하세요).

> **NOTE_** 완전연결 계층에서는 출력이 모든 입력과 연결됩니다. 이와 같은 구성을 합성곱 계층으로도 구현할 수 있습니다. 가령 입력 크기가 32×10×10(채널 32개, 높이 10, 너비 10)인 데이터에 대한 완전연결 계층은 필터 크기가 32×10×10인 합성곱 계층으로 대체할 수 있습니다. 만약, 완전연결 계층의 출력 노드가 100개라면 합성곱 계층에서는 기존의 32×10×10 필터를 100개 준비하면 완전히 같은 처리를 할 수 있습니다. 이처럼 완전연결 계층은 같은 일을 수행하는 합성곱 계층으로 대체할 수 있습니다.

8.4.3 사진 캡션 생성

컴퓨터 비전과 자연어를 융합한 재미있는 서비스도 있습니다. [그림 8-21]은 사진을 주면 그 사진을 설명하는 글(사진 캡션)을 자동으로 생성하는 예입니다.

그림 8-21 딥러닝으로 사진 캡션을 생성하는 예[38]

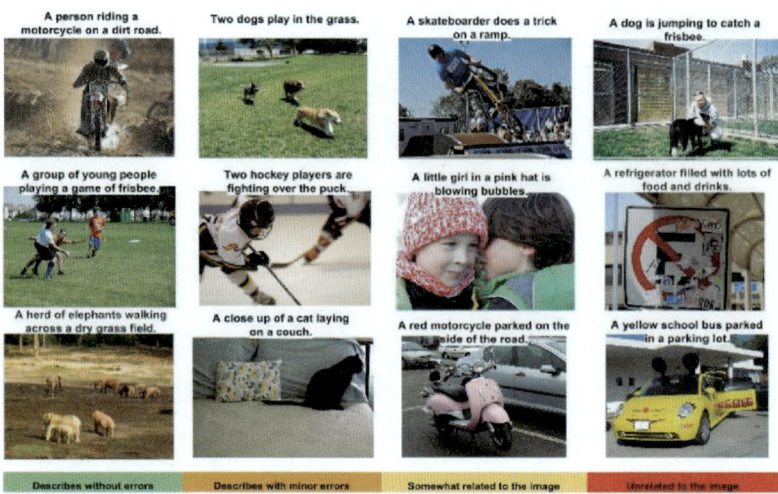

그림의 첫 번째 사진에서는 사진을 보고 '비포장도로에서 오토바이를 타는 사람(A person riding a motorcycle on a dirt road)'이라는 문장을 자동으로 생성했습니다. 설명과 사진이 정확히 일치합니다. 오토바이를 타고 있음은 물론 거친 비포장도로라는 것까지 '이해'하고 있다니 놀랍지 않습니까?

딥러닝으로 사진 캡션을 생성하는 방법으로는 NIC$^{Neural\ Image\ Caption}$ 모델이 유명합니다. NIC는 [그림 8-22]와 같이 심층 CNN과 자연어를 다루는 순환 신경망$^{Recurrent\ Neural\ Network}$(RNN)으로 구성됩니다. RNN은 순환적 관계를 갖는 신경망으로 자연어나 시계열 데이터 등의 연속된 데이터를 다룰 때 많이 활용합니다.

그림 8-22 NIC의 전체 구성[38]

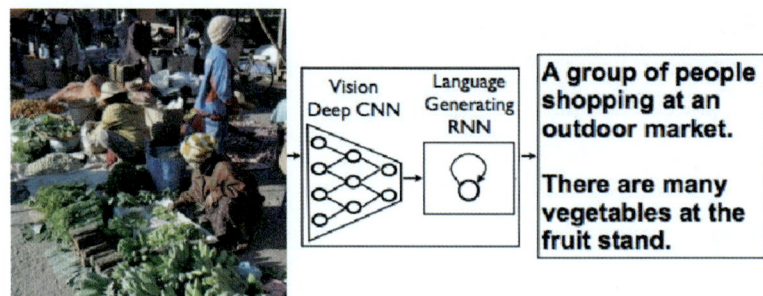

NIC는 CNN으로 사진에서 특징을 추출하고 그 특징을 RNN에 넘깁니다. RNN은 CNN이 추출한 특징을 초깃값으로 해서 텍스트를 '순환적'으로 생성합니다. 여기에서는 더 이상의 상세 기술은 설명하지 않지만 기본적으로 NIC는 2개의 신경망(CNN과 RNN)을 조합한 간단한 구성입니다. 그래서 놀라울 정도로 정확한 사진 캡션을 만들어내는 것입니다. 또한 사진이나 자연어와 같은 여러 종류의 정보를 조합하고 처리하는 일을 멀티모달 처리|multimodal processing라고 합니다.

> **NOTE_** RNN의 R은 Recurrent(순환적)를 뜻합니다. 여기에서 순환은 신경망의 순환적 구조를 말합니다. 이 순환적인 구조로 인해 이전에 생성한 정보에 영향을 받는(바꾸어 말하면, 과거의 정보를 기억하는) 점이 RNN의 특징입니다. 예를 들어 '나'라는 단어를 생성한 뒤 '잤다'라는 단어를 생성하면 먼저 만든 '나'의 영향을 받아 '는'이라는 조사가 자동으로 생성되어, 최종적으로 '나는 잤다'라는 문장이 완성되는 식입니다. 이처럼 자연어와 시계열 데이터 등 연속성 있는 데이터를 다룰 때 RNN은 과거의 정보를 기억하면서 동작합니다.

> **NOTE_** 『밑바닥부터 시작하는 딥러닝 2』에서는 순환 신경망을 자연어 처리와 시계열 데이터 처리에 이용하는 방법을 알아봅니다. 순환 신경망의 기초부터 생성 모델 같은 최신 신경망에서도 중요한 역할을 하는 어텐션까지를 한 편의 이야기로 꾸몄습니다.

8.4.4 이미지 스타일(화풍) 변환

딥러닝을 활용해 화가처럼 '그림을 그리는' 서비스도 많습니다. [그림 8-23]은 두 이미지를 입력해서 새로운 그림을 생성하는 논문에서 발췌한 예입니다. 하나는 '콘텐츠 이미지', 다른 하나는 '스타일 이미지'라 부르는데, 이 둘을 조합해 새로운 그림을 그려주죠.

[그림 8-23]과 같이 고흐의 화풍을 콘텐츠 이미지에 적용하도록 지정하면 이를 기초로 딥러닝이 새로운 그림을 그립니다. 이 기법을 담은 「A Neural Algorithm of Artistic Style」 논문[39]은 발표되자마자 전 세계에서 많은 이목을 끌었습니다.

그림 8-23 「A Neural Algorithm of Artistic Style」 논문을 구현해 적용한 예: 왼쪽 위가 '스타일 이미지', 오른쪽 위가 '콘텐츠 이미지', 아래가 새로 생성한 이미지[40]

여기에서는 이 연구를 자세히 설명하지는 않겠습니다. 큰 틀만 이야기하면, 이 기술은 네트워크의 중간 데이터가 콘텐츠 이미지의 중간 데이터와 비슷해지도록 학습합니다. 이렇게 하면 입력 이미지를 콘텐츠 이미지의 형태를 흉내 낼 수 있습니다. 또, 스타일 이미지의 화풍을 흡수하기 위해 '스타일 행렬'이라는 개념을 도입합니다. 그 스타일 행렬의 오차를 줄이도록 학습하여 입력 이미지를 고흐의 화풍과 비슷해지게 만들 수 있는 것입니다.

8.4.5 이미지 생성

앞의 이미지 스타일 변환 예는 새로운 그림을 생성하려면 이미지 두 장을 입력해야 했습니다. 한편 아무런 입력 이미지 없이도 새로운 이미지를 그려내는 서비스도 이미 많습니다. 물론 먼저 대량의 이미지를 사용하여 학습하긴 하지만, 학습이 끝난 후에는 아무런 입력 이미지 없이도 새로운 그림을 그려냅니다. 가령 딥러닝으로 '침실' 이미지를 무(無)로부터 생성하는 게 가능합니다. [그림 8-24]의 이미지는 DCGAN^{Deep Convolutional Generative Adversarial Network} 기법[41]으로 생성한 침실 이미지들입니다.

그림 8-24 DCGAN으로 새롭게 생성한 침실 이미지들[41]

[그림 8-24]의 이미지들은 진짜 사진처럼 보일지 모르지만 모두 DCGAN을 사용해 새롭게 생성한 이미지입니다. 즉, DCGAN이 그린 아직 아무도 본 적 없는 이미지(학습 데이터에는 존재하지 않는 이미지)이며 처음부터 새로 생성한 이미지입니다.

진짜와 구분할 수 없는 수준의 이미지를 그리는 DCGAN은 이미지를 생성하는 과정을 모델화합니다. 그 모델을 대량의 이미지(가령 침실이 찍힌 대량의 이미지)를 사용해 학습하고, 학습이 끝나면 그 모델을 이용하여 새로운 그림을 생성할 수 있습니다.

DCGAN도 딥러닝을 사용합니다. DCGAN 기술의 핵심은 생성자Generator와 판별자Discriminator로 불리는 2개의 신경망을 이용한다는 점입니다. 생성자가 진짜와 똑같은 이미지를 생성하고 판별자는 그것이 진짜인지(생성자가 생성한 이미지인지 아니면 실제로 촬영된 이미지인지)를 판단합니다. 그렇게 해서 둘을 겨루도록 학습시켜, 생성자는 더 정교한 가짜 이미지 생성 기술을 학습하고 판별자는 더 정확하게 간파할 수 있는 감별사로 성장하는 것이죠. 이렇게 둘의 능력을 부지런히 갈고닦게 한다는 개념이 GANGenerative Adversarial Network 기술의 재미난 점입니다. 그렇게 절차탁마해서 성장한 생성자는 최종적으로는 진짜와 착각할 정도의 이미지를 그려내는 능력을 갖추게 됩니다.

> **NOTE_** 이전까지 살펴본 머신러닝 문제는 **지도 학습**supervised learning이라는 유형의 문제였습니다. 지도 학습은 손글씨 숫자 인식처럼 이미지 데이터와 정답 레이블을 짝지은 데이터셋을 이용합니다. 그러나 이번 절에서 거론한 문제는 지도용 데이터는 주어지지 않고, 단지 대량의 이미지(이미지의 집합)만 주어집니다. 즉, 지도 없이 스스로 학습하는 **자율 학습**unsupervised learning 문제입니다. 자율 학습은 비교적 오래전부터 연구된 분야지만(Deep Belief Network와 Deep Boltzmann Machine이 대표적입니다) 최근에는 그다지 활발하게 연구되지는 않는다는 느낌입니다. 하지만 딥러닝을 사용한 DCGAN 등과 같은 기법이 시선을 끌면서, 앞으로 자율 학습도 새로운 도약을 기대할 수 있을지도 모릅니다.

> **NOTE_** 스테이블 디퓨전으로 대표되는 확산 모델은 데이터에 점진적으로 노이즈를 추가하여 변형한 후, 반대 방향으로 복원하며 새로운 데이터를 생성합니다. 이미지나 텍스트 생성 등의 분야에서 매우 높은 품질의 결과물을 만들어내어 예술 등 창의적인 작업에서 많이 활용됩니다. 『밑바닥부터 시작하는 딥러닝 5』에서 다루는 주제입니다.

8.4.6 자율 주행

사람 대신 컴퓨터가 자동차를 운전하는 **자율 주행** 기술이 빠르게 발전하고 있습니다. 자동차 제조업체뿐 아니라 IT기업과 대학, 연구소 등도 자율 주행 고도화 경쟁에 뛰어들었습니다. 자율 주행은 다양한 기술(주행 경로를 정하는 경로 계획path plan 기술과 카메라나 레이저 등의 탐사 기술 등)을 모아 구현하고 있지만, 그중에서도 주위 환경을 올바르게 인식하는 기술이 가장 중요한 문제라고 합니다. 시시각각 변하는 환경과 종횡무진 오가는 다른 차와 사람들을 올바르게 인식하기가 매우 까다롭기 때문이죠.

다양한 환경에서도 안전한 주행 영역을 올바로 인식하게 되면 완벽한 자율 주행이 실현될 날이 멀지 않을지도 모릅니다. 주위 환경을 인식하는 기술에서 딥러닝은 큰 역할을 하고 있습니다. 예를 들어 **SegNet**[42]이라는 CNN 기반 신경망은 [그림 8-25]와 같이 주변 환경을 정확하게 인식해냅니다.

그림 8-25 딥러닝을 활용한 이미지 분할의 예: 도로, 차, 건물, 인도 등을 정확하게 인식한다.[43]

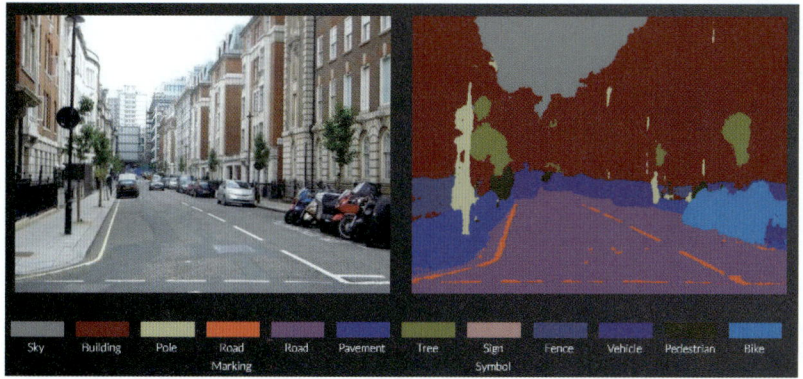

[그림 8-25]와 같이 입력 이미지를 분할(픽셀 수준에서 판정)하고 있습니다. 결과를 보면 도로와 건물, 보도와 나무, 차량과 오토바이 등을 어느 정도 정확히 판별하고 있습니다. 이런 인식 기술이 딥러닝에 힘입어 향후 한층 정확해지고 빨라지면 자율 주행이 일상에 파고든 영화 속 모습이 현실이 되겠죠.

8.4.7 Deep Q-Network(강화학습)

(자전거를 배울 때처럼) 사람이 시행착오를 겪으며 배우듯 컴퓨터도 시행착오 과정에서 스스로 학습하게 하려는 분야가 있습니다. 이는 '가르침'에 의존하는 '지도 학습'과는 다른 분야로, **강화학습**reinforcement learning이라 합니다.

강화학습에서는 에이전트가 환경에 맞게 행동을 선택하고, 그 행동에 의해서 환경이 변한다는 게 기본적인 틀입니다. 환경이 변화하면 에이전트는 어떠한 보상을 얻습니다. 강화학습의 목적은 더 나은 보상을 받는 쪽으로 에이전트의 행동 지침을 바로잡는 것입니다.

그림 8-26 강화학습의 기본 틀: 에이전트는 더 좋은 보상을 받기 위해 스스로 학습한다.

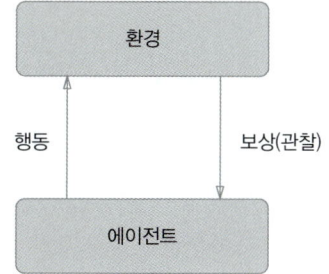

[그림 8-26]은 강화학습의 기본 틀입니다. 여기에서 주의점은 보상은 확정된 것이 아니라 '예상 보상'이라는 점입니다. 예를 들면 〈슈퍼 마리오 브라더스〉에서 마리오를 오른쪽으로 이동했을 때 얻는 보상이 일정하지 않습니다. 어떤 상황에서 이동했느냐에 따라 보상은 천차만별이 될 수 있겠죠. 이런 불명확한 상황에서는 게임 점수(동전을 먹거나 적을 쓰러뜨리는 등)나 게임 종료 등의 명확한 지표로부터 역산해서 '예상 보상'을 정해야 합니다. 만약 지도 학습이었다면 행동에 대한 '지도'를 통해 올바른 평가를 받을 수 있었을 겁니다.

딥러닝을 사용한 강화학습 중 Deep Q-Network(DQN)[44]라는 방법이 있습니다. DQN은 Q학습이라는 강화학습 알고리즘을 기초로 합니다. Q학습에서는 최적 행동 가치 함수로 최적인 행동을 정합니다. 이 함수를 딥러닝(CNN)으로 비슷하게 흉내 내어 사용하는 것이 DQN입니다.

DQN 연구 중에는 비디오 게임을 자율 학습시켜 사람을 뛰어넘는 수준의 조작을 실현한 사례가 보고되고 있습니다. [그림 8-27]과 같이 DQN에서 사용하는 CNN은 게임 영상 프레임(4개의 연속한 프레임)을 입력하여 최종적으로는 게임을 제어하는 움직임(조이스틱 이동량이나 버튼 조작 여부)에 대하여 각 동작의 '가치'를 출력합니다.

그림 8-27 Deep Q-Network로 비디오 게임 조작을 학습한다. 비디오 게임 영상을 입력받아 시행착오를 거쳐 프로 게이머 뺨치는 게임 컨트롤을 학습한다.[44]

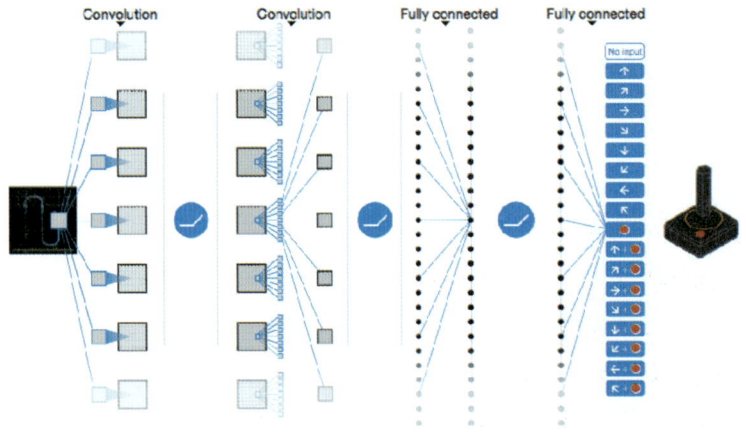

그동안의 비디오 게임 학습에서는 게임의 상태(캐릭터 위치 등)는 미리 추출하는 것이 보통이었습니다. 그러나 DQN에서는 [그림 8-27]과 같이 입력 데이터는 비디오 게임의 영상뿐입니다. 이는 DQN의 주목할 점으로, DQN의 응용 가능성을 현격히 높였다고 할 수 있습니다. 게임마다 설정을 바꿀 필요없이 단순히 DQN에 게임 영상을 보여주기만 하면 되기 때문이죠. 실제 DQN은 구성을 변경하지 않고도 팩맨과 아타리Atari 같은 많은 게임을 학습할 수 있으며, 수많은 게임에서 사람보다 뛰어난 성적을 거두고 있습니다.

> **NOTE_** 2016년에는 인공지능인 알파고AlphaGo[45]가 바둑 챔피언 이세돌을 꺾었다는 소식이 화제였습니다. 이 알파고에도 딥러닝과 강화학습이 이용되었습니다. 알파고는 3,000만 개의 프로 기보를 보며 학습한 후, 알파고 스스로 자신과 맞붙는 대결을 반복하면서 수련했습니다. 나아가 알파고를 단백질 구조 예측에 특화 발전시킨 알파폴드는 연구자들에게 2024년 노벨 화학상을 안겨주었습니다. 알파고, 알파폴드, DQN은 모두 구글이 인수한 딥마인드DeepMind가 진행한 연구입니다. 앞으로도 딥마인드의 활약을 기대해봅니다. 강화학습은 『밑바닥부터 시작하는 딥러닝 4』의 주제입니다.

8.5 정리

이번 장에서는 (약간) 깊은 CNN을 구현하고, 손글씨 숫자 인식에서 99%를 넘는 높은 정확도를 얻었습니다. 또, 신경망을 깊게 쌓는 동기를 이야기하고 최근의 딥러닝이 더 깊어지는 방향으로 가고 있다고도 설명했습니다. 그리고 딥러닝의 트렌드와 실제 활용 예, 고속화를 위한 연구와 미래를 느끼게 해주는 연구 사례를 소개했습니다.

딥러닝 분야에서는 아직 모르는 것이 많고 새로운 연구가 꼬리를 물고 발표되고 있습니다. 전 세계 연구자와 기술자들은 예전부터 활발하게 연구를 계속했고 지금은 상상 속의 기술을 현실화하고 있습니다. 끝까지 읽어주셔서 고맙습니다. 독자 여러분이 책을 통해서 딥러닝을 더 잘 이해하고 딥러닝의 재미를 알아준다면 저자로서 더 이상의 행복은 없습니다.

> **이번 장에서 배운 내용**
> - 수많은 문제에서 신경망을 더 깊게 하여 성능을 개선할 수 있다.
> - 이미지 인식 기술 대회인 ILSVRC에서는 딥러닝 기반 기법이 상위권을 독점하였다.
> - 유명한 신경망으로는 VGG, GoogLeNet, ResNet이 있다.
> - GPU와 분산 학습, 비트 정밀도 감소 등으로 딥러닝을 고속화할 수 있다.
> - 딥러닝(신경망)은 사물 인식뿐 아니라 사물 검출과 분할에도 이용할 수 있다.
> - 딥러닝의 응용 분야로는 사진의 캡션 생성, 이미지 생성, 강화학습, 자율 주행 등이 있다.

APPENDIX A

Softmax-with-Loss 계층의 계산 그래프

이번 부록에서는 소프트맥스 함수와 교차 엔트로피 오차의 계산 그래프를 그려보고, 그 역전파를 구해보겠습니다. 소프트맥스 함수는 'Softmax' 계층, 교차 엔트로피 오차는 'Cross Entropy Error' 계층, 이 둘을 조합한 계층을 'Softmax-with-Loss' 계층이라 합니다. 결과를 먼저 보면 Softmax-with-Loss 계층은 [그림 A-1]의 계산 그래프로 그릴 수 있습니다.

그림 A-1 Softmax-with-Loss 계층의 계산 그래프

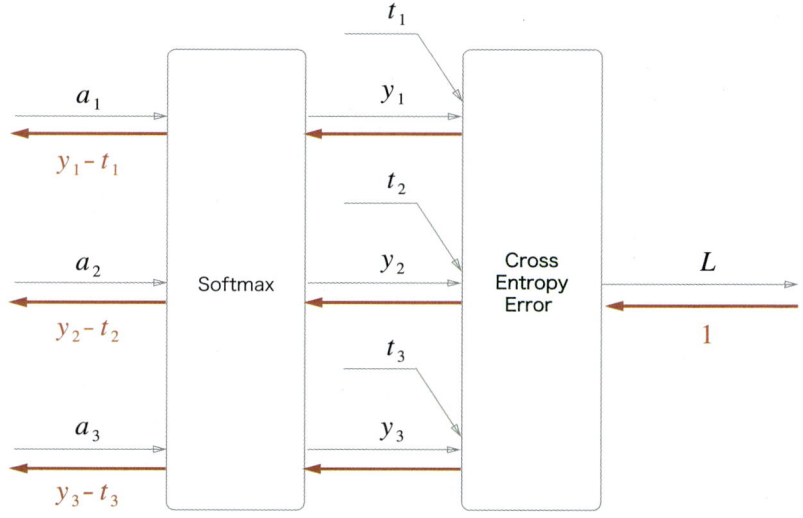

[그림 A-1]에서는 3클래스 분류를 수행하는 신경망을 가정하고 있습니다. 이전 계층으로부터

의 입력은 (a_1, a_2, a_3)이며 Softmax 계층은 (y_1, y_2, y_3)를 출력합니다. 정답 레이블은 (t_1, t_2, t_3)이며 Cross Entropy Error 계층은 손실 L을 출력합니다.

이 부록에서는 Softmax-with-Loss 계층의 역전파 결과가 [그림 A-1]처럼 $(y_1 - t_1, y_2 - t_2, y_3 - t_3)$가 되겠습니다.

A.1 순전파

[그림 A-1]의 계산 그래프에서는 Softmax 계층와 Cross Entropy Error 계층의 내용은 생략했습니다. 이번 절에서는 이 두 계층의 내용을 생략하지 않고 그리는 일부터 시작하겠습니다.

우선 Softmax 계층으로, 소프트맥스 함수는 수식으로는 다음과 같습니다.

$$y_k = \frac{\exp(a_k)}{\sum_{i=1}^{n} \exp(a_i)}$$

[식 A.1]

그리고 [그림 A-2]는 이 Softmax 계층의 계산 그래프입니다.

그림 A-2 Softmax 계층의 계산 그래프(순전파만)

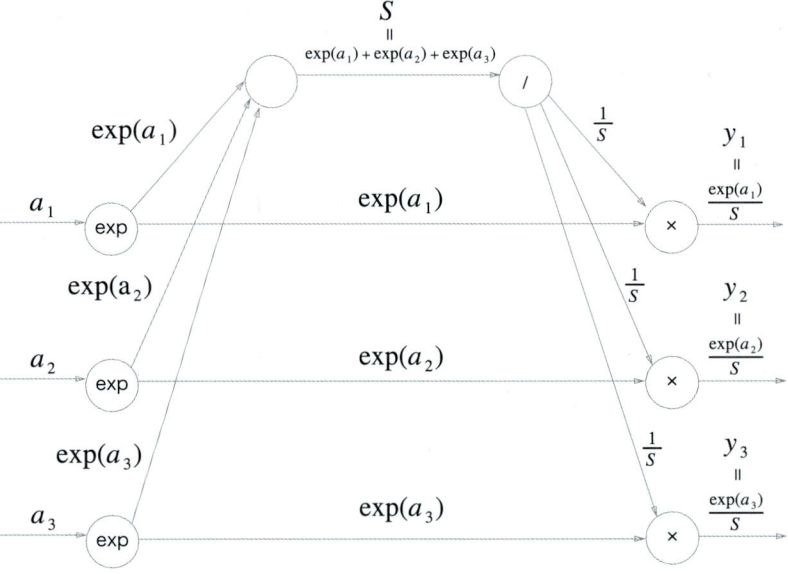

[그림 A-2]는 지수의 합, 즉 [식 A.1]의 분모 항을 S로 표기했습니다. 또, 최종 출력은 (y_1, y_2, y_3)입니다.

이어서 Cross Entropy Error 계층을 봅시다. 교차 엔트로피 오차의 수식은 다음과 같습니다.

$$L = -\sum_{k} t_k \log y_k$$

[식 A.2]

[식 A.2]를 바탕으로, Cross Entropy Error 계층의 계산 그래프는 [그림 A-3]처럼 그릴 수 있습니다.

그림 A-3 Cross Entropy Error 계층의 계산 그래프(순전파만)

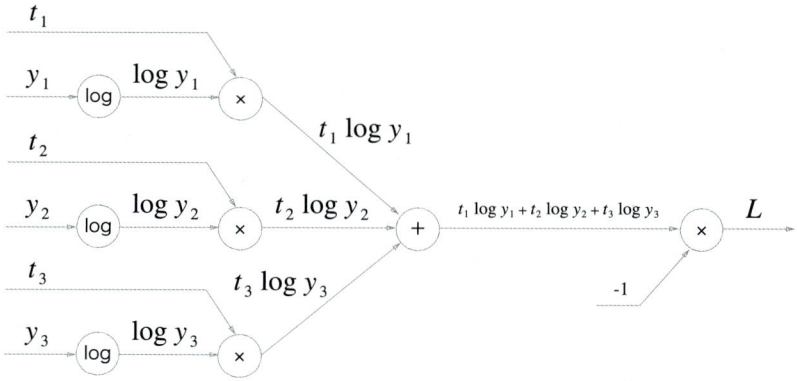

[그림 A-3]은 [식 A.2]를 그대로 계산 그래프로 그린 모습입니다. 그래서 특별히 어려운 점은 없을 것입니다.

이어서 역전파를 살펴봅시다.

A.2 역전파

우선 Cross Entropy Error 계층의 역전파입니다. 이 계층의 역전파는 [그림 A-4]처럼 그릴 수 있습니다.

그림 A-4 Cross Entropy Error 계층의 역전파

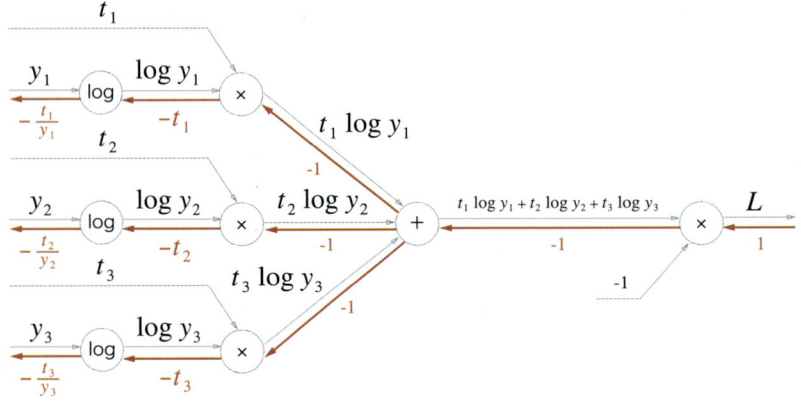

이 계산 그래프의 역전파를 구할 때는 다음을 유념해야 합니다.

- 역전파의 초깃값, 즉 [그림 A-4]의 가장 오른쪽 역전파의 값은 1입니다($\frac{\partial L}{\partial L}=1$이므로).
- '×' 노드의 역전파는 순전파 시의 입력들의 값을 '서로 바꿔'* 상류의 미분에 곱하고 하류로 흘립니다.
- '+' 노드에서는 상류에서 전해지는 미분을 그대로 흘립니다.
- 'log' 노드의 역전파는 다음 식을 따릅니다.

$$y = \log x$$
$$\frac{\partial y}{\partial x} = \frac{1}{x}$$

이상의 규칙을 따르면 Cross Entropy Error 계층의 역전파는 쉽게 구할 수 있습니다. 결과는 $\left(-\frac{t_1}{y_1}, -\frac{t_2}{y_2}, -\frac{t_3}{y_3}\right)$이며, 이 값이 Softmax 계층으로의 역전파 입력이 됩니다.

이어서 Softmax 계층의 역전파입니다. 이 계층의 역전파는 조금 복잡하니 하나씩 확인하면서 진행해보겠습니다.

---

* 옮긴이_ 가장 오른쪽 '×' 노드를 예로 보면, 순전파 때의 입력은 $t_1 \log y_1 + t_2 \log y_2 + t_3 \log y_3$와 −1입니다. 여기서 '서로 바꾼다'는 말은 이 두 입력을 바꾼다는 뜻입니다.

1단계

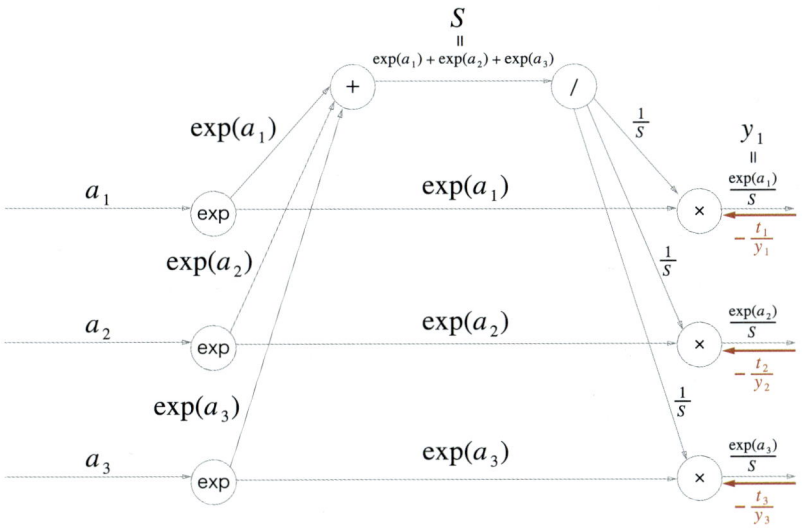

앞 계층(Cross Entropy Error 계층)의 역전파 값이 흘러옵니다.

2단계

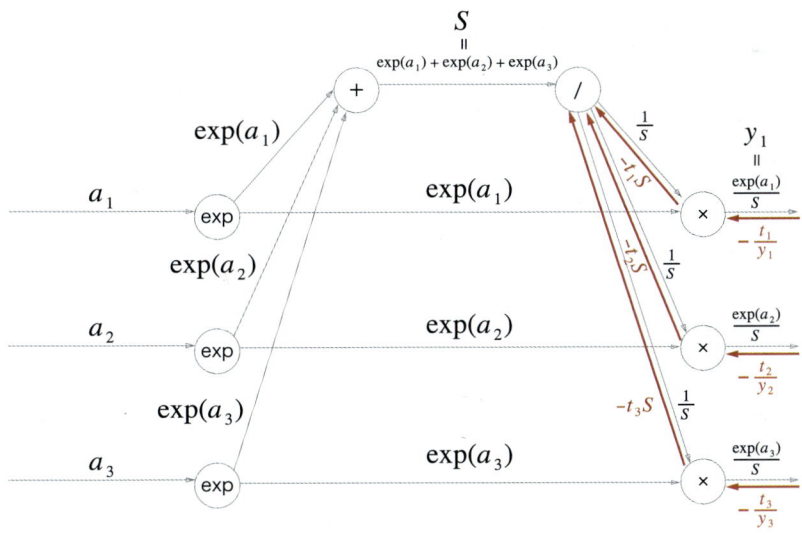

'×' 노드에서는 순전파의 입력들을 '서로 바꿔' 곱합니다. 여기에서는 다음 계산이 이뤄집니다.

$$-\frac{t_1}{y_1}\exp(a_1) = -t_1 \frac{S}{\exp(a_1)}\exp(a_1) = -t_1 S \qquad \text{[식 A.3]}$$

3단계

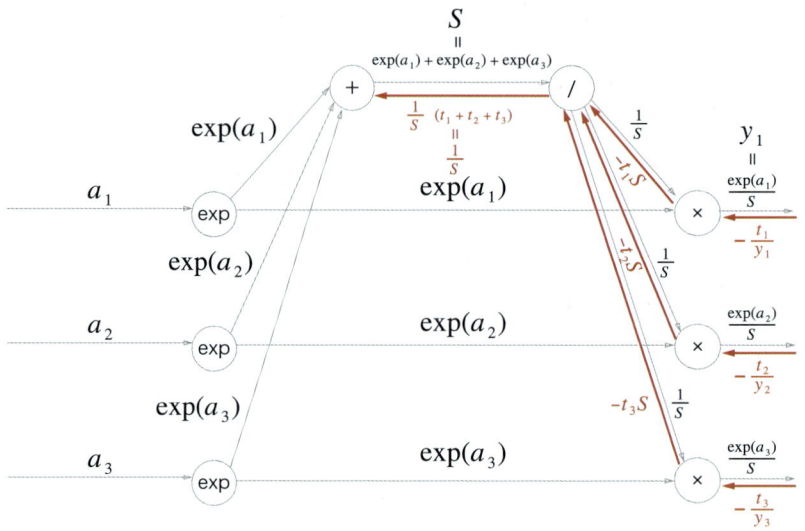

순전파 때 여러 갈래로 나뉘어 흘렀다면 역전파 때는 그 반대로 흘러온 여러 값을 더합니다. 그래서 여기에서는 3개의 갈라진 역전파의 값($-t_1 S$, $-t_2 S$, $-t_3 S$)이 더해집니다. 이 더해진 값이 '/' 노드의 역전파를 거쳐 $\frac{1}{S}(t_1 + t_2 + t_3)$이 됩니다.* 그런데 여기에서 (t_1, t_2, t_3)은 '원-핫 벡터'로 표현된 정답 레이블입니다. 원-핫 벡터란 (t_1, t_2, t_3) 중 단 하나만 1이고 나머지는 전부 0임을 뜻하죠. 따라서 $t_1 + t_2 + t_3 = 1$이 됩니다.

---

* 옮긴이_ '/' 노드의 역전파는 '상류에서 흘러온 값'에 '순전파 때의 출력'을 제곱한 후 마이너스를 붙인 값'을 곱해 하류로 전달합니다. 여기서 '상류에서 흘러온 값'은 $(-t_1 S) + (-t_2 S) + (-t_3 S) = -S(t_1 + t_2 + t_3)$이고 '순전파 때의 출력'은 $\frac{1}{S}$이므로 역전파의 출력은 $-S(t_1 + t_2 + t_3) * -\frac{1}{S^2} = \frac{1}{S}(t_1 + t_2 + t_3)$가 됩니다.

4단계

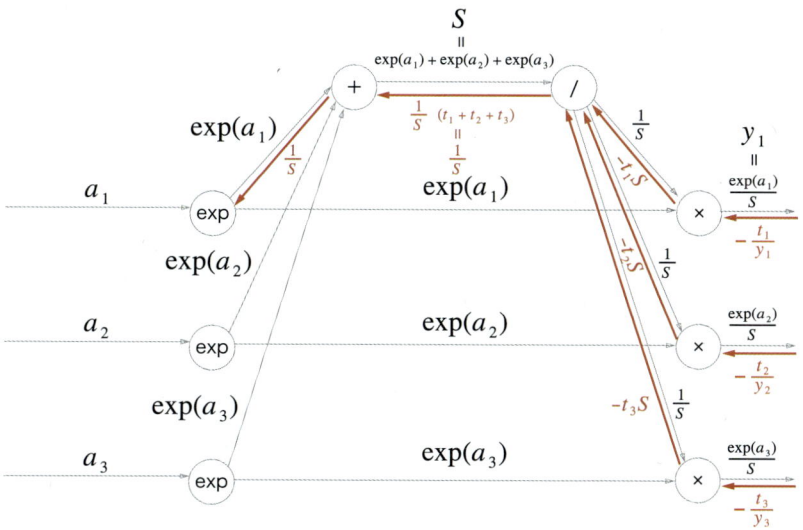

'+' 노드는 입력을 여과 없이 내보낼 뿐입니다.

5단계

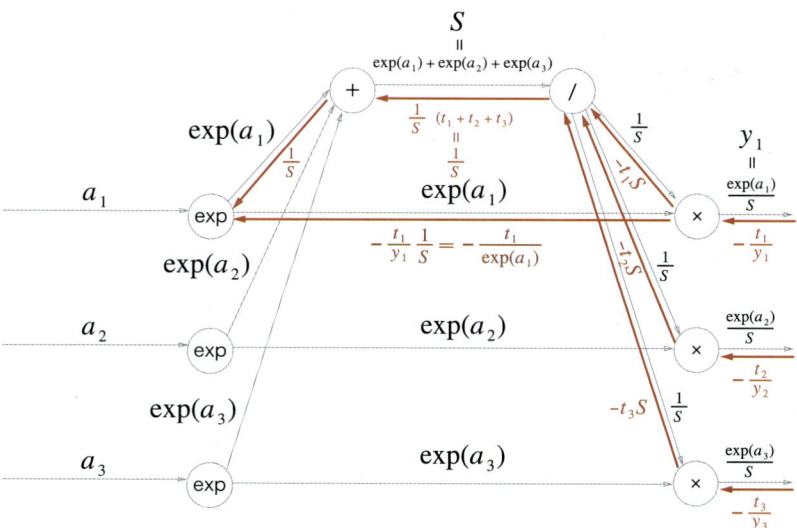

여러 번 나왔듯이 '×' 노드는 입력을 '서로 바꾼' 곱셈입니다. 여기에서는 $y_1 = \frac{\exp(a_1)}{S}$ 을 이용해 식을 변형했습니다.

6단계

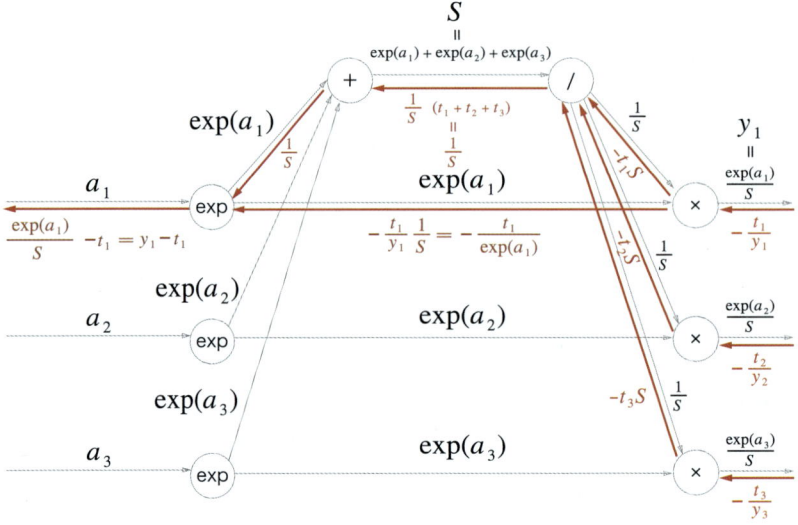

'exp' 노드에서는 다음 관계식이 성립됩니다.

$$y = \exp(x)$$

$$\frac{\partial y}{\partial x} = \exp(x) \qquad \text{[식 A.4]}$$

그리고 두 갈래의 입력의 합에 $\exp(a_1)$을 곱한 수치가 여기에서 구하는 역전파입니다. 식으로 쓰면 $(\frac{1}{S} - \frac{t_1}{\exp(a_1)})\exp(a_1)$ 이 되고, 이를 변형하면 $y_1 - t_1$이 됩니다. 이상에서 순전파의 입력이 a_1인 첫 번째 노드에서는 역전파가 $y_1 - t_1$임이 유도되었습니다. 나머지 a_2와 a_3의 역전파도 같은 순서로 구할 수 있습니다. 결과는 각각 $y_2 - t_2$와 $y_3 - t_3$이 됩니다. 또, 여기에서 다룬 3클래스 분류 외에, 가령 n클래스 분류에서도 같은 결과가 유도됨은 쉽게 알아낼 수 있습니다.

A.3 정리

여기에서는 Softmax-with-Loss 계층의 계산 그래프를 생략 없이 그려가며 그 역전파를 구했습니다. Softmax-with-Loss 계층의 계산 그래프를 생략하지 않고 그리면 [그림 A-5]처럼 됩니다.

그림 A-5 Softmax-with-Loss 계층의 계산 그래프

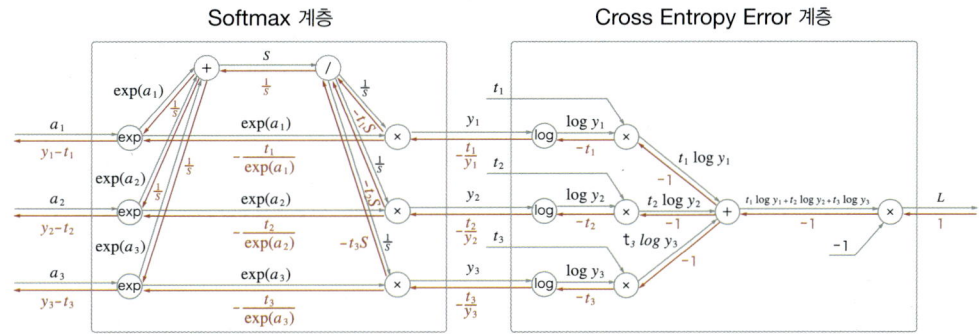

복잡해 보이는군요. 그러나 계산 그래프로 한 단계씩 확인하면서 진행하면 미분을 구하는 일(역전파의 순서)이 그렇게 힘든 작업은 아니잖아요? 여기에서 설명한 Softmax-with-Loss 계층 외에도, 배치 정규화 계층 등 복잡해 보이는 계층을 만나면 이번 절에서와 같은 과정을 꼭 한번 밟아보세요. 수식만 놓고 고민할 때보다 분명 쉽게 이해할 수 있을 겁니다.

마치며

우선 (머신러닝과 컴퓨터 과학 등) 딥러닝 관련 기술 연구를 밀어붙인 연구자와 기술자께 감사합니다. 이 책을 쓸 수 있던 것도 그분들 덕분입니다. 또 서적과 웹 등으로 유용한 정보를 공개하는 분들께 감사드립니다. 그중에서도 유용한 기술과 정보를 아낌없이 제공해준 스탠퍼드 대학교의 CS231n 공개강좌에서 많은 것을 느끼고 배웠습니다.

이 책이 나오기까지 많은 분이 도와주셨습니다. 팀랩의 가토 데쓰로, 기타 신야, 도비나가 유카, 나카노 고타, 나카무라 마사타쓰, 하야시 고다이, 야마모토 료. 톱 스튜디오의 무토 겐시, 마스코 모에. Flickfit의 노무라 겐지. 텍사스 오스틴 대학교 JSPS 해외 특별 연구원의 단노 히데타카. 이상의 분들은 이 책의 원고를 읽고 많은 조언을 주셨습니다. 모두 감사드립니다. 그럼에도 아직 부족하거나 잘못된 부분이 있다면 모두 저의 책임입니다.

마지막으로 이 책의 구상에서 완성까지 무려 1년 반 동안 변함없이 응원해준 오라일리재팬의 미야가와 나오키께 감사드립니다.

2016년 9월 어느 날
사이토 고키

참고문헌

파이썬/넘파이

[1] 『혼자 공부하는 파이썬』(한빛미디어)

[2] 『파이썬 라이브러리를 활용한 데이터 분석』(한빛미디어)

[3] Scipy 강의 노트 (http://www.turbare.net/transl/scipy-lecture-notes/index.html)

계산 그래프(오차역전파법)

[4] Andrej Karpathy's blog "Hacker's guide to Neural Networks" (http://karpathy.github.io/neuralnets/)

딥러닝 온라인 학습 자료

[5] CS231n : Convolutional Neural Networks for Visual Recognition (http://cs231n.github.io/)

매개변수 갱신 방법

[6] John Duchi, Elad Hazan, and Yoram Singer(2011): Adaptive Subgradient Methods for Online Learning and Stochastic Optimization. Journal of Machine Learning Research 12, Jul(2011), 2121 - 2159.

[7] Tieleman, T., & Hinton, G.(2012): Lecture 6.5—RMSProp:Divide the gradient by a running average of its recent magnitude. COURSERA: Neural Networks for Machine Learning.

[8] Diederik Kingma and Jimmy Ba.(2014):Adam:A Method for Stochastic Optimization. arXiv:1412.6980[cs](December 2014).

가중치 매개변수의 초깃값

[9] Xavier Glorot and Yoshua Bengio(2010): Understanding the difficulty of training deep feedforward neural networks. In Proceedings of the International Conference on Artificial Intelligence and Statistics(AISTATS2010). Society for Artificial Intelligence and Statistics.

[10] Kaiming He, Xiangyu Zhang, Shaoqing Ren, and Jian Sun(2015): Delving Deep into Rectifiers:Surpassing Human-Level Performance on ImageNet Classification. In 1026 - 1034.

배치 정규화/드롭아웃

[11] Sergey Ioffe and Christian Szegedy(2015): Batch Normalization: Accelerating Deep Network Training by Reducing Internal Covariate Shift. arXiv:1502.03167[cs](February 2015).

[12] Dmytro Mishkin and Jiri Matas(2015): All you need is a good init. arXiv:1511.06422[cs](November 2015).

[13] Frederik Kratzert's blog"Understanding the backward pass through Batch Normalization Layer"(https://kratzert.github.io/2016/02/12/understanding-the-gradient-flow-through-the-batch-normalization-layer.html)

[14] N. Srivastava, G. Hinton, A. Krizhevsky, I. Sutskever, and R. Salakhutdinov (2014):Dropout:A simple way to prevent neural networks from overfitting. The Journal of Machine Learning Research, pages 1929 - 1958, 2014.

하이퍼파라미터 최적화

[15] James Bergstra and Yoshua Bengio(2012): Random Search for Hyper-Parameter Optimization. Journal of Machine Learning Research 13, Feb(2012), 281-305.

[16] Jasper Snoek, Hugo Larochelle, and Ryan P. Adams(2012): Practical Bayesian Optimization of Machine Learning Algorithms. In F. Pereira, C. J. C. Burges, L. Bottou, & K. Q. Weinberger, eds. Advances in Neural Information Processing Systems 25. Curran Associates, Inc., 2951-2959.

CNN 시각화

[17] Matthew D. Zeiler and Rob Fergus(2014): Visualizing and Understanding Convolutional Networks. In David Fleet, Tomas Pajdla, Bernt Schiele, & Tinne Tuytelaars, eds. Computer Vision - ECCV 2014. Lecture Notes in Computer Science. Springer International Publishing, 818-833.

[18] A. Mahendran and A. Vedaldi(2015): Understanding deep image representations by inverting them. In 2015 IEEE Conference on Computer Vision and Pattern Recognition(CVPR). 5188-5196. DOI: (http://dx.doi.org/10.1109/CVPR.2015.7299155)

[19] Donglai Wei, Bolei Zhou, Antonio Torralba, William T. Freeman(2015): mNeuron:A Matlab Plugin to Visualize Neurons from Deep Models (http://vision03.csail.mit.edu/cnn_art/index.html#v_single)

대표적인 신경망

[20] Y. Lecun, L. Bottou, Y. Bengio, and P. Haffner(1998): Gradient-based learning applied to document recognition. Proceedings of the IEEE 86, 11(November 1998), 2278 - 2324. DOI: (http://dx.doi.org/10.1109/5.726791)

[21] Alex Krizhevsky, Ilya Sutskever, and Geoffrey E. Hinton(2012): ImageNet Classification with Deep Convolutional Neural Networks. In F. Pereira, C. J. C. Burges, L. Bottou, & K. Q. Weinberger, eds. Advances in Neural Information Processing Systems 25. Curran Associates, Inc., 1097 - 1105.

[22] Karen Simonyan and Andrew Zisserman(2014): Very Deep Convolutional Networks for Large-Scale Image Recognition. arXiv:1409.1556[cs](September 2014).

[23] Christian Szegedy et al(2015): Going Deeper With Convolutions. In The IEEE Conference on Computer Vision and Pattern Recognition(CVPR).

[24] Kaiming He, Xiangyu Zhang, Shaoqing Ren, and Jian Sun(2015): Deep Residual Learning for Image Recognition. arXiv:1512.03385[cs](December 2015).

데이터셋

[25] J. Deng, W. Dong, R. Socher, LJ Li, Kai Li, and Li Fei-Fei(2009): ImageNet: A large-scale hierarchical image database. In IEEE Conference on Computer Vision and Pattern Recognition, 2009. CVPR 2009. 248 - 255. DOI: (http://dx.doi.org/10.1109/CVPR.2009.5206848)

계산 고속화

[26] Jia Yangqing(2014): Learning Semantic Image Representations at a Large Scale. PhD thesis, EECS Department, University of California, Berkeley, May 2014. (http://www.eecs.berkeley.edu/Pubs/TechRpts/2014/EECS-2014-93.html)

[27] NVIDIA blog "NVIDIA Propels Deep Learning with TITAN X, New DIGITS Training System and DevBox" (https://blogs.nvidia.com/blog/2015/03/17/digits-devbox/)

[28] Google Research Blog "Announcing TensorFlow 0.8 - now with distributed computing support!" (http://googleresearch.blogspot.jp/2016/04/announcing-tensorflow-08-now-with.html)

[29] Martín Abadi et al(2016): TensorFlow:Large-Scale Machine Learning on Heterogeneous Distributed Systems. arXiv:1603.04467[cs](March 2016).

[30] Suyog Gupta, Ankur Agrawal, Kailash Gopalakrishnan, and Pritish Narayanan(2015): Deep learning with limited numerical precision. CoRR, abs/1502.02551 392(2015).

[31] Matthieu Courbariaux and Yoshua Bengio(2016): Binarized Neural Networks: Training Deep Neural Networks with Weights and Activations Constrained to+1 or-1. arXiv preprint arXiv:1602.02830(2016).

MNIST 데이터셋에 대한 정확도 순위와 상위 기법

[32] Rodrigo Benenson's blog "Classification datasets results" (http://rodrigob.github.io/are_we_there_yet/build/classification_datasets_results.html)

[33] Li Wan, Matthew Zeiler, Sixin Zhang, Yann L. Cun, and Rob Fergus(2013): Regularization of Neural Networks using DropConnect. In Sanjoy Dasgupta & David McAllester, eds. Proceedings of the 30th International Conference on Machine Learning(ICML2013). JMLR Workshop and Conference Proceedings, 1058–1066.

딥러닝의 응용

[34] Visual Object Classes Challenge 2012(VOC2012) (http://host.robots.ox.ac.uk/pascal/VOC/voc2012/)

[35] Ross Girshick, Jeff Donahue, Trevor Darrell, and Jitendra Malik(2014): Rich Feature Hierarchies for Accurate Object Detection and Semantic Segmentation. In 580–587.

[36] Shaoqing Ren, Kaiming He, Ross Girshick, and Jian Sun(2015): Faster R-CNN:Towards Real-Time Object Detection with Region Proposal Networks. In C. Cortes, N. D. Lawrence, D. D. Lee, M. Sugiyama, & R. Garnett, eds. Advances in Neural Information Processing Systems 28. Curran Associates, Inc., 91–99.

[37] Jonathan Long, Evan Shelhamer, and Trevor Darrell(2015): Fully Convolutional Networks for Semantic Segmentation. In The IEEE Conference on Computer Vision and Pattern Recognition(CVPR).

[38] Oriol Vinyals, Alexander Toshev, Samy Bengio, and Dumitru Erhan (2015): Show and Tell: A Neural Image Caption Generator. In The IEEE Conference on Computer Vision and Pattern Recognition (CVPR).

[39] Leon A. Gatys, Alexander S. Ecker, and Matthias Bethge (2015): A Neural Algorithm of Artistic Style. arXiv:1508.06576[cs, q-bio] (August 2015).

[40] neural-style "Torch implementation of neural style algorithm" (https://github.com/jcjohnson/neural-style/)

[41] Alec Radford, Luke Metz, and Soumith Chintala (2015): Unsupervised Representation Learning with Deep Convolutional Generative Adversarial Networks. arXiv:1511.06434[cs] (November 2015).

[42] Vijay Badrinarayanan, Kendall, and Roberto Cipolla (2015): SegNet: A Deep Convolutional Encoder-Decoder Architecture for Image Segmentation. arXiv preprint arXiv:1511.00561 (2015).

[43] SegNet Demo page (http://mi.eng.cam.ac.uk/projects/segnet/)

[44] Volodymyr Mnih et al (2015): Human-level control through deep reinforcement learning. Nature 518, 7540 (2015), 529-533.

[45] David Silver et al (2016): Mastering the game of Go with deep neural networks and tree search. Nature 529, 7587 (2016), 484-489.

INDEX

 기 호

3층 신경망 구현   83
16비트 반정밀도   277
__init__   35

ㄱ

가중치   48, 52, 65
가중치 감소   202, 217
가중치 시각화   254
가중치의 초깃값   202
강화학습   287
검증 데이터   221
게이트 조합   57
경사법(경사 하강법)   129
계단 함수   68
계단 함수 구현   69
계산 그래프   148, 291
계산 그래프의 역전파   153
곱셈 계층   160
곱셈 노드   157
과대적합   111, 215
교차 엔트로피 오차   113
교차 엔트로피 오차 구현   118
국소적 계산   150
그래프 그리기   42
기울기   127, 133
기울기 소실   204
기울기 확인   184

 ㄴ

넘파이   27, 36
넘파이 배열   37
노드   48, 148
논리 회로   49
뉴런   48

 ㄷ

다차원 배열   38, 77

다층 퍼셉트론   57, 60, 68
단층 퍼셉트론   58
덧셈 계층   162
덧셈 노드   156
데이터 확장   265
동적 언어   30
드롭아웃   219
딕셔너리   31
딥러닝의 미래   283
딥러닝의 초기 역사   268
딥러닝의 활용   278
딥마인드   289

 ㄹ

리스트   30

 ㅁ

매개변수 갱신   189
맥스 풀링   240
맷플롯립   41
모멘텀   194
미니배치   116
미니배치 학습   115
미니배치 학습 구현   141
미분   121

 ㅂ

반올림 오차   122
배치   103
배치용 Affine 계층   174
배치 정규화   210
배치 처리   102, 239
배타적 논리합   54
백색화   102
베이즈 최적화   224
벡터   39
변수   29
분류   90

분산 학습 276
분할 280
브로드캐스트 37, 39
비선형 57
비선형 함수 75
비트 줄이기 277

ㅅ

사물 검출 278
사진 캡션 생성 281
산술 연산 28
생성자 35
선형 57
선형 함수 75
소프트맥스 함수 91, 94
손글씨 숫자 인식 96
손실 함수 111, 112, 119
수용 영역 267
수치 미분 121
순전파 96, 150, 292
순환 신경망 282
스킵 연결 272
스트라이드 233
슬라이싱 30
시그모이드 함수 68
시그모이드 함수 구현 72
시험 데이터 110, 222
신경망 63
신경망 구현 180
신경망에서의 행렬 곱 82
신경망 학습 180
신호 47

ㅇ

아나콘다 27
안장점 130
알파고 289
앙상블 학습 221

에지 148
에포크 143
역전파 150, 155, 294
연산 정밀도 277
연쇄법칙 152
오차역전파법 147
오차역전파법 구현 179
오차제곱합 112
완전연결 227
원-핫 인코딩 98
윈도우 230
은닉층 64
이미지넷 268
이미지 생성 284
이미지 표시하기 44
인셉션 구조 271
인스턴스 변수 36
임곗값 48
입력층 64

ㅈ

자료형 29
자율 주행 286
자율 학습 286
저항 48
전이 학습 273
전처리 101
정규화 101
정확도 101, 264
종단간 머신러닝 110
중심 차분 123
지도 학습 286
진리표 49

ㅊ

초매개변수 133
최대 풀링 240
최적화 189

INDEX

추론 95, 100, 176
출력층 64
출력층 설계 90
출력층의 뉴런 수 정하기 95

ㅋ

커널 230
클래스 34

ㅌ

텐서 39
특징 109
특징 맵 229

ㅍ

파이썬 25
파이썬 설치 26
파이썬 스크립트 파일 34
파이썬 인터프리터 27
패딩 232
퍼셉트론 47, 65
퍼셉트론 구현 51
퍼셉트론의 한계 54
편미분 125
편향 52, 53, 65
평균 풀링 240
풀링 계층 227, 240
풀링 계층 구현 247
필터 연산 230

ㅎ

하이퍼파라미터 133
하이퍼파라미터 최적화 223
학습 50, 95, 107, 176
학습 구현 186
학습률 131
학습률 감소 196

함수 33
합성곱 계층 227, 229
합성곱 계층 구현 245
합성곱 신경망 227
합성곱 연산 230, 235
항등 함수 91
해석적 123
행렬 39, 78
행렬 곱 79
확률적 경사 하강법 137, 190
활성화값 분포 203
활성화 함수 66, 68
회귀 90
훈련 데이터 110, 222
흐름 47

accuracy 101
activation function 66
AdaGrad 196
Adam 199
Affine 계층 170, 227
AlexNet 258, 268
AlphaGo 289
AND 게이트 49
average pooling 240

backpropagation 147
backward propagation 150
batch 103
Batch Normalization 210
Bayesian optimization 224
bool 31

CEE 113

chain rule 152
classification 90
CNN 227
CNN 구현 250
CNN 시각화 254
computational graph 148
constructor 35
convolutional layer 227
convolutional neural network 227
cross entropy error 113
CUDA 275
cuDNN 275

D
data augmentation 265
DCGAN 285
Deep Mind 289
Deep Q-Network 287
Dropout 219

E
edge 148
end-to-end machine learning 110
ensemble learning 221
epoch 143

F
Faster R-CNN 280
feature 109
feature map 229
forward propagation 96, 150
for 문 33

G
GAN 285
GoogLeNet 271
GPU 컴퓨팅 274

gradient 127
gradient check 185
gradient vanishing 204

H
He 초깃값 207
hyper parameter 133

I
identity function 91
if 문 32
ILSVRC 대회 268
im2col 243
ImageNet 268
inference 95

L
learning rate 131
learning rate decay 196
LeNet 257
loss function 112

M
matplotlib 41
matrix 39, 78
max pooling 240
mini-batch 116
MNIST 데이터셋 96
Momentum 194
MSE 112
multi-layer perceptron 57

N
NAND 게이트 49
node 148
normalization 101

INDEX

one-hot encoding 98
optimization 189
OR 게이트 50
overfitting 111

padding 232
perceptron 47
pickle 98
pooling layer 227
pre-processing 101
pyplot 42, 43

R-CNN 279
receptive field 267
Recurrent Neural Network 282
regression 90
reinforcement learning 287
ReLU 207
ReLU 계층 165
ReLU 함수 76
ResNet 272
RNN 282
rounding error 122

saddle point 130
segmentation 280
SegNet 286
SGD 137, 190
sigmoid function 68
Sigmoid 계층 167
single-layer perceptron 58
skip connection 272
softmax function 91

Softmax-with-Loss 계층 176, 291
step function 68
stochastic gradient descent 137
stride 233
sum of squares for error 112
supervised learning 286

tensor 39
test data 110
training data 110
transfer learning 273

unsupervised learning 286

vector 39
VGG 270

weight decay 202, 217
whitening 102
window 230

Xavier 초깃값 205
XOR 게이트 54